现代财税治理报告
Modern Public Finance and
Taxation Governance Report

本书受教育部人文社会科学研究青年基金项目"城市相对贫困长效治理的财税政策优化研究"（批准号21YJC790161）、国家社会科学重大招标项目"大规模减税降费的效应评估与政策优化"（批准号20&ZD078），以及国家自然科学基金青年项目"基础教育机会不平等与财政政策干预：治理逻辑、效应评估与优化设计"（批准号72103166）的资助。

迈向共同富裕：
相对贫困与不平等的财政治理

张楠　刘蓉　寇璇○著

西南财经大学出版社
Southwestern University of Finance & Economics Press
中国·成都

图书在版编目(CIP)数据

迈向共同富裕:相对贫困与不平等的财政治理/张楠,刘蓉,寇璇著.--成都:西南财经大学出版社,2024.12.--ISBN 978-7-5504-6579-4

Ⅰ.F126

中国国家版本馆 CIP 数据核字第 2024RD7610 号

迈向共同富裕:相对贫困与不平等的财政治理

张楠 刘蓉 寇璇 著

策划编辑:王甜甜

责任编辑:王甜甜

责任校对:李建蓉

封面设计:何东琳设计工作室

责任印制:朱曼丽

出版发行	西南财经大学出版社(四川省成都市光华村街 55 号)
网　　址	http://cbs.swufe.edu.cn
电子邮件	bookcj@swufe.edu.cn
邮政编码	610074
电　　话	028-87353785
照　　排	四川胜翔数码印务设计有限公司
印　　刷	成都市火炬印务有限公司
成品尺寸	170 mm×240 mm
印　　张	19.75
字　　数	333 千字
版　　次	2024 年 12 月第 1 版
印　　次	2024 年 12 月第 1 次印刷
书　　号	ISBN 978-7-5504-6579-4
定　　价	88.00 元

前 言

党的二十大报告指出:"我们经过接续奋斗,实现了小康这个中华民族的千年梦想,中国发展站在了更高历史起点上。"经过新时代十年的伟大变革,中国建成了世界上规模最大的教育体系、医疗卫生体系和社会保障体系,取得了更为明显的实质性进展。2020年,中国如期完成脱贫攻坚任务,提前10年实现《变革我们的世界:2030年可持续发展议程》提出的"消除一切形式贫困"的目标。

然而,新时代脱贫攻坚目标任务的如期完成,并不意味着贫困问题的终结。脱贫摘帽不是终点,而是新生活、新奋斗的起点,相对贫困、相对落后、相对差距在中国将长期存在。党的十九届四中全会提出"建立解决相对贫困的长效机制",表明中国从集中式减贫转向常规性减贫,下一阶段的任务是巩固脱贫攻坚成果,缓解相对贫困。中国的相对贫困问题涉及乡村振兴、社会治理、统筹城乡发展、收入分配制度改革等诸多重大发展战略问题,涵盖城市隐性贫困人群、绝对贫困边缘的易返贫人群和其他处于收入增长底部的低收入人群。

一个公认的事实是,中国的减贫奇迹在很大程度上归功于制度优势,大量的财政投入为脱贫攻坚任务的如期完成提供了保障。因此,财税政策作为国家治理的重要基础工具,势必应当在相对贫困治理中继续发挥有效作用。基于此,本书将揭示财政作用于相对贫困与不平等治理的内在机理及传导机制,系统评估现行财税政策的可持续减贫效果,分析政策绩效不彰的原因,进而提出缓解相对贫困的财税政策优化路径。

本书共分为12章。在结构安排上,除第1章导论部分以外,其余11章按照研究内容和方法可以分为理论及制度背景分析、实证研究和政策建议三个部分。具体章节安排如下：

第1章导论部分介绍了本书的研究背景、研究意义，以及文献述评，总结了本书的创新之处和研究内容。

第2章的主要内容为中国贫困治理演变分析。这一章主要是对改革开放以来中国的贫困治理模式进行总结和分析，并进一步对财税政策在其中起到的作用进行分析，在此基础上对迈向共同富裕新征程中完善财政再分配制度进行展望。

第3章是基本公共服务设施布局优化分析。本章基于成渝地区双城经济圈20个核心主城区基本公共服务设施空间点要素数据，从空间分布、集聚特征与可达性三个层面测算医疗卫生、基础教育和公共文化设施的均等化格局。本章得出以下结论：成都市基本公共服务设施在数量和质量上均优于重庆市，但在城市内部呈现出非均等化分布特征；成渝双城基本公共服务设施热点集聚区表现出中心集聚现象，三类设施的具体空间布局又各具特色；可达性水平呈现城市核心区域向边缘地区衰减的规律，整体上重庆市可达性得分低于成都市。在此基础上，本章为两地政府提高基本公共服务可及性和搭建跨行政区公共服务共建共享机制提供相关科学依据。

第4章是基本公共卫生服务均衡可及分析。本章基于两次基本公共卫生服务均等化改革，采用中国流动人口动态监测调查数据，评估其对流动人口相对贫困状况的影响。本章得出如下结论：公共卫生服务提质升级有助于流动人口摆脱相对贫困；影响机制是通过健康知识、劳动参与的增加和健康档案的建立，提升其增收能力；均等化政策更有利于受教育程度低和受雇者身份的弱势流动群体，而跨省流动人员面临卫生服务获得的隐性壁垒。在此基础上，本章从提升基本公共卫生服务效能、数字赋能流动人口健康管理以及完善财政资金保障机制等方面提出了政策建议。

第5章是基础教育公共服务提质增效分析。本章探讨了"两免一补"和"营养午餐"对学生成绩的影响机制，基于中国教育追踪调查数据，采用三层线性模型进行实证分析，在此基础上，分别以性别、家庭经济状况、不同学科成绩为标准对样本进行分组检验，探讨了"两免一补"和"营养午餐"对学生成绩影响的异质性。基于上述分析，本章对进一步促进教育公平提出了政策性建议。

第6章是财政转移性支出优化分析。本章基于中国健康与养老追踪调查数据，采用基尼系数分解方法和再中心化影响函数，分析来自政府、社会与家庭的多层次转移性资金在降低老年人收入差距中的效果。本章得出如下结论：多层次转移性资金是老年人收入的主要来源，其中71.59%、28.26%和0.15%分别来自政府、家庭与社会；老年人转移性收入不平等的基尼系数约为0.64，政府、家庭与社会转移性收入对不平等的贡献率分别为80.09%、19.8%、0.11%；养老保险制度差异造成了养老金收入鸿沟，政府直接补助和社会捐助对缓解转移性收入差距的作用有限，而养孩防老模式效果显著。据此，政府应该逐步缩小养老保险制度待遇水平差异，建立健全社会捐助渠道，鼓励家庭养老发挥更大作用。

第7章是间接税益贫性测算。本章在运用微观模拟方法测算得到家庭间接税负的基础上，构建了一种税收"益贫指数"模型，以评估大规模减税降费能否自发惠及低收入群体。本章采用三个贫困线水平和两种等值规模测度赋予贫困人口不同权重得到的"益贫指数"显示，间接税不具有"益贫性"，减税能够让低收入群体受益，城镇低收入群体比农村低收入群体获益更多。本章的政策建议是，构建以直接税为主的税制结构，继续推动大规模减税降费，实施瞄准低收入群体的增值税、消费税减免优惠政策，是实现共同富裕的重要途径之一。

第8章是税负感知与家庭捐赠分析。本章基于再分配和第三次分配的联系，利用中国家庭金融调查数据，从税负轻重、税负公平两个维度研究税负感知对家庭捐赠行为的影响，并对社会信任水平、生活幸福感在其中产生的作用进行中介效应检验。税负感知越重，家庭捐赠越少；税负感知越轻，家庭捐赠越多；社会信任水平、生活幸福感在税负感知对家庭捐赠的影响中均有部分中介效应。本章的研究揭示了税负感知对家庭捐赠的影响路径，有助于政策制定者利用税收来促进慈善捐赠，从而更好地综合再分配与第三次分配。

第9章是个税和转移支付的综合作用分析。本章在标准财政归宿分析框架下，构造了一种基于年龄调整的基尼系数测度同龄人收入不均等，采用匿名与非匿名评价指标综合测度了个税、社保缴费和转移支付在再分配中的垂直效应、再排序效应和收入变动轨迹，并模拟最优分配方式下的支出效率及配置效率。基于年龄调整的基尼系数测算的收入不平等比传统基尼系数下降了2%；个税—转移支付体系的再分配效应达到了4.9%左右，整体累进性较强；个税和转移支付分别达到了71.27%和45.86%的支出效率，以及70.45%和46.94%的配置效率，而新个税的再分配效率有所下降。要改善财政再分配绩效不彰局面，关键是发挥直接税强累进性优势、扩大个税覆盖人群和优化财政支出结构。

第10章是农村相对贫困治理的财政贡献分析。本章构造了综合贫困线、国际相对贫困线和脆弱性调整贫困线三种相对贫困标准，采用匿名和非匿名评价指标，综合测度了一揽子财政工具的减贫效应与效率。中国财政分配体系对实现"精准扶贫"发挥了重要作用，各种财政工具的减贫效应显著降低了农村相对贫困广度、深度和强度，财政增益远大于财政致贫；转移支付和基本社会保险对农村相对贫困的瞄准较好，配置效率相对较高，而整个财政体系的FI/FGP减贫效率仍有提升空间。在此基础上，本章提出分地区逐步采用不同相对贫困线的减贫方案，同时构建了适应包容性增长的财政帮扶机制，提出了相应的相对贫困治理优化路径。

第11章是扶贫改革制度创新分析。巩固脱贫成果是消除中西部绝对贫困后中国减贫面临的一大挑战，东部地区率先在扶贫体制机制上进行创新实践，通过构建多层次扶贫体系，探索相对贫困治理设计方向。本章以扶贫改革试验区试点事件作为准自然实验对象，引入项目评估中的合成控制法，识别了试验区政策的减贫有效性、溢出效应及影响机制。相关政策的实施显著实现了收入减贫与多维减贫，即农户收入得到提高和跌入多维贫困概率降低；丽水试验区的减贫效果最明显，阜新和清远的减贫效果一般；试验区内家庭的各类收入增加，贫困脆弱性和慢性贫困降低。本章的结论对于制定差别化扶贫政策、创新贫困监测机制、构建多元协同扶贫机制以及建立城乡统筹反贫困体系都有重要的参考价值。

第 12 章是相对贫困与不平等的财政治理政策建议。首先是完善相对贫困识别与监测机制，设立多维度的相对贫困识别标准，健全识别和监测的动态调整机制，加快标准与识别的城乡一体化进程；其次是调整并优化财政相对扶贫支出，推进基本公共服务均等化，持续加强转移性支出力度，改善和健全中央转移支付制度；再次是优化财政收入体系，优化间接税结构，提高直接税比重，避免非税负担过重；最后是构建相对贫困治理的多元体系，政府主导巩固治理成果，企业协同创新产业协助方式，社会补充健全帮扶格局。

感谢教育部人文社会科学研究一般项目"城市相对贫困长效治理的财税政策优化研究"（项目编号：21YJC790161）、国家社科基金重大项目"大规模减税降费的效应评估与政策优化"（项目编号：20&ZD078），以及国家自然科学基金青年项目"基础教育机会不平等与财政政策干预：治理逻辑、效应评估与优化设计"（项目编号：72103166）对本书出版提供的经费支持。在本书的写作和出版过程中，西南财经大学财政税务学院对本书给予了大力支持，也感谢各位研究人员的辛勤付出！

张楠

2024 年 8 月 20 日

目　录

1 导论

1.1 研究背景

共同富裕是中国式现代化的重要特征，也是实现"中国之治"的题中之义。党的二十大报告指出："我们经过接续奋斗，实现了小康这个中华民族的千年梦想，中国发展站在了更高历史起点上。"[①] 经过新时代十年的伟大变革，中国建成了世界上规模最大的教育体系、医疗卫生体系和社会保障体系，人民群众获得感、幸福感、安全感更加充实、更有保障，取得更为明显的实质性进展。中国迈向共同富裕的关键一步是脱贫攻坚任务在2020年如期完成，提前10年实现《变革我们的世界：2030年可持续发展议程》提出的"消除一切形式贫困"的目标。但是，实现全体人民共同富裕是不断摸索、循序渐进的长期历史过程，不可能一蹴而就、一劳永逸，新时代脱贫攻坚目标任务的如期完成，并不意味着贫困问题的终结。

习近平总书记多次强调"脱贫摘帽不是终点，而是新生活、新奋斗的起点"，"相对贫困、相对落后、相对差距将长期存在"。党的十九届四中全会提出"建立解决相对贫困的长效机制"，表明中国从集中式减贫转向常规性减贫，下一阶段的任务是巩固脱贫攻坚成果、缓解相对贫困。相对贫困是一种长期性贫困现象，主要表现为相对于他人在物质和生活条件上较为匮乏的状态，物质资源充裕的社会并不意味着不存在相对贫困问题。中国的相对贫困问题涉及乡村振兴、社会治理、统筹城乡发展、收入分配

---

① 习近平.高举中国特色社会主义伟大旗帜 为全面建设社会主义现代化国家而团结奋斗：在中国共产党第二十次全国代表大会上的报告[EB/OL].(2022-10-25)[2024-04-06].https://www.gov.cn/xinwen/2022-10/25/content_5721685.htm?eqid=bb9bcf79000452270000000264565db3.

制度改革等诸多重大发展战略问题，涵盖城市隐性贫困人群、绝对贫困边缘的易返贫人群和其他处于收入增长底部的低收入人群。因此，缓解相对贫困是国家治理的一项长期战略，承载着我们的"两个一百年"奋斗目标。

那么，如何缓解相对贫困？或者说，中国打赢脱贫攻坚战的经验能否为构建相对贫困长效治理机制提供指导？一个公认的事实是，中国的减贫奇迹归功于制度优势，大量的财政投入为此提供了保障。因此，财税政策作为国家治理的重要基础工具，势必在城市相对贫困治理中继续发挥有效作用。基于此，本书将揭示财政作用于相对贫困治理的内在机理及传导机制，系统评估现行财税政策的可持续减贫效果，分析政策绩效不彰的原因，进而提出缓解相对贫困的财税政策优化路径。

1.2 研究意义

改革开放以来，中国农村贫困人口减少 7 亿多，对世界减贫的贡献率超过 70%①。如果没有中国的减贫贡献，联合国千年发展目标中"生活在 1 天 1 美元以下的贫困人口比例减半"的任务就不可能实现。中国从救济式扶贫、开发式扶贫到精准扶贫，走出了一条特色减贫道路，为发展中国家走上健康发展轨道、实现从贫困到富裕的转变贡献了宝贵经验，为人类命运共同体的共建共享提供了重要典范。财税政策作为政府治理相对贫困、调节收入分配差距的重要政策工具，其对于促进社会公平、增进社会和谐以及实现共同富裕具有重要意义。

本书研究的意义和价值主要体现在以下几个方面：

1.2.1 理论意义

第一，本书的研究为量化财税治理模式提供一个新的理论分析框架。本书从错综复杂的财政体制机制中厘清其干预相对贫困的制度结构与事实特征，系统梳理中国财税扶贫政策的演进脉络。这一研究设计也将为识别其他公共治理问题的财政介入特征提供一个量化分析思路。

---

① 顾仲阳，常钦. 脱贫攻坚 书写伟大传奇 [N]. 人民日报，2019-10-16 (7).

第二，本书的研究构建了一整套评估财税政策效果的评估模型和技术思路。本书的研究采用大数据挖掘与空间数据可视化相结合、数量测度方法与回归分析相结合、数值模拟与案例分析相结合的技术方法，对基本公共服务空间布局和减贫作用、转移性收入差距、间接税益贫性、慈善捐赠的税负感知影响、扶贫制度创新开展系统性研究，为一揽子财税工具的效果分析提供了一整套评估模型和技术思路。

1.2.2 现实意义

第一，本书的研究将为系统掌握相对贫困状况提供多层次经验，有助于政府有效监控和预警相对贫困。本书的研究采用高德 POI 大数据和大样本家户调查数据，基于流动人口、老年人以及学生的能力贫困、多维贫困、收入差距等不同层次的相对贫困视角，从宏观、中观和微观三个层次呈现城市、社区及家庭的相对贫困整体状态、动态趋势及空间分布，为政府构建相对贫困动态预警机制提供理论支撑、技术支持以及可靠的调查数据支持。

第二，本书的研究为系统理解相对贫困治理的财税政策效果提供宏观和微观层面的经验证据，对优化财税政策配置模式和建立现代财税体制具有实践意义。本书在明确财政推进相对贫困治理的责任、重点、力度、优先顺序的基础上，系统评估医疗卫生服务、教育公共服务、转移性收入、间接税、直接税的治理效果，更加全面真实地反映财税政策干预相对贫困的内在机理及作用渠道，从而对国家优化财税政策配置模式、提升财政治理能力以及建立现代财税体制具有借鉴意义。

第三，本书的研究有助于国家巩固脱贫攻坚成果，为建立解决相对贫困的长效机制提供政策参考。本书从财政支出端和收入端两个方面，针对相对贫困财税治理政策予以优化和完善，设计、模拟缓解相对贫困的财税制度路径与技术路径，为政府巩固脱贫攻坚成果提供理论和经验支持，也为建立解决相对贫困的长效机制提供更为科学、理性和务实的政策建议。

1.3 文献述评

1.3.1 相对贫困的衡量方法

贫困识别标准分为绝对贫困和相对贫困。绝对贫困又称为生计贫困，早在20世纪初期由英国学者Rowntree提出，其认定标准是个人吃、穿、住等生理需求是否得到满足（Rowntree，1901）。到20世纪中期，考虑到贫困者在现代社会正常生活需要教育、医疗等社会保障，研究者们提出了由社会需求和生理需求构成的基本需求这一概念，解决绝对贫困问题即在于解决个人的基本需求。Ravallion等（1991）评估了维持家庭基本需求的最低收入水平，向世界银行提出"每人每天1美元"的绝对贫困标准。当前，国际贫困标准为"每人每天1.9美元"（极端贫困标准）和"每人每天3.1美元"（中度贫困标准）（World Bank，2015）。Allen（2017）通过线性规划制定基本需求贫困线，与世界银行的绝对贫困标准相比，该贫困标准在时间和空间上更具可比性。

相对贫困的识别方法大致遵循两种范式。一种是从福利主义视角切入，将收入中位数或平均数的一个比例界定为相对贫困线。Fuchs（1967）认为贫困的测量应该基于所需资源的比较，若是微观个体或家庭的资源达不到贫困线（基于参照群体的贫困线），就应被认为处于贫困状态，因此，他最早提出使用收入中位数的50%作为相对贫困线。Drewnowski（1977）建议使用收入平均数的50%作为相对贫困标准。在实践中，大部分经济合作与发展组织（organization for economic co-operation and development，OECD）成员采用全体居民收入中位数的60%作为相对贫困标准，如日本的相对贫困标准是收入十等分组中中等收入家庭收入的60%。Ravallion和Chen（2011）将这类源于Fuchs标准的贫困线定义为"强相对"贫困线，其缺点是无法满足减贫公理，即如果每个人的收入按相同比例增长（减少），则社会贫困指数应该下降（提高）。相应地，Kakwani（1986）、Foster（1998）、Ravallion和Chen（2011）提出了"弱相对"贫困线，该贫困线会随着居民平均收入增长而提高，该贫困线相对于平均收入的弹性小于1。关于相对贫困线采用收入均值或中位数的一定比例作为参照是否合理和科学这一问题，部分学者提出了质疑，在选择参照收入时，Chakravarty 等（2015）引入基尼系数，对绝对贫困线和中位数进行加权构建相对贫困标准；而 Ravallion 和 Chen（2019）构建了一种可以向上和向下比较的理论框架，发现使用基尼系数折减后的平均值作为比较收入比使用普通的平均值或中位数作为比较收入更适合衡量全球相对贫困。以上标准均是在确定性下的讨论，Dang 和 Lanjouw（2014）、Silber 和 Wan（2016）从贫困风险的角度，提出根据脆弱性调整贫困阈值的方法，开创了设定相对贫困标准的新视角。另一种相对贫困识别范式是贫困的可行能力视角，其认为相对贫困标准应该识别个体是否缺乏生存能力和社会融入能力（Atkinson & Bourguignon，2001）。Sen（1985）认为可行能力不仅包括收入，还包括教育、健康和生活质量等权利的获得。在此理念下，墨西哥、巴西、哥伦比亚等拉美国家的相对贫困标准是将收入和多维贫困相结合，综合考虑收入、教育、健康、卫生、就业、社会融入等维度的水平值。

1.3.2　中国相对贫困标准的界定与规模测算

关于 2020 年后中国应采取何种相对贫困标准，学者们大致有四种观点。第一种是借鉴 OECD 相对贫困的衡量方法。按中位收入比例法制定相对贫困线（陈宗胜 等，2013；叶兴庆和殷浩栋，2019；孙久文和夏添，2019）。汪晨等（2020）基于中位收入比例法测算了相对贫困发生率，指出中国在 2020 年后应继续采用绝对贫困标准。沈扬扬和李实（2020）认为"全国一条线"时机尚不成熟，今后可以经过周期性调整，使得相对贫困线最终稳定在收入中位数的 50%。李莹等（2021）通过测算和比较，提议分别将城镇居民可支配收入中位数的 50% 和农村居民可支配收入中位数的 40% 作为城乡相对贫困标准。第二种方法是基于多维贫困视角的相对贫困标准设定。檀学文（2020）认为应该在共同富裕的现代化框架下制定应对相对贫困的目标，探索多元的相对标准体系。王小林和冯贺霞（2020）基于可行能力理论，从"贫"的经济维度和"困"的社会维度构建了多维相对贫困标准概念框架。第三种方法借鉴了世界银行 2018 年提出的社会贫困线。该方法结合了极端贫困和各国收入（消费）中位数。程蹊和陈全功（2019）认为，全国各省（自治区、直辖市）可以采用社会贫困线计算本地区贫困线。第四种是借鉴弱相对贫困与贫困脆弱性的衡量方法。胡联等（2021）从弱相对贫困的视角分析了中国相对贫困长期变动的原因，并对弱相对贫困进行分解以深入探讨变动原因。张楠等（2021）结合贫困脆弱性构造了三条相对贫困线，在此基础上测算农村相对贫困水平。

1.3.3 财政减贫效应测算

在财政支出端，公共转移支付和基本公共服务的减贫作用不容忽视。在转移支付方面，学者们主要评估了转移支付对农村贫困的门槛效应（储德银和赵飞，2013）、多层次转移支付系统的精准扶贫效果（卢盛峰 等，2018）、最低生活保障和农村养老金的收入改善作用（蔡萌和岳希明，2018）、农村低保的瞄准效率（何欣和朱可涵，2019）、有条件现金转移支付试点项目的实践成果（郑晓冬 等，2020）、针对国定扶贫县的财政净转移支付减贫效应（李丹和李梦瑶，2020）。

在基本公共服务方面，学者们研究了基本公共服务治理贫困的理论逻辑（李实和杨一心，2022）、国家贫困地区义务教育工程的增收效应（汪德华 等，2019）、倾斜性保险扶贫政策在减贫实践中的作用（黄薇，2019）。具体而言，林闽钢（2020）认为在相对贫困治理机制上，应充分发挥基本公共服务作用，构建"政府、社会与企业"多元相对贫困治理体系。在实证研究上，贺坤等（2022）发现基本公共服务获取不足是农民工群体收入增长面临的阻力和瓶颈。苏明等（2011）指出基本公共卫生服务与国家贫困治理目标、政策内容、行动举措和政策影响存在诸多共通之处，是缩小城乡差距、区域差距和社会群体差异的重要举措。医疗卫生服务均等化的贫困治理效应明显，减贫弹性随着公共卫生投入强度增加而提高（邹文杰，2014）。建立健康档案、提供健康教育能够显著提升流动人口可行能力、缓解相对贫困状况（祝仲坤 等，2022；王大哲 等，2022）。部分文献以 2013 年基本公共卫生服务均等化政策为准自然实验，分析试点城市能否提高流动人口健康状况和医疗服务可及性。具体而言，Fu 等（2020）发现均等化政策提高了流动人口健康档案覆盖率和医疗服务利用率，降低了疾病发生率。Zou 等（2023）发现流动人口获得了更多生育医疗服务，进而提高了流入地生育率。王鸿儒等（2019）发现均等化政策提高了流动人口医疗服务利用水平，作用渠道是个体健康素养提升。在基本教育服务方面，城乡义务教育均等化的贫困治理效应同样显著（许春淑和闫殊，2017）。

在财政收入端，部分学者关注了中国税收政策的扶贫作用。解垩（2017）评估了公共转移支付两种筹资方式对贫困发生率的影响，发现直接税筹资方式比间接税筹资方式的减贫效应更强。张楠等（2019）构造了间接税益贫性数量测度方法，发现大规模减税降费能让穷人获益更多。贾俊雪等（2019）在一个分权的多级政府框架下，评估了取消农业税改革对农民增收的影响。此外，汪昊和娄峰（2017）、卢洪友和杜亦谋（2019）将财政收入端和支出端纳入统一研究框架，综合测算了各项财政工具的再分配与减贫效应。相比财政减贫效应，目前研究各项财政工具减贫效率的文献十分有限。解垩（2018）基于中国健康与养老追踪调查数据的研究发现，转移支付的减贫效率相对较高，溢出效率相对较小。何欣和朱可涵（2019）基于中国家庭金融调查数据测算了农村低保的瞄准效率，发现农村低保存在救助资源不足、瞄准偏误较大、精英俘获现象。

综上所述，既有研究存在两个特点：一是关于相对贫困的衡量方法已较为丰富，但是大多基于微观家户层面，从城市宏观尺度和社区中观尺度进行衡量的相关研究相对匮乏；二是现有文献基本都关注某一类财税工具的政策效果，缺乏对整个财税政策系统、综合、有效的评估。因此，本书将从宏观、中观及微观多层次测度相对贫困，厘清财税治理逻辑，评估现行财税政策的作用效果，完善和设计缓解相对贫困的新思路和对策。

1.4 创新之处

相对于国内外既有研究，结合研究实际展开的工作，本书可能的创新之处在于：

第一，从转型期制度特征来剖析中国贫困治理演变，厘清财税工具在其中发挥的作用并进行相应政策的优化和设计。改革开放以来，中国从消除绝对贫困到走向共同富裕，取得了历史性的减贫与不平等治理成果。党的十九届五中全会在《中共中央关于制定国民经济和社会发展第十四个五年规划和二〇三五年远景目标的建议》中明确提到，在全面建成小康社会之后，要进一步稳定推进共同富裕进程。一方面，实现共同富裕已经拥有全面建成小康社会的物质基础、经验总结和制度积累；另一方面，共同富裕相比全面建成小康社会的目标更高、任务更重、困难更大，需要调动一切力量和激发一切要素来实现。财税政策贯穿中国减贫历程，发挥了不可替代的作用。每种财税工具的调控侧重点、作用机制和约束条件不一，政府在各个贫困治理阶段采用了不同策略。

第二，在财政支出政策方面，本书探讨了基本公共服务和财政转移性支出的作用。对于基本公共服务空间布局，本书基于高德地图 POI 大数据考察了成渝地区双城经济圈的医疗卫生、基础教育以及文化体育服务设施，从空间分布、集聚特征和可达性格局综合分析基本公共服务设施"数量—质量"双重维度的均等化特征。在基本公共卫生服务优化方面，本书基于流动人口相对贫困视角，分析了"流动人口卫生和计划生育基本公共服务均等化试点"和"流动人口健康教育和促进行动计划"两次改革的治理效果。在教育公共服务优化方面，本书从能力贫困代际传递视角切入，探究了"两免一补"和"营养午餐"对学生成绩的影响。在财政转移性支出优化方面，本书基于老年人贫困治理视角，从政府、社会和家庭三个层面探讨如何缩小老年人转移性收入差距。

第三，在财政收入政策方面，本书评估了间接税减免和直接税感知的作用。在间接税优化方面，本书通过一种间接税"益贫性"指数测度的数量方法，分析了以间接税为主体税制结构的再分配空间，评估低收入群体能否从大规模减税降费中获益，为税制结构的完善提供了优化路径。在直接税优化方面，本书从税负轻重、税负公平两个维度研究税负感知对家庭捐赠行为的影响。相对贫困治理不仅需要再分配工具，也离不开三次分配，再分配中的税收可能会对三次分配的捐赠存在挤出效应，通过考察税负感知与家庭捐赠之间的关系，有助于从税收凸显性角度为完善直接税相关制度、实施更有效的税收激励提供参考，促进再分配和第三次分配的协调联动。

第四，在一揽子财政政策方面，本书评估了多种财税工具对同龄收入差距与农村相对贫困的影响。本书扩展了相对贫困概念中"相对"的内涵，认为同一个年龄段上的相对不均也是相对贫困的一种，基于年龄调整的基尼系数分别测算同龄收入不平等，利用匿名和非匿名评价指标评估个税、社保缴费及转移支付的收入再分配效应，并通过支出效率和配置效率指标分别评估了个税和转移支付的再分配效率。虽然目前评估一项财政工具减贫效应的文献有很多，但关注整个财政体系对农村相对贫困的影响的文献较为缺乏。本书采用综合贫困线、国际相对贫困线和脆弱性调整贫困线三条相对贫困标准，综合测度所得税、间接税、社会保险费、转移支付、基本社会保险以及教育医疗公共服务在农村相对贫困治理中的作用。

1.5 研究内容

本书在剖析和总结中国贫困治理演变及财政体制特征的基础上，系统评估和分析了政府财税政策的相对贫困与不平等治理效应。具体而言，分别从城市公共服务设施布局、基本公共卫生服务、基础教育公共服务、财政转移性支出、税制结构、税负感知以及财政综合工具等方面，对中国财政税收政策和制度创新的实际减贫效应进行了系统性研究，并在此基础上对现行财政制度体系进行完善和优化设计。

本书共分为十二章。在结构安排上，除第 1 章导论部分以外，其余十一章按照研究内容和方法可以分为理论及制度背景分析、实证研究和政策建议三个部分。具体章节安排如下：

第 1 章是导论。这一章主要介绍了本书的研究背景、研究意义，以及文献述评，并且总结了本书的创新之处和研究内容。

第 2 章是中国贫困治理演变：从消除绝对贫困到迈向共同富裕。这一章主要是对改革开放以来中国的贫困治理模式进行总结和分析，并进一步对财税政策在其中起到的作用进行分析，在此基础上对迈向共同富裕新征程中完善财政再分配制度进行展望。总结和分析主要分为五个阶段：一是 1978—1985 年，通过制度改革发挥经济增长的涓滴效应；二是 1986—2000 年，以区域发展促进开发式扶贫；三是 2001—2012 年，政府共同推进扶贫开发与社会保障制度完善；四是 2013—2020 年，实施精准扶贫战略消除绝对贫困；五是 2021 年之后，为了实现共同富裕，需要缓解相对贫困与居民收入不平等。

第 3 章是基本公共服务设施布局优化：打破城市空间居住隔离。基本公共服务均等化是推动城市群一体化高质量发展的关键，对优化城市公共服务资源配置和空间重组具有重要现实意义。本章基于成渝地区双城经济圈 20 个核心主城区基本公共服务设施空间点要素数据，从空间分布、集聚特征与可达性三个层面测算医疗卫生、基础教育和公共文化的均等化格局。成都市基本公共服务设施在数量和质量上均优于重庆市，但在城市内部呈现出非均等化分布特征；成渝双城基本公共服务设施热点集聚区表现出中心集聚现象，三类设施的具体空间布局又各具特色；可达性水平呈现城市核心区域向边缘地区衰减的规律，整体上重庆市可达性得分低于成都市。在此基础上为两地政府提高基本公共服务可及性和搭建跨行政区公共服务共建共享机制提供相关科学依据。

第4章是基本公共卫生服务均衡可及：流动人口相对贫困治理。增强基本公共卫生服务的均衡性和可及性，是巩固脱贫攻坚成果、缓解相对贫困的重要一环。本章基于两次基本公共卫生服务均等化改革，采用中国流动人口动态监测调查数据，评估其对流动人口相对贫困的影响。基本公共卫生服务提质升级有助于流动人口摆脱相对贫困；影响机制是通过健康知识、劳动参与的增加和健康档案的建立，提升其增收能力；均等化政策更有利于受教育程度低和受雇者身份的弱势流动群体，而跨省流动人员面临卫生服务获得的隐性壁垒。在此基础上从提升基本公共卫生服务效能、数字赋能流动人口健康管理以及完善财政资金保障机制等方面提出政策性建议。

第5章是基础教育公共服务提质增效：阻断能力贫困代际传递。教育公平是社会公平的基础，促进教育公平有利于阻断能力贫困的代际传递。本章探讨了"两免一补"和"营养午餐"对学生成绩的影响机制，基于中国教育追踪调查数据，采用三层线性模型进行实证分析，为了保证实证分析结果的稳健性和可靠性，还采用了Heckman两步法、安慰剂检验、异方差构造工具变量检验和不可观测变量检验进行稳健性检验，在此基础上，分别以性别、家庭经济状况、不同学科成绩为标准对样本进行分组检验，探讨了"两免一补"和"营养午餐"对学生成绩影响的异质性。基于上述分析，为进一步促进教育公平提出了政策性建议。

第6章是财政转移性支出优化：缩小老年人收入差距。中国已经步入老龄化社会，缩小老年人转移性收入差距是缓解不平等、实现共同富裕的重要一环。本章基于中国健康与养老追踪调查数据，采用基尼系数分解方法和再中心化影响函数，分析来自政府、社会与家庭的多层次转移性资金在降低老年人收入差距中的效果。多层次转移性资金是老年人收入的主要来源，其中71.59%、28.26%和0.15%分别来自政府、家庭与社会；老年人转移性收入不平等的基尼系数约为0.64，政府、家庭与社会转移性收入对不平等的贡献率分别为80.09%、19.8%、0.11%；养老保险制度差异造成了养老金收入鸿沟，政府直接补助和社会捐助对缓解转移性收入差距作用有限，而养孩防老模式效果显著。据此，政府应该逐步缩小养老保险制度待遇水平差异，建立健全社会捐助渠道，鼓励家庭养老发挥更大作用。

第 7 章是间接税益贫性：低收入群体从减税中获益。本章在运用微观模拟方法测算得到家庭间接税负的基础上，构建了一种税收"益贫指数"的数量方法，评估大规模减税降费能否自发惠及低收入群体。采用三个贫困线水平和两种等值规模测度赋予贫困人口不同权重，得到的"益贫指数"显示，间接税不具有"益贫性"，减税能够让低收入群体受益，城镇低收入群体比农村低收入群体获益更多。本章的政策建议是，构建以直接税为主的税制结构，继续推动大规模减税降费，实施瞄准低收入群体的增值税、消费税减免优惠政策，是实现共同富裕的重要途径之一。

第 8 章是税负感知与家庭捐赠：再分配与第三次分配的联动。作为收入分配的重要形式，税收在调节收入的同时，可能对慈善捐赠存在挤出效应。本章基于再分配和第三次分配的联系，利用中国家庭金融调查数据，从税负轻重、税负公平两个维度研究税负感知对家庭捐赠行为的影响，并对社会信任水平、生活幸福感在其中产生的作用进行中介效应检验。税负感知越重，家庭捐赠越少；税负感知越轻，家庭捐赠越多；社会信任水平、生活幸福感在税负感知对家庭捐赠的影响中均有部分中介效应。本章的研究揭示了税负感知对家庭捐赠的影响路径，有助于政策制定者利用税收来促进慈善捐赠，从而更好地综合再分配与第三次分配。

第 9 章是个税和转移支付的综合作用：缓解同龄人收入不均等。测算个税—转移支付体系在减少不平等中的效应及效率，从而保证财政工具在缓解收入分配差距、解决相对贫困等方面有所作为，是实现"两个一百年"奋斗目标的重要一环。本章在标准财政归宿分析框架下，构造了一种基于年龄调整的基尼系数测度同龄人收入不均等，采用匿名与非匿名评价指标综合测度了个税、社保缴费和转移支付在再分配中的垂直效应、再排序效应和收入变动轨迹，并模拟最优分配方式下的支出效率及配置效率。基于年龄调整的基尼系数测算的收入不平等比传统基尼系数下降了 2%；个税—转移支付体系的再分配效应达到了 4.9% 左右，整体累进性较强；个税和转移支付分别达到了 71.27% 和 45.86% 的支出效率，以及 70.45%和 46.94%的配置效率，而新个税的再分配效率有所下降。改善财政再分配绩效不彰，关键是发挥直接税强累进性优势、扩大个税覆盖人群和优化财政支出结构。

第 10 章是财政综合工具优化：农村相对贫困治理。谋划未来长期减贫战略是完成第二个百年奋斗目标的必然举措，有必要重新审视贫困标准以及整个财政体系在相对贫困治理中的作用。本章构造了综合贫困线、国际相对贫困线和脆弱性调整贫困线三种相对贫困标准，采用匿名和非匿名评价指标，综合测度了一揽子财政工具的减贫效应与效率。中国财政分配体系对实现精准扶贫发挥了重要作用，各种财政工具的减贫效应显著降低了农村相对贫困广度、深度和强度，财政增益远大于财政致贫；转移支付和基本社会保险对农村相对贫困的瞄准较好，配置效率相对较高，而整个财政体系的 FI/FGP 减贫效率仍有提升空间。在此基础上，本书提出分地区逐步采用不同相对贫困线的减贫方案，同时构建了适应包容性增长的财政帮扶机制，提出了相应的相对贫困治理优化路径。

第 11 章是扶贫改革制度创新：巩固脱贫成果。巩固拓展脱贫成果是消除中西部绝对贫困后中国减贫面临的一大挑战，东部地区率先在扶贫体制机制上进行创新实践，通过构建多层次扶贫体系，探索相对贫困治理设计方向。本章利用扶贫改革试验区试点事件作为准自然实验，引入项目评估中的合成控制法，识别了试验区政策的减贫有效性、溢出效应及影响机制。政策的实施显著实现了收入减贫与多维减贫，即农户收入得到提高和跌入多维贫困概率降低；丽水试验区的减贫效果最明显，阜新和清远的减贫效果一般；试验区内家庭的各类收入增加，贫困脆弱性和慢性贫困降低。本章的结论对于制定差别化扶贫政策、创新贫困监测机制、构建多元协同扶贫机制以及建立城乡统筹反贫困体系都有重要参考价值。

第 12 章是相对贫困与不平等的财政治理政策建议。首先是完善相对贫困识别与监测机制，设立多维度的相对贫困识别标准，健全识别和监测的动态调整机制，加快标准与识别的城乡一体化进程；其次是调整并优化财政相对扶贫支出，推进基本公共服务均等化，持续加大转移性支出力度，改善和健全中央转移支付制度；再次是优化财政收入体系，优化间接税结构，提高直接税比重，避免非税负担过重；最后是构建相对贫困治理的多元体系，政府主导巩固治理成果，企业协同创新产业协助方式，社会补充健全帮扶格局。

2 中国贫困治理演变：
从消除绝对贫困到迈向共同富裕

2.1 制度改革发挥经济增长的涓滴效应（1978—1985年）

中华人民共和国成立后，农村面貌与农民生活状况发生了较大改变，农业综合生产能力也得到了一定改善。由于受到落后的农业体制影响，直至改革开放初期，中国仍有 1/3 的人口没有解决温饱问题，处于普遍贫穷的状态。在这种环境下，中央提出扶持贫困地区的政策，这是促进经济社会发展的必然要求，也是履行国家政治使命的应有之义。中国以解决贫困问题为主要目标，解放和发展生产力成为当时国家的头等任务。这一时期，国家经济体制开始有序转型，社会主义市场经济模式萌芽发展。

针对农民生存性贫困，家庭联产承包责任制改革发挥了重要作用。该制度将农民个人劳作和经济收益关联起来，农民的劳动积极性得到增强。农村土地"两权分离"模式和乡镇企业建设促进了农村地区的个体经济发展，极大释放了农村地区的经济发展活力，促进了农民的个体经济发展和物质状况改善。实行家庭联产承包责任制带来的农业增量占总产量的比重达到 30%~50%，农业要素生产率提高。

为了缓解农民收入性贫困，中国改革了农产品流通体制。1978 年前，国家对农业投入、生产和分配实施计划手段，农产品流通在国家政府部门的管控下严格实行统购统销制度。1978—1985 年这一阶段的主要特点是将计划与市场相结合，在完成国家统一计划任务的前提下激活市场。在该政策引导下，国家开始减少统购统销商品数量与品种，进一步收窄农产品收购范围，并稳步放开部分农产品购销价格，实行市场议价。这一阶段，中国的农产品从禁止自由流通走向了部分开放。随着减免缴纳农业税政策的放宽，中国剩余农产品数量大增，农副产品专业市场和农村集贸市场取得了初步发展，农民收入也得到快速增长。

基于农民发展性贫困，国家推进改革户籍制度和就业管理制度。自十一届三中全会确定改革开放战略以来，城乡二元结构发生显著变化。一方面，实行家庭联产承包责任制使得国内粮食产量大增，出现了大量农村剩余劳动力；另一方面，市场经济发展，特别是工业进步对劳动者产生大量需求，政府开始循序渐进地解除约束农村劳动力流动的户籍限制，允许经商、务工的农民自带粮食在城镇落户。作为中国特有的人口管理制度，户籍制度深深影响着城镇化进程、就业和消费，在经济社会发展中发挥举足轻重的作用。改革开放以来，户籍制度改革联合土地制度、行政管理、财政金融等方面的改革，推动经济社会体制改革走深走实。

这一阶段贫困治理取得的显著成效既得益于土地承包、农产品流通、人口流动等体制改革，也受益于政府对贫困地区的专项扶贫政策和财税激励政策。基础广泛的经济改革激发了农村活力，为贫困人口提供了新的机会并提高了人均收入水平。农业改革释放出大量农村劳动力，使其转向更高生产率的服务业和制造业，为经济发展和工业化进程供应了充足的人力资源。在农村发展条件得到初步改善的背景下，政府同时设立了"支援经济不发达地区发展资金""三西农业建设专项补助资金"和"以工代赈资金"等专项资金，并在全国划分 18 个贫困区域重点开展扶贫工作。国家强调扶贫工作的根本原则是"帮扶资金要用在贫困地区的发展生产上"，不能"仅仅是援助行为"，强调扶贫资金使用要有所侧重，主要用于改善连片贫困地区的落后状况。

除了投入财政专项资金，国家还实施了大量优惠政策减轻贫困地区的税收负担。从 1979 年起，为了缓解贫困生产队的经济压力，中国在部分落后地区试点执行农业税起征点办法。其中，老革命根据地、边疆地区和少数民族地区等经济发展基础薄弱的地区，可以得到更多利于发展的税收优惠。1984 年 9 月，中共中央、国务院在《关于帮助贫困地区尽快改变面貌的通知》中明确强调，要进一步为农村减轻负担，自 1985 年起分情形减征农业税。最困难的地区免征 5 年农业税，贫困程度较轻的地区酌量减征 1~3 年农业税，并支持到贫困地区创业的开发性企业免征 5 年所得税。为了鼓励农民联办企业和个体商贩的发展，国家也适当下放征税权到基层，由县级人民政府决定所得税减免的期限和幅度。1985年，为加大对贫困人口的支持力度，国务院决定对纳税有困难的贫困人口适当减免农业税，对贫困户或集体兴办的工业、运输业和服务业企业等减免税收，激发贫困户发展生产的积极性。

农村制度改革和财税帮扶政策的实施产生了明显的减贫效果，乡镇企业的逐步兴起为贫困地区提供了大量工作岗位，促使农村劳动者收入水平持续提高。1978—1985年，中国总体贫困人口从2.5亿大幅度下降至1.25亿，年均减少近1 800万人，农村贫困发生率也从30.7%降至14.8%。在民生方面，农村基本公共服务事业也取得了突破性进步，贫困地区的农业生产条件、交通状况和饮水安全等方面都得到了改善。这一期间，专项扶贫资金和扶贫体制改革都较大程度地解放了农村生产力，贫困地区的落后状况得到明显缓解。

2.2　区域发展促进开发式扶贫（1986—2000年）

"效率优先、兼顾公平"的发展方针使得城乡之间、区域之间和工农之间的差距逐渐拉大，农村经济发展和农民生活状况改善进入缓慢阶段，发展不平衡问题日益凸显。由于地理位置、自然禀赋的特殊性，涓滴效应难以惠及深度贫困集中的地区，尤其是省际毗邻地区和革命老区，绝对贫困问题十分严峻。因此，中国开始在全国范围内展开有计划、有组织的扶贫工作，试图在目标、机构和运作方式上寻求制度化改革。

1986年开始，从中央到地方逐级成立扶贫领导小组，启动了制度化、组织化的区域开发式扶贫战略。在扶贫思路上，中央政府提升扶贫制度体系的瞄准性，在全国划分了18个连片贫困区与331个国家重点贫困县，在此基础上分配扶贫资源，开启了以县为基础扶贫单位的扶贫模式。中央对这些贫困地区在扶贫资金、资源开发和物资保障等方面采取倾斜性政策，划拨专项扶贫资金扶持国家贫困县，扶贫精准性得到提高。在资金方面，改革扶贫资金的使用方式，根据贫困地区的贫困程度确定扶贫资金数额和分配方案。同时为有效开展减贫工作，政府对主要行政领导实行分级负责的使命责任制，让有能力、有资源的机构对贫困县实行一对一帮扶。这一阶段采用了大量蕴含中国特色的扶贫方式，包括发挥社会力量帮助扶贫、机关单位对口扶贫和东西部协作扶贫等，在我国扶贫实践中获得了显著成效并沿用至今。

在区域发展过程中，中国对以往救济式扶贫进行革新，探索实施"以工代赈"政策下的开发式扶贫机制。国家投入以工代赈资金用于贫困地区的综合开发治理和基础设施建设，让农村贫困人口通过产业务工和基础设施建设等方式获得劳动报酬，用"造血"替代"输血"，其中一个重要措施就是因地制宜促进乡镇企业发展。据《中国农村统计年鉴》统计，中国乡镇企业数量在这一阶段迅速增加，1998年就有超过2 000万家乡镇企业，共吸纳就业人员1.2亿多人，乡镇企业的快速成长对农村经济发展和贫困人口减少起到了重大作用。同时，开发式扶贫将农民自食其力和国家扶持相结合，在援助农村基础设施建设的同时，提高了农民自我发展能力。这些指向性措施意味着中国开始了政府主导的有组织扶贫计划，缓解了因农村经济增长缓慢导致的贫困率难以降低的问题。

随着国家治理能力和财政能力的提升，扶贫政策和对应措施也愈发制度化。1994年，为了解决西部偏远地区贫困人口分布集中、贫困程度较深、返贫风险高等问题，国务院印发《国家八七扶贫攻坚计划》，这成为中国首个较为全面的专项扶贫方案，探索了金融扶贫、财政扶贫、区域均衡发展和东西协作扶贫等政策组合模式。在这一时期，中央政府把国家贫困县调整为592个，将考核单位放在省一级，投入大量资金用于农村基础保障设施和教育医疗建设。不同部门也出台各类信贷优惠、财政补贴和税收优惠政策，进一步完善了扶贫政策体系。

积极的财税政策在助力开发式扶贫上成效显著。1998年，国家决定发行长期国债1 000亿元，其收入全部用于贫困地区基础设施建设，重点投向农田水利建设和城乡电网改造领域。为了给乡镇企业发展创造条件，国家对偏远贫困地区新设企业给予照顾，允许在3年内部分返还或先征后返所得税，并分批次先后撤销涉及企业的不合法收费和政府性基金727项，极大地减轻了社会和企业负担。此外，一些金融机构也投入大量扶贫资金支援落后地区贷款，由中央财政补贴贷款利息，侧重投向国家贫困县的发展建设。

到了2000年，我国绝对贫困人口已经减少至3 200多万人，贫困发生率也相继下降至3.5%，基本解决了贫困人口温饱问题。与此同时，该阶段我国形成了一个完备的扶贫行动系统，扶贫行动不再是松散、零碎的单个措施。总体上看，中国扶贫举措重点以区域来瞄准贫困人口，对贫困县实行帮扶政策和资源倾斜。这种扶贫方式虽然有效解决了大部分人的贫困问题，但是依旧出现了扶贫方向偏离的问题，这也就促进中国扶贫工作开始步入下一阶段。

2.3 扶贫开发与社会保障共同推进（2001—2012 年）

步入 2000 年后，国内外环境转变推动了中国扶贫举措逐步完善。随着国家经济体制改革的重心转向城市，城镇化和农村工业化进入快速发展阶段，中国对外开放程度也随着加入世界贸易组织不断加深。随着《国家八七扶贫攻坚计划》完成，中国普遍贫困问题得到解决。虽然贫困人口数量已经大幅度减少，但是贫困人口的分布显示出从重点县转移到重点村的趋势。这一阶段的反贫困战略以构建和谐社会、重点保障民生为目标，在实现经济快速增长的同时，注重持续改善民生福祉，推进基本公共服务不断提质增效。

在大力实施开发式扶贫时，对于贫困现象呈现的新特点，扶贫对象开始从宏观转变到微观，扶贫政策的重点也经历了从面到点的转变。2001年，作为对上一阶段任务的补充，《中国农村扶贫开发纲要（2001—2010）》（以下简称《纲要》）颁布实施。在该《纲要》指导下，国家将贫困人口大量聚集的西部地区、特困地区以及革命老区等作为主战场，以贫困县为基础、贫困村为单元推进扶贫工作。中国确立了 592 个扶贫开发重点县，把 14.8 万个贫困村作为政策落实的着力点，鼓励农民主动参与脱贫措施的决策过程。在开发式扶贫和社会保障的合力下，以往扶贫工作中非贫困人口比贫困人口获益更多的困局得到改善，这是扶贫措施展现出"以人为本"观念的重大转变，深刻把握了扶贫工作在全面建设小康社会目标下的价值导向。2002 年，党的十六大提出调整经济结构的发展战略，为扶贫开发指明了方向。通过整村推进、以工促农、以城带乡等方式促进贫困地区剩余劳动力转移和产业发展，推动贫困地区经济发展。尤其是国家不断出台的各类惠农政策，使得农业收入和农民工资性收入均显著增加，贫困人口的整体生活水平得到提升，对农村全面脱贫起到促进作用。

随着科学发展观的提出，财税政策也在其指引下开启了新一轮配套改革。在财政收入方面，按照"分步骤进行税收制度改革"的任务和"简税制、宽税基、低税率、严征管"的原则，我国统一城乡税制。税收政策及其配套措施更加促进农业生产，2003 年我国开始试点农业税费改革，2006年全面取消农业税。全面取消农业税是农业分配制度的重大改进，唤醒了农村的生产要素活力，农民生活水平也得到明显提升。随着农业税费改革和市场经济发展，乡镇一级逐渐失去为农民提供基础社会保障的功能。此后，中央和地方各级政府通过财政转移支付为农村社会保障提供资金支持，最主要的形式是以社会救助手段为无法参与经济活动的贫困人口提供现金转移。在财政支出方面，随着经济快速增长和财政收入平稳增长，财政向"三农"倾斜的力度进一步加大。财政部门逐步增加扶贫资金数量，允许使用部分扶贫资金用于支持非贫困县的扶贫工作，用保障资金扶持非贫困地区的贫困人口。2004 年开始，国家开始实施生产者补贴政策，设立种粮补贴、农机补贴、良种补贴和生产资料补贴，并开启农业保险政策试点。青少年教育不平衡问题得到关注，政府免去贫困地区农村义务教育阶段学生学杂费，贫困家庭学生还能得到寄宿生活费、免费课本等额外补助。随着农村老龄化不断加速，农村最低生活保障制度于 2007 年启动并迅速在全国范围内推广，基本保障了贫困人口的生活需要。同时，各省逐步建立和推广新型农村合作医疗，实施农村新型社会养老保险制度，保障弱势年老贫困人口病有所医、老有所养。

在整村推进扶贫开发规划和农村社会保障改革的推动下，扶贫工作更加深入细致，扶贫资金集中发放到贫困村，一定程度上解决了贫困人口需求与扶贫项目不匹配的问题。2001 年至 2012 年，政府贯彻执行"一体两翼"扶贫战略，成功解决了大多数贫困人口的温饱问题，遏制了城乡不平等进一步加剧的趋势，为国家经济的健康发展增添动能。特别是"十一五"时期，全国低收入群体数量整体减少近 4 000 万人，主要贫困县农民人均纯收入翻一番，为国家扶贫事业的健康发展打好了根基。中国在 2011 年年底将扶贫标准修改为农民人均纯收入 2 300 元，在该举措下更多农村低收入人口被确立为帮扶对象。总体贫困人口也从 2010 年的 2 688 万人增加至 1.28 亿人，约占农村总人口 13.4%。这意味着国家扶贫开发开始进入转型期，从解决温饱问题的基础阶段转向稳固脱贫成果、改善生活条件、缩小收入差距和提升持续发展能力的更高阶段。过去扶贫攻坚时期主要解决农村经济落后导致的生存和温饱问题，而当前扶贫任务主要应对的是收入差距拉大带来的挑战。

2.4 以精准扶贫战略为核心消除绝对贫困
(2013—2020 年)

党的十八大以来，中国特色社会主义进入新时代，全面建成小康社会也开始迈进关键时期。早期粗放型扶贫战略难以获取贫困人口的准确数量，整村推进过程中贫困村内财富分化逐步加剧，新时代减贫面临更多挑战，农村地区普遍具有的绝对贫困现象毋庸置疑是最明显的短板。因此，中国政府再次调整了减贫战略，将全面消除农村地区的极端贫困作为首要任务，提出以精准扶贫战略打好打赢脱贫攻坚战。

精准扶贫战略旨在将贫困人口的收入提高至国家收入贫困标准以上，并改善多维度贫困状况。该政策覆盖了从贫困识别到贫困退出，再到返贫防治的全过程，对帮扶谁、谁帮扶、如何扶、何时退、防返贫的各环节进行部署。精准扶贫是一种全新的减贫方式，将扶贫瞄准对象从贫困村精细化到贫困户和贫困人口。政府在 2014 年筛查所有贫困人口并建档立卡，根据多维指标识别不同贫困群体，划分为因学致贫、因病致贫、因灾致贫三个方面，便于针对不同因素致贫的群体精准施策，在后续期间动态跟踪并更新贫困人口的致贫原因、贫困现状和其他相关信息。同时国家建立五级政府工作责任制、检验工作成效的考核监督制度，完善社会力量共同参与扶贫的动员体系。此外，应用全国脱贫大数据摸清当前农村的真实贫困数，为扶贫政策制定提供可靠的数据基础。

财政作为国家治理的基础和重要支柱，在打赢脱贫攻坚战中负担着重要职责。实施精准扶贫战略以来，按照"大扶贫"格局要求，国家持续加大财政资金的投入力度，确保与脱贫攻坚任务相适应。2013—2020 年，中央、省、市、县投入的专项扶贫资金总额约 1.6 万亿元，主要用于支持扶贫开发领导小组、发展改革委等部门制定的各项减贫项目，包括整村推进、产业扶贫和雨露计划等系列项目开发，其中的关键是对农村进行产业扶贫。为了配合财政扶贫资金的使用，财税部门还出台了多项税费优惠政策，促进涉农产业发展；对采取"农户+公司"经营模式的企业减免增值税和企业所得税，以增强贫困地区群众的自身造血能力。政府也逐渐加大对重点群体就业创业的税收支持力度，尽可能减轻其税收负担。对于雇佣建档立卡人员的企业，在其与建档立卡人员签署劳动合同和缴纳社会保险费的前提下，允许其在取得营业收入的前3年按照实际雇佣人数定额扣减税费。同时对进行个体经营的建档立卡人员实施特殊税收优待，允许其在每年12 000元限额内扣除个人所得税、增值税和附加税费。

2020年新型冠状病毒感染疫情（以下简称新冠疫情）暴发，给按期完成脱贫任务带来艰巨的挑战。习近平总书记主持召开决战决胜脱贫攻坚座谈会，指出贫困人口全部脱贫"必须如期实现，没有任何退路和弹性"。针对剩下的52个挂牌督战贫困县，国家财政在安排资金投入时优先考虑这些地区，援助资金规模达417亿元。在克服新冠疫情影响方面，财政部联合有关部门迅速采取应对举措，预防低收入群体受新冠疫情影响致贫。2020年中央财政拨出14亿元专项扶贫资金，用于支持受新冠疫情影响比较严重的七个省份。为了提高资金使用效率，政府创新配套资金管理方式，专项扶贫资金实施直达资金管理，使之能够直达基层、避免层层分解。在促进和稳定就业上，政府通过一次性生产补贴、贷款贴息和临时就业补助，促进低收入人口主动就业。例如，将2020年度光伏发电80%的收益用于扶贫公益岗位，实现了127万贫困人口在家门口就业。

包容性发展是中国式减贫的内在属性，精准扶贫战略坚持包容性发展的理念，在经济增长的过程中尽可能地实现人民共享发展成果，保证每个公民都能拥有发展机会。2013年国家实施的精准扶贫战略，成功解决了扶贫任务的"最后一公里"问题，对消除绝对贫困起到了至关重要的作用。2020年脱贫攻坚任务成功完成，在现有标准下绝对贫困人口全部实现脱贫。农村贫困人口的收入水平稳步提升，农民人均可支配收入实现从2013年的6 079元到2020年的12 588元的大幅上升，年平均增长率为11.6%。

2.5　迈向共同富裕：缓解相对贫困与不平等（2021年至今）

百年来，在中国共产党的领导下，中国人民从翻身做主到解决温饱、从基本小康到全面小康，中国以自身发展推动全球反贫困事业更进一步。按照国际贫困标准来看，中国总体脱贫人数占世界同期的70%以上。在全球减贫形势依旧严峻的环境下，中国提早10年完成了联合国《2030年可持续发展议程》中的减贫目标，为全球减贫事业贡献了中国力量。从一个以农业为主的低收入经济体发展成中等偏上收入的工业大国，中国经历了漫长的发展过程。虽然中国已经实现了贫困人口全部脱贫，但仍有相当多的人处于脆弱状态，返贫风险较高。农村地区低收入群体和其他群体之间的差距在不断拉大，解决发展不平衡、不充分问题，实现全体人民共同富裕依旧还有一长段路要走。因此，2021 年政府确认了继续优先发展农业农村的方针，通过推动乡村振兴重点帮扶县的发展进一步夯实扶贫成果。2022 年，中央一号文件将防止规模性返贫作为乡村振兴的两大底线任务之一。

巩固脱贫成果是高效连结脱贫攻坚与乡村振兴的重要环节，也是实现共同富裕目标的坚实基础。为了巩固脱贫成果，政府承诺设置 5 年期限的过渡期，其间保持已有的帮扶政策总体稳定，并逐项精简调整和分类完善。这一承诺将确保在基层财政资源有限的情况下，通过中央转移支付为乡村振兴战略提供足够的财政资源。随着低收入人口特征发生变化，国家需要考虑整合精准扶贫政策和社会保障制度。虽然中国社会保障网络的覆盖范围已经明显扩大，但部分农户仍然处于脆弱状态。这部分农户是在脱贫攻坚时期内没有享受到帮扶政策，且收入水平低、存在致贫风险的一般农户。帮扶政策应当向一般农户适当延伸，只有这样才可能防止农民发生规模性返贫。对于脱贫稳定户，相应的帮扶政策应当尽快退出，节约财政资金。对于脱贫不稳定户，各级政府应确定评判标准，加强政府部门间的数据整合力度以提高效率，并实施动态化监测，实现应纳尽纳、应退尽退。

促进低收入人口收入更快增长，是实现共同富裕的核心任务。只有当低收入群体的收入增长高于其他群体时，才能真正意义上缓解相对贫困、缩小贫富差距。当前，中国城乡收入差距居高不下。乡村振兴战略既着眼于提升农业生产率以实现农业现代化，又注重在总体上实现农村现代化，包括改善公共服务、创造农村非农就业机会。产业振兴是乡村振兴的重中之重，要加大产业帮扶力度。农业是最能吸收低收入人口就业的产业，应当大力培养与农业相关的特色品牌，依靠品牌建设助力农业进一步转型升级。此外，还应继续推动农村地区劳动力转移。实现低收入群体充分就业，鼓励劳动密集型产业向不发达地区转移，并对劳动密集型企业实行财税优惠政策。政府应当丰富农民个人的增收途径，针对无偿获得国家救助容易导致依赖的行为，可以采用有条件的转移支付、"发放福利到工作"等做法，让救助对象参与到工作中。此外，可以将资金直接补贴转变为以工代赈或提供社区义工、安全维护、卫生保洁等公益性岗位，吸收劳动力就业。

经过全国人民的不懈奋斗，中国不负众望打赢了脱贫攻坚战，这对全球反贫困意义重大，但这并不意味着我们就此实现共同富裕。实现共同富裕是一个逐步推进、长期渐进的过程，其难点和重点都在农村，需要通过乡村振兴来补足共同富裕道路上的短板。为此，需要构建初次分配、再分配、三次分配协调配套的基础性制度安排，加大税收、社保、转移支付等方式的调节力度并提高精准性。中国政府在面对复杂挑战时坚定倡导稳发展，通过缩减政府开支和扩大财政支出的方式来承担责任，履行承诺。未来，中国会进一步发挥财政在国家治理中的支柱作用，优化再分配与第三次分配机制，从多维度精准发力来缩小收入差距，最终实现共同富裕。

3 基本公共服务设施布局优化：
打破城市空间居住隔离

3.1 引言

随着绝对贫困的消除，中国脱贫攻坚的重心也将转向相对贫困。但就城市而言，中国城市的相对贫困一直以来没有得到明显改善（王镨，2019）。20世纪90年代以前，中国在城市实行"低工资、广就业"的制度安排，绝大多数的城市居民都隶属于特定的单位，较为完善的单位保障制度给这些城市居民提供了就业、教育、医疗、住房等基本公共服务。然而随着经济和社会改革的深入推进，就业、住房、社保等一系列制度的改革，中国计划经济体制下形成的城市利益格局被打破，出现了因产业结构调整和制度变革导致的大量下岗失业人员（刘玉亭 等，2003）。此外，随着城市化进程的推进，又涌现出大量的农民工群体，城市相对贫困问题日益加重。

城市相对贫困问题具有高度综合性，它不仅仅是经济、政治、社会问题，同样也是空间居住隔离问题（Wu，2004）。城市相对贫困居民通常会选择房价较低的区域居住，容易聚集在一起生活，使得城市相对贫困人口并不是分散、平均地分布在各个区域，而是呈现出相对集中的态势。党的十九届五中全会提出要推进以人为核心的新型城镇化，增强区域发展的平衡性，优化区域发展布局。2014年《国家新型城镇化规划（2014—2020年）》提出"优化提升东部地区城市群、培育发展中西部地区城市群"。2018年国务院发布的《关于建立更加有效的区域协调发展新机制的意见》表示将建立以中心城市引领城市群发展、城市群带动区域发展的新模式。

然而，随着城市群规模扩大与人口集聚，交通拥堵、环境污染、基础设施与公共服务供给不足等"大城市病"问题日益凸显。为了摆脱"大城市病"，提升城市群承载力，《中华人民共和国国民经济和社会发展第十四个五年规划和2035远景目标纲要》给出的良方是推进公共服务等设施提级扩能，基本公共服务一体化和均等化是城市群实现一体化高效发展的关键。城市贫富居住空间失衡的现象反映了当前既定的社会关系和社会空间秩序。区别于以市场为导向的居住融合政策，以公共服务设施布局优化为导向既能够缓解贫困居民集聚带来的负面效应，又能够最大程度上打破城市空间居住隔离，促进资源公平配置。景观环境、交通设施等公共服务设施的有效配置，从外立面上实现了基本公共服务一体化，为改善城市居住隔离预留了空间。从内部治理的视角，考虑到低收入人口的切实需求，基本公共服务均等化能够弥补贫困居民在个人资源和公共资源方面的不足，打破居住隔离和贫困集中所造成的社会屏障。通过提供相对优质的教育资源和医疗卫生条件，优化公共服务设施可以扩大城市区域经济发展的半径，在居住空间中维护社会平等与公正，从而实现城市群一体化高效发展。因此，研究城市群基本公共服务均等化问题，对于提高公共服务供给效率、优化创新城市空间布局、治理城市相对贫困问题具有重要意义。

成渝城市群位于"一带一路"和长江经济带交汇处，不仅是西部地区经济文化最发达的区域，也是新一轮西部大开发的重要支撑点。2021年中央发布的《成渝地区双城经济圈建设规划纲要》表明，在新时代背景与"双循环"格局下，要将成渝地区双城经济圈建设成为具有全国影响力的重要经济中心、科技创新中心、改革开放新高地和高品质生活宜居地。与京津冀城市群、长三角城市群、粤港澳大湾区相比，成渝城市群存在贫困地区、革命老区和生态保护区，公共服务一体化发展相对滞后。因此，科学地量化研究与客观评估成渝地区双城经济圈的基本公共服务短板，不仅有益于分析在相对不发达地区推动均等化应该做什么以及采取什么方式更为有效，而且对推动公共服务共建共享、缓解相对贫困、促进共同富裕等重大战略具有借鉴意义。本章利用城市兴趣点（points of interest，POI）大数据中的医疗卫生服务设施、基础教育服务设施以及公共文化服务设施信息，采用局域Getis-Ord G_i^* 指数法和累积机会法，从空间分布、集聚特征和可达性格局综合考察成渝地区双城经济圈的基本公共服务设施均等化特征。

3.2 文献回顾

基本公共服务均等化主要指基础教育、医疗卫生、公共文化和社会保障等关乎个人生存、发展和健康的服务均等化，核心是全体公民普遍、平等享有（安体富和任强，2007）。中国政府于2005年在十六届五中全会中首次提出"公共服务均等化原则"，党的十九届五中全会要求"到2035年实现基本公共服务均等化"。为了达成这一目标，党的十八大以来，基本公共服务政策经历了"普惠化—均等化—优质化"转变（姜晓萍和郭宁，2020）。2012—2017年，均等化政策以保障和改善民生为目标，政府重点推进了教育、医疗和社保体系建设。2017—2020年，区域经济差距不断扩大，为了缓解随之而来的基本公共服务在地区之间、城乡之间和人群之间受益不平衡不充分问题，均等化政策更加关注公平。此时，"标准化"和"精细化"成为基本公共服务机会均等的实现路径。随着举世瞩目的脱贫攻坚任务圆满完成，中国正走在实现共同富裕的新赶考路上，均等化政策开始注重提升基本公共服务质量、增强人民群众获得感。

如何度量基本公共服务均等化？已有研究主要集中在两个方面：第一，对城市基本公共服务设施分布进行地理空间可视化。随着POI大数据的迅速发展，成本加权距离法（马宇 等，2021）、两部移动搜寻法（Cheng et al.，2012；钟少颖 等，2016）和引力模型法（Wang，2012；程敏和连月娇，2018）等方法用于量化公共服务设施空间可达性；核密度估计法（Borruso，2008；刘倩 等，2017）、最近邻指数法（湛东升 等，2018）、局域 Getis-Ord G_i^* 指数法（陈蔚珊 等，2016）等方法用于呈现公共服务设施空间集聚特征；标准差椭圆（许浩 等，2019；Silalahi et al.，2020）、健康距离模型（赵林 等，2015）等方法用于探究公共服务均等化空间差异。第二，以财政支出对基本公共服务绩效进行评估。在宏观层面下，相关研究通过基本公共服务供给数量和成本的因素法（曾红颖，2012）、构建地方政府城乡公共服务支出决策对转移支付的反应函数（缪小林 等，2017）、基于"投入—产出—受益"三维衡量标准（Dasgupta et al.，2009；卢洪友 等，2012），测算基本公共服务在省际与城乡之间的不均等程度；在微观层面下，有的研究利用公共支出受益归宿分析（李永友和郑春荣，2016）、转移支付益贫性数量测度方法（卢盛峰 等，2018）考察基本公共服务的家庭受益状况。令人遗憾的是，以上两类研究并未充分考虑公共服务的供给质量，也没有从医疗卫生、基础教育和公共文化多层次综合考察，城市群基本公共服务均等化问题仍然缺乏实证上的充分度量与客观评判。此外，还有研究分析了基本公共服务非均等化成因，主要在于财政制度不健全（倪红日和张亮，2012；张帆 等，2020）、区域经济差异（Zare et al.，2014；Mussa，2014）和供给决策机制不合理（郭小聪和刘述良，2010）。这些文献大多根据经济因素和财政制度来探究非均等化根源，缺少从历史惯性、地理环境和政府行政权力等多维视角的分析。

3.3 制度背景

3.3.1 毗邻地区基本公共服务均等化政策

在推进毗邻地区基本公共服务均等化方面，本章梳理了2014—2022年中央政府和国务院颁布的相关政策文件（见表3-1）。区域要实现公共服务均等化，客观上需要各城市在医疗、教育、交通、文化等方面保持一体化发展，主要包括建立公共服务共建共享机制和提升公共服务供给质量。

在公共服务共建共享上，国务院于2014年发布了《国家新型城镇化规划（2014—2020年）》，该规划作为推动区域协调发展的有力支撑，具有指导性和战略性，意味着城市群成本共担和利益共享机制开始建立。2015年4月，国务院正式批复《长江中游城市群发展规划》，支持长江中游城市群与省际毗邻地区协同发展。2015年，《京津冀协同发展规划纲要》指出，要实施北京非首都功能的疏解计划，其中包括教育、医疗、培训等社会公共服务机构。2016年，哈长城市群开始规划发展，以紧靠哈尔滨和长春的市县区为基础，在城市群内部积极探索试点项目，推进基础设施与公共服务共建共享、体制机制一体化发展。2016年12月，国务院批复的《中原城市群发展规划》表明，应提升郑州大都市区的集聚产业和人口能力，促进城市群内部功能互补和公共服务共建共享。2017年和2018年，国家又连续出台了一系列城市群发展规划，其中包括北部湾城市群、关中平原城市群、呼包鄂榆城市群和兰州—西宁城市群。这些政策均强调要加强周边城市在基础设施、公共服务等方面的协作，从而形成优势互补的城市群体。

在公共服务质量提升上，长江三角洲和粤港澳大湾区于2019年相继出台规划政策。其中，长江三角洲以都市圈为基础，协同扩大优质教育供给，优化配置医疗资源，促进教育、医疗均衡发展。大湾区更加注重教育、文化等领域的合作，旨在建设优质生活圈，提供优质的公共服务。2021年，中央发布《黄河流域生态保护和高质量发展规划纲要》，作为未来指导黄河流域可持续高质量发展的重要文件，其强调要推进县城公共服务设施提标改造，实现与城区公共服务设施有效衔接，并建立专项奖补资金用于公共服务短板较多的地区。

通过梳理以上政策可知，自2014年出台《国家新型城镇化规划（2014—2020年）》表明推进跨区域互联互通，促进基础设施和公共服务设施共建共享后，国家于2015年至2019年间颁布了大量城市群发展规划的文件。在京津冀、长江经济带、粤港澳大湾区、长三角、黄河流域高质量协同发展等一系列战略布局的推动下，我们亟需健全公共服务协同发展机制，共同提升公共服务供给质量与水平。反观其他区域，北部湾城市群、关中平原城市群、呼包鄂榆城市群、哈长城市群、中原城市群等则以重点市县区为基础，积极探索公共服务一体化发展机制，辐射带动周围城市加速发展。这些政策机制的实施，不仅可以提高公共服务的质量，还有利于城市群之间联动发展。

表3-1　国家层面政策文件

年份	政策
2022	《"十四五"文化发展规划》
2021	《关于新时代推动中部地区高质量发展的意见》《黄河流域生态保护和高质量发展规划纲要》《横琴粤澳深度合作区建设总体方案》《中华人民共和国国民经济和社会发展第十四个五年规划和2035年远景目标纲要》
2019	《长江三角洲区域一体化发展规划纲要》《粤港澳大湾区发展规划纲要》
2018	《关于建立更加有效的区域协调发展新机制的意见》《关中平原城市群发展规划》《呼包鄂榆城市群发展规划》《兰州—西宁城市群发展规划》
2017	《北部湾城市群发展规划》
2016	《哈长城市群发展规划》《中原城市群发展规划》《中华人民共和国国民经济和社会发展第十三个五年规划纲要》
2015	《长江中游城市群发展规划》《京津冀协同发展规划纲要》
2014	《国家新型城镇化规划（2014—2020年）》《关于晋陕豫黄河金三角区域合作规划的批复》

3.3.2　成渝地区基本公共服务均等化政策

在区域经济发展中，成渝地区具有举足轻重的作用，公共服务一体化政策助推成渝地区双城经济圈高质量发展（如表3-2）。两地政府按照"统筹资源、促进均等，政府主责、共享发展，完善制度、改革创新"的原则，坚持以人民为中心的发展思想，增加优质公共产品和服务供给，持续改善民生福祉。

在"统筹资源、促进均等"上，《成渝经济区成都城市群发展规划（2014—2020年）》和《成渝经济区南部城市群发展规划（2014—2020年）》的发布，意味着要支持各类教育跨区域合作办学和交流，以便提高教育资源利用效率和质量。2016年，《成渝城市群发展规划》出台，在重庆都市圈、成都都市圈内率先实现公共服务同城化。2018年，川渝两地签署协议，加强潼南、广安、合江片区的建设，推动教育、医疗等公共服务共享，共同助力长江经济带发展。2020年，两省政府批准设立遂潼川渝毗邻地区，还推出了促进毗邻地区合作发展的方案。在"统一谋划、一体部署、相互协作、共同实施"的总体要求下，积极开展涉及医疗、教育、社保、交通、等45项重点领域的公共服务实验性项目，共同推进基础设施、公共服务等一体化。

在"政府主责、共享发展"上，2011年国家发展改革委正式批复了《成渝经济区区域规划》，明确在教育、医疗、住房等民生领域引入一体化发展机制。随后，四川省人民政府发布了具体责任分工方案，进一步表明在未来的规划中，要重点建设人口超过100万的城市，提高城市的公共服务及其配套设施的建设水平，以增强这些城市的疏解力和吸引力。2013年，成德两地签署同城化发展框架协议，通过了规划、交通、教育、旅游等8个合作事项，由此开启了两地同城化发展的步伐。

在"完善制度、改革创新"上，2021年国务院颁布的《成渝地区双城经济圈建设规划纲要》更是将成渝地区定位"一极两中心两地"，促进区域基本公共服务共建共享，随后两地政府相继出台了相关的实施和行动方案，落实教育、文化、医疗、养老等公共服务共建共享。在此期间，川渝两地政府还共同规划了万达开川渝统筹发展示范区、川渝高竹新区、泸永江融合发展示范区、合广长协同发展示范区，共同推动公共服务信息互联、标准互认、资源共享。2022年，川渝两地政府联合印发了《重庆都市圈发展规划》。凭借优越的地理位置，广安市被纳入重庆都市圈发展计划，这一举措有望为跨省城市群和都圈同城化发展积累重要经验。

表 3-2　成渝地区公共服务政策

年份	政策
2022	《重庆都市圈发展规划》《关于合广长协同发展示范区总体方案的批复》《城宣万革命老区振兴发展示范区总体方案》
2021	《成渝地区双城经济圈建设规划纲要》《成渝地区双城经济圈便捷生活行动方案》《重庆四川两省市贯彻落实〈成渝地区双城经济圈建设规划纲要〉联合实施方案》
2020	《关于同意设立遂潼川渝毗邻地区一体化发展先行区的批复》《川渝毗邻地区合作共建区域发展功能平台推进方案》《成德眉资同成化发展暨成都都市圈建设三年行动计划》
2019	《深化川渝合作推进成渝城市群一体化发展重点工作方案》
2018	《深化川渝合作深入推动长江经济带发展行动计划》
2017	《建设川渝合作示范城市推进方案》
2016	《成渝城市群发展规划》《深化川渝务实合作 2016 年重点工作方案》
2015	《关于加强两省市合作共筑成渝城市群工作备忘录》
2014	《成渝经济区成都城市群发展规划（2014—2020 年）》《成渝经济区南部城市群发展规划（2014—2020 年）》
2013	《成都德阳同城化发展框架协议》
2011	《贯彻实施〈成渝经济区区域规划〉具体责任分工方案》《四川省人民政府关于贯彻成渝经济区区域规划的实施意见》《成渝经济区区域规划》

3.4　研究区域、数据来源及研究方法

3.4.1　研究区域及数据来源

成都市和重庆市传统市辖区是成渝地区双城经济圈的中心城区，对区域统筹协同发展起着核心示范及辐射带动作用，可以为研究成渝双城基本公共服务设施空间结构提供代表性特征。为此，本书的研究区域涵盖成都市 11 个市辖区与重庆市 9 个市辖区，总计 20 个核心主城区：选取成都市锦江区、青羊区、金牛区、武侯区、成华区、新都区、郫都区、温江区、

双流区、龙泉驿区、青白江区，全域面积 3 639.81 平方千米，2020 年常住人口 1 505.59 万；选取重庆市渝中区、大渡口区、江北区、沙坪坝区、九龙坡区、南岸区、北碚区、渝北区、巴南区，面积约为 5 472.68 平方千米，2020 年常住人口 1 034.31 万。

本章使用的基本公共服务设施数据为 2020 年成都市和重庆市兴趣点（POI）矢量数据，来自高德地图导航数据。POI 数据主要由和人们日常生活息息相关的场所构成，能够揭示不同服务设施或活动的地理位置分布，具有样本规模大、覆盖范围广和空间分辨率高的特点，能够在更小的空间尺度上刻画基本公共服务设施空间分布。本章从卫生、教育和文化三个层次衡量城市基本公共服务设施水平，具体分为医疗卫生服务设施、基础教育服务设施以及公共文化服务设施。其中，医疗卫生服务设施提取 POI 数据中的卫生院、专科医院、综合医院、急救中心、疾病预防机构，基础教育服务设施包括小学、初中、高中的学校设施。根据国务院 2015 年发布的《国家基本公共文化服务设施指导标准》，本章的研究将博物馆、展览馆、会展中心、美术馆、图书馆、科技馆、天文馆、文化宫、档案馆、电视台、电台、公园广场作为公共文化服务设施。

为了衡量基本公共服务"数量—质量"双重维度，本章将具有明显质量属性的医疗卫生服务设施和基础教育服务设施分为三个等级，赋予不同权重。公共文化服务设施包括多个类型的设施，不适合用统一标准区别质量差异，因此不考虑用不同权重赋值。根据四川省和重庆市卫生健康委公布的医疗机构信息，筛选出成都市研究区域内三级医院 61 个、二级医院 82 个，重庆市研究区域内三级医院 18 个、二级医院 26 个，将三级医院作为第一等级，二级医院作为第二等级，其余医疗机构作为第三等级。

2006 年颁布的《中华人民共和国义务教育法》要求不得将学校分为重点学校和非重点学校，因此无法以官方统一标准进行衡量，为此本章结合原有重点学校名单与本地居民认可度来区分办学质量等级。一方面，原有重点学校现在被冠以"示范学校"之名，继续享有财政资金支持，与非重点学校之间的质量差异得到延续；另一方面，当地民众认可度较高的口碑学校拥有较高办学水准，仍是受家长追捧的优质教育资源。具体而言，根据 2012 年四川省教育厅颁布的《四川省示范性普通高中管理办法》，筛选出成都市"四川省一级示范性普通高中" 23 所，以及其相应的分校 32 所，作为第一等级的基础教育服务设施。在第一等级外，结合各大网站平台对学校的评价、排名情况，综合考虑后定义其中 48 所中学和 31 所小学为第二等级。根据重庆市政府审批的示范小学和市级重点中学名单，筛选出研究区域内示范小学 20 所、重点中学 45 所，以及相应的小学分校 16 所、中学分校 56 所，作为第一等级。结合各大网站平台评价，将第一等级之外的排名较高的 22 所中学和 27 所小学，作为第二等级。接下来，将成渝双城 POI 数据中的其他中小学校定义为基础教育服务设施的第三等级。

本章的工作底图来自 2020 年 12 月高德地图兴趣面（area of interest，AOI）数据、中国科学院资源环境科学与数据中心 2020 年全国土地利用类型遥感数据（30m 精度）。本章利用 ArcGIS10.8 软件提取 AOI 居住地块数据来可视化基本公共服务设施均等化空间结构，提取 AOI 数据质心作为基本公共服务设施可达性测量的定位点，提取土地利用类型遥感数据的林地和水域作为本章水体、山体的可视化底图。

3.4.2 研究方法

3.4.2.1 局域 Getis-Ord G_i^* 指数法

局域 Getis-Ord G_i^* 指数是一种基于距离权矩阵的局部空间自相关指标，可用于衡量一个位置上的某种地理现象或某一观测值与周围邻居之间是否存在局部空间相关性。Getis-Ord G_i^* 统计方法可以对所有数据点进行分析，在空间集聚探测方面具有明显优势。具体而言，Getis-Ord G_i^* 指数能区分"冷点"（cold spot）和"热点"（hot spot）区域，高值与高值聚集区称为热点，低值与低值聚集区称为冷点。该统计量先计算某个要素以及固定距离范围内和其他相邻要素的局部总和，然后再将结果和全部要素的总和进行比较，用于分析属性值在局部空间水平上的集聚程度，计算公式如下：

$$G_i^{s*} = \frac{\sum_{j=1}^{n} W_{ij}(d)\, \lambda_k\, X_j^s}{\sum_{j=1}^{n} \lambda_k\, X_j^s}(j \neq i) \tag{3-1}$$

公式（3-1）中，G_i^{s*} 是 s 类基本公共服务设施的 G_i^* 指数，X_j^s 是 s 类基本公共服务设施在第 j 个空间单元的要素属性值，n 是要素总数。λ_k 是基本公共服务设施对应的权重，借鉴曾文等对一、二、三级医院权重赋值方法，将第一等级医疗机构的权重定为 0.6，第二等级权重为 0.3，第三等级为 0.1。基础教育服务设施三个等级的权重也分别为 0.6、0.3 和 0.1，公共文化服务设施不分等级，其权重为 1。W_{ij} 为距离 d 内的空间相邻权重矩阵，

若第 i 和第 j 个空间单元之间的距离位于给定的临界距离 d 之内，则认为它们是邻居，空间权重矩阵中的元素为 1；否则元素为 0。对公式（3-1）进行标准化：

$$Z(G_i^{s\,*}) = \frac{G_i^{s\,*} - E(G_i^{s\,*})}{\sqrt{Var(G_i^{s\,*})}} \qquad (3\text{-}2)$$

其中，$E(G_i^{s\,*})$ 为 s 类基本公共服务设施的数学期望值，$Var(G_i^{s\,*})$ 为 s 类基本公共服务设施变异系数。当 $Z(G_i^{s\,*})$ 符号为正且显著时，表示 s 类基本公共服务设施在空间单元 i 周围的值相对较大（热点区），Z 得分越高，热点区的聚类就越紧密；当 $Z(G_i^{s\,*})$ 为负显著时，表示 s 类基本公共服务设施在空间单元 i 低值空间集聚（冷点区），Z 得分越低，冷点区的聚类就越紧密。本章对成渝双城以街道为单元进行 Getis-Ord G_i^* 运算，将 Z 值按照得分大小分为高热点、中热点、低热点、冷点四个等级进行可视化表达。

3.4.2.2　累积机会法

本研究方法基于区位的可达性，每个公共服务设施及其所在区位表示一个机会，不同种类公共服务设施表示不同的机会，分析居住地获得各类基本公共服务设施的数量。累积机会法是测度公共服务设施可达性的重要方法，反映了一定距离或时间范围不同城区内可获得的公共服务设施数量。由于加入了基本公共服务设施等级的权重，本章实质上衡量了获得优质公共服务设施的可达性评分值。根据相关调查研究的经验，正常成年人步行速度一般在 60~100 m/min，按照以其均值 80 m/min（4.8 km/h）作为步行速度，计算居民在 30 分钟时间范围内的活动半径（2.4km），由于两点之间的道路距离一般是直线距离的 1.2~1.4 倍，本章使用 1.8 千米直线距离作为测量居民公共设施可达性水平的距离门槛。计算公式为：

$$A_{i,s,d} = \sum_j G(d_{i,j})\, W_{k,s}\, F_{s,j} \qquad (3\text{-}3)$$

其中，$A_{i,s,d}$ 为区位 i 在一定距离 d 范围的 s 类基本公共服务设施可达性得分。$G(d_{i,j})$ 为二值变量，当 $d_{i,j}$ 在 1.8 千米范围内，取值为 1；否则为 0。$W_{k,s}$ 为等级 k 的 s 类基本公共服务设施权重，一、二、三等级医院和学校的权重仍然为 0.6、0.3 和 0.1，公共文化服务设施权重为 1。$F_{s,j}$ 为在区位 j 获得 s 类基本公共服务设施的机会数。$A_{i,s,d}$ 值越高，表明该区位的 s 类基本公共服务设施可达性水平越高；反之越低。

3.5 实证结果分析

3.5.1 特征事实：绝对数量维度

本书将 POI 数据中医疗卫生、基础教育和公共文化服务设施地理位置投射到成渝双城主城行政区上，结果如表 3-3 所示。成都市 11 个市辖区中总共拥有 1 601 个医疗卫生服务设施、1 012 个基础教育服务设施和 1 898个公共文化服务设施。医疗卫生和公共文化服务设施数量最多的市辖区均为武侯区，分别达到了市区总量的 14.55% 和 17.12%；青白江区这两类基本公共服务设施数量最少，只占总量的 3.56% 和 3.21%。基础教育服务设施数量最多的是双流区，拥有学校数量占市区总量的 16.5%；温江区的基础教育服务设施数量最少，占比仅为 4.25%。从变异系数结果来看，在市辖区内部，各街道医疗卫生、基础教育和公共文化服务设施分布较为均匀的分别为武侯区、青白江区和金牛区。整个成都市辖区间三类基本公共服务设施的变异系数分别为 0.33、0.40 和 0.43，反映出医疗卫生服务设施在市辖区间分布较均匀，而公共文化服务设施的均等化程度较低。

从重庆市 9 个主城区的结果来看，共有医疗卫生服务设施 1 210 个，基础教育服务设施 879 个，公共文化服务设施 1 281 个。各类基本公共服务设施绝对数量在重庆市各市辖区之间呈现出空间差异。医疗卫生、基础教育和公共文化服务设施数量最多的均是渝北区，分别达到了市区总量的 20.08%、21.96% 和 21.86%，而数量最少的都是大渡口区，三类基本公共服务设施数量只达到总量的 5.54%、4.78% 和 4.92%。从变异系数结果来看，渝中区各街道之间的医疗卫生和基础教育服务设施变异系数最小，大渡口区各街道的公共文化服务设施变异系数最小。这表明医疗卫生和基础教育服务设施在渝中区各街道间分别较为均匀，而公共文化服务设施在大渡口区是一种贫瘠的均等。整个重庆市辖区间三类基本公共服务设施的变异系数分别为 0.39、0.46 和 0.42，医疗卫生服务设施在市辖区间较为均等，而基础教育服务设施的均等化程度较低。

3.5.2 分布特征："数量—质量"双重维度

为了全面探究成渝双城之间以及城市内部市辖区间在医疗卫生和基础

教育"数量—质量"双重维度上的差异，本章将医疗机构和中小学校的三个等级分别乘以权重0.6、0.3和0.1，总分越高表明高质量基本公共服务设施越多。从表3-3来看，武侯区在医疗卫生和基础教育服务设施"数量—质量"双重维度上的评价总分最高，表明武侯区这两类基本公共服务设施兼具数量与质量优势。相反，青白江区和温江区分别在医疗卫生服务设施和基础教育服务设施上存在数量少、质量低的劣势。考察市辖区内部的变异系数，医疗卫生服务设施和基础教育服务设施在青羊区和武侯区各街道呈现出较为均等的分布。

重庆市9个市辖区中，医疗卫生服务设施和基础教育服务设施评价总分最高的市辖区均是渝北区，总分最低的是大渡口区，表明渝北区的医疗卫生和基础教育公共服务设施在数量和质量上均为最优，而大渡口区这两类基本公共服务设施在数量和质量上均处于劣势。根据变异系数结果，医疗卫生和基础教育服务设施分别在渝中区和大渡口区各街道呈现出更为均等的分布。

成都市基本公共服务设施在数量和质量上都优于重庆市，但成渝双城公共服务的空间分布都呈现非均等化特征。比较绝对数量和"数量—质量"双重维度，成都市医疗卫生服务设施变异系数在考虑质量因素后变大，表明优质医疗资源的空间布局更加不均。重庆市医疗卫生服务设施和基础教育服务设施变异系数在考虑质量因素后变小，说明优质医疗资源和教育资源在辖区间分布的非均等化程度有所降低。

表3-3　成渝双城基本公共服务设施数量和质量的分布特征

地区	基本公共服务设施绝对数量维度						基本公共服务设施双重维度			
	医疗卫生服务		基础教育服务		公共文化服务		医疗卫生服务		基础教育服务	
	总量	变异系数	总量	变异系数	总量	变异系数	总分	变异系数	总分	变异系数
锦江区	101	0.65	69	1.13	137	0.78	14.50	0.69	15.50	1.31
青羊区	172	0.36	72	0.61	197	0.63	24.30	0.43	15.00	0.63
金牛区	142	0.52	100	0.58	155	0.45	19.40	0.59	15.80	0.65
武侯区	233	0.35	132	0.55	325	0.92	33.20	0.51	25.40	0.49
成华区	141	0.45	80	0.65	136	0.57	17.80	0.54	15.30	0.65
龙泉驿区	108	1.21	85	1.01	151	1.13	13.00	1.37	9.10	0.97
青白江区	57	0.91	54	0.41	61	0.73	7.50	0.98	7.10	0.72
新都区	157	1.23	127	0.82	153	1.19	19.40	1.38	13.20	0.90

表3-3（续）

地区	基本公共服务设施绝对数量维度						基本公共服务设施双重维度			
	医疗卫生服务		基础教育服务		公共文化服务		医疗卫生服务		基础教育服务	
	总量	变异系数	总量	变异系数	总量	变异系数	总分	变异系数	总分	变异系数
温江区	162	0.75	43	0.50	102	0.69	18.60	0.84	6.30	0.85
双流区	201	1.07	167	0.88	266	1.20	22.80	1.22	20.50	1.06
郫都区	127	1.05	83	0.73	215	0.62	15.00	1.23	11.60	0.91
成都市	1 601	0.33	1 012	0.40	1 898	0.43	205.50	0.36	154.80	0.40
渝中区	117	0.56	52	0.50	126	0.76	14.40	0.65	10.50	0.87
大渡口区	67	0.73	42	0.53	63	0.64	6.90	0.71	5.90	0.68
江北区	115	1.04	81	0.72	103	0.70	13.60	1.13	14.50	0.93
沙坪坝区	155	0.69	122	0.70	162	0.98	17.80	0.85	20.30	0.99
九龙坡区	181	0.83	101	0.75	158	0.74	20.80	0.83	21.10	0.91
南岸区	122	0.90	83	0.55	147	0.74	14.10	0.79	14.90	0.72
北碚区	102	0.78	82	0.60	126	1.06	11.20	0.89	12.60	0.76
渝北区	243	0.95	193	0.56	280	0.91	25.90	0.94	28.60	0.76
巴南区	108	1.16	123	0.87	116	1.33	11.40	1.20	17.70	1.12
重庆市	1 210	0.39	879	0.46	1 281	0.42	136.10	0.37	146.10	0.41

注：各市辖区的变异系数由街道单元计算而得，成都市与重庆市的变异系数由市辖区单元计算而得。

3.5.3 空间集聚特征

表3-4和表3-5分别为成都市和重庆市基本公共服务设施的热点集聚区结果。整体上，成都市和重庆市的医疗卫生、基础教育和公共文化服务设施热点集聚区分布呈现出中心地区集聚现象，但不同基本公共服务设施的热点集聚区空间分布又各具特色。

成都市医疗卫生设施形成的热点集聚街道数量最多，占所有街道的比重为55.05%。热点集聚区分布呈现出"一核心多中心"的特点，在青羊区、武侯区和锦江区出现大面积的核心高热点区域，高热点比重分别为85.71%、94.12%和56.25%。同时在市中心外围的核心街道地区也形成了少量热点集聚区，高热点比重均超过50%，代表性街道为温江区的公平街道、新都区的三河街道、龙泉驿区的大面街道、双流区的东升街道。高质量医疗卫生设施集聚分布在武侯区的华兴街道，且武侯区、青羊区和双流区的各街道标准差较小，表明分布较为均等。而新都区、青白江区和龙泉驿区的标准差较大，即各街道分布差异较为明显。基础教育服务设施空间分布主要集中在双流区和武侯区，高热点比重分别达到了 100% 和 94.12%，且双流区中和街道的热点值在成都市所有街道中最大。此外，锦江区和青羊区也形成了少量热点集聚区，代表街道为柳江街道和东坡街道。从标准差来看，温江区的值较小，但其高热点比重为 0，表明分布是一种贫瘠的均等。龙泉驿区和双流区的标准差值较大，即各街道分布差异较为明显。公共文化服务设施高热点街道数量最少，占所有街道的比重为 39.45%。热点集聚区主要分布在郫都区、武侯区、双流区和龙泉驿区，高热点比重分别为 100%、88.24%、83.33% 和 75%，且双流区西航港街道的热点值在所有街道中最大。成华区的高热点比重为 0，表明该区域是冷点集聚区。从标准差来看，虽然温江区的值最小，但其高热点街道数量仅为 1，表明分布是一种贫瘠的均等。双流区的标准差值最大，即各街道分布差异较为明显。

表 3-4　成都市基本公共服务设施热点集聚区

地区	医疗卫生设施						
	街道数	最大值	均值	中位数	标准差	高热点街道	高热点比重/%
双流区	6	1.806	1.085	1.008	0.528	东升街道	50.00
成华区	14	1.487	0.396	0.414	0.695	猛追湾街道	21.43
新都区	8	2.736	0.680	0.681	1.257	三河街道	50.00
武侯区	17	3.066	2.299	2.352	0.531	华兴街道	94.12
温江区	5	2.270	1.398	1.470	0.648	公平街道	60.00
郫都区	7	1.844	0.350	0.047	0.775	德源镇	14.29
金牛区	15	2.102	1.078	1.090	0.681	黄忠街道	40.00
锦江区	16	1.867	1.129	1.554	0.634	合江亭街道	56.25
青白江区	3	2.348	2.067	-0.032	1.176	弥牟镇	33.33
青羊区	14	2.688	1.819	1.868	0.589	东坡街道	85.71
龙泉驿区	4	2.765	0.942	0.651	1.203	大面街道	50.00
成都市	109	3.066	1.207	1.380	0.977	华兴街道	55.05

表 3-4（续）

地区	基础教育设施						
	街道数	最大值	均值	中位数	标准差	高热点街道	高热点比重/%
双流区	6	3.904	2.586	2.424	0.990	中和街道	100.00
成华区	14	1.220	0.255	0.241	0.705	猛追湾街道	28.57
新都区	8	2.526	3.144	0.292	0.786	三河街道	12.50
武侯区	17	3.298	2.086	2.109	0.640	桂溪街道	94.12
温江区	5	0.528	-0.237	-0.380	0.493	永宁镇	0.00
郫都区	7	1.050	0.590	0.750	0.472	犀浦镇	42.86
金牛区	13	1.725	0.516	0.453	0.553	金泉街道	23.08
锦江区	14	2.375	1.027	1.040	0.671	柳江街道	64.29
青白江区	3	0.962	0.208	-0.014	0.548	弥牟镇	33.33
青羊区	12	1.750	0.775	0.775	0.570	东坡街道	50.00
龙泉驿区	4	3.819	1.174	0.641	1.586	大面街道	25.00
成都市	109	3.904	0.939	0.794	1.022	中和街道	45.87

地区	公共文化设施						
	街道数	最大值	均值	中位数	标准差	高热点街道	高热点比重/%
双流区	6	5.521	2.846	2.890	2.054	西航港街道	83.33
成华区	14	0.500	-0.961	-0.880	0.426	保和街道	0.00
新都区	8	1.631	3.727	0.307	0.718	三河街道	50.00
武侯区	17	4.298	1.548	1.300	1.174	桂溪街道	88.24
温江区	5	0.348	0.076	0.049	0.228	万春镇	20.00
郫都区	7	2.300	1.196	0.928	0.520	红光镇	100.00
金牛区	15	0.190	-0.299	-0.276	0.378	黄忠街道	7.69
锦江区	16	1.374	-0.132	-0.586	0.835	东光街道	21.43
青白江区	3	1.093	-0.248	-0.778	0.955	弥牟镇	33.33
青羊区	14	0.596	-0.172	-0.415	0.471	苏坡街道	25.00
龙泉驿区	4	3.096	1.404	1.476	1.369	大面街道	75.00
成都市	109	5.521	0.345	0.049	1.337	西航港街道	39.45

重庆市医疗卫生、基础教育和公共文化服务设施的热点集聚区集中在以长江和嘉陵江为主轴的"两江四岸"中心处，主要包括渝中区、江北区和南岸区，呈现出中心城区集聚现象。其中，渝中区三类设施的高热点比重占比均为100%，且标准差值最小，表明该辖区集聚了大量优质公共服务设施。北碚区三类设施高热点街道占比均最低，且标准差值也较小，表明该区域是冷点集聚区。分类来看，医疗卫生服务设施在九龙坡区和沙坪坝区形成了热点集聚区，高热点最大值分别达到了5.912和5.832，其标准差值较大，各街道分布差异较为明显。基础教育服务设施在大渡口区也形成了热点集聚区，该区域有大量高热点街道，占比为87.5%，且标准差值也较小，表明大渡口区的优质基础教育设施分布较为均等。公共文化服务设施的热点集聚区出现了明显的向北扩展趋势，一直到达渝北区的鸳鸯街道。该辖区不仅高热点街道占比多，高热点均值也较大，但其标准差值大，表明各街道之间公共文化设施分布差异明显。

总体来看，成都市和重庆市三类基本公共服务设施的热点集聚区均存在一定程度的中心区域集聚现象。重庆市三类设施的高热点街道数量占比更大，其标准差值更大，因此从热点集聚层面来看，重庆市基本公共服务设施空间布局的均等化程度较低。

表 3-5　重庆市基本公共服务设施热点集聚区

地区	医疗卫生设施						
	街道数	最大值	均值	中位数	标准差	高热点街道	高热点比重/%
九龙坡区	15	5.912	2.366	1.921	2.955	谢家湾街道	46.67
北碚区	12	0.745	-0.158	0.035	0.622	澄江镇	0.00
南岸区	13	5.945	3.253	3.853	2.280	铜元局街道	69.23
大渡口区	8	4.911	2.610	2.946	1.657	跃进村街道	62.50
巴南区	6	3.944	1.503	0.518	1.556	李家沱街道	33.33
江北区	9	5.520	3.265	4.985	2.783	观音桥街道	77.78
沙坪坝区	26	5.832	1.832	1.784	2.374	联芳街道	46.15
渝中区	12	5.819	5.272	5.225	0.347	菜园坝街道	100.00
渝北区	16	4.975	2.097	1.866	1.760	龙山街道	37.50
重庆市	117	5.945	2.397	2.782	2.478	铜元局街道	51.28

表3-5(续)

地区	基础教育设施						
	街道数	最大值	均值	中位数	标准差	高热点街道	高热点比重/%
九龙坡区	15	4.130	1.150	1.123	2.381	谢家湾街道	46.67
北碚区	12	0.624	−0.315	−0.197	0.622	复兴镇	0.00
南岸区	13	3.934	2.147	2.603	1.487	铜元局街道	76.92
大渡口区	8	3.339	2.049	2.265	1.094	跃进村街道	87.50
巴南区	6	3.483	1.931	1.509	1.094	李家沱街道	50.00
江北区	9	3.701	2.061	2.610	1.666	华新街街道	77.78
沙坪坝区	26	3.120	0.687	0.535	1.363	联芳街道	38.46
渝中区	12	4.191	3.310	3.280	0.546	两路口街道	100.00
渝北区	16	2.907	1.732	2.037	0.995	龙塔街道	68.75
重庆市	117	4.191	1.480	1.879	1.701	两路口街道	57.26

地区	公共文化设施						
	街道数	最大值	均值	中位数	标准差	高热点街道	高热点比重/%
九龙坡区	15	2.977	0.864	0.541	1.619	谢家湾街道	46.67
北碚区	12	1.880	0.708	0.670	0.623	澄江镇	8.33
南岸区	13	4.331	2.526	3.033	1.320	弹子石街道	76.92
大渡口区	8	1.794	1.007	1.073	0.655	跃进村街道	25.00
巴南区	6	2.586	1.281	0.932	0.635	李家沱街道	16.67
江北区	9	3.845	2.289	2.959	1.726	五里店街道	77.78
沙坪坝区	26	2.514	0.592	0.726	1.093	联芳街道	11.54
渝中区	12	3.597	3.259	3.405	0.393	朝天门街道	100.00
渝北区	16	4.193	2.465	2.901	1.458	鸳鸯街道	81.25
重庆市	117	4.331	1.578	1.555	1.530	弹子石街道	47.86

3.5.4 可达性格局

计算基本公共服务设施的可达性得分，从街道可达性统计结果来看（见表3-6），成都市的医疗卫生、基础教育和公共文化服务设施可达性明显优于重庆市。与公共服务数量分布序列一致，成渝双城内部的医疗卫生服务设施可达性评分均高于各自的基础教育服务设施。成都市各类设施可达性的分布差异排序由大到小依次为医疗卫生、公共文化及基础教育服务设施，变异系数分别为 1.37、1.33 与 1.25。在重庆市内部，医疗卫生服务设施变异系数 1.73 也最高，该设施可达性在街道之间的差异最大，其次是基础教育服务设施可达性，公共文化服务设施可达性差异最小。总体而言，成都市各类基本公共服务设施可达性评分都高于重庆市，与空间集聚特征结论一致，说明重庆市基本公共服务设施空间分布聚集特征更加明显，集中在特定的街道。

表 3-6　各类基本公共服务设施可达性评分值分布统计

城市	类型	街道数量	平均值	最大值	标准差	变异系数
成都市	医疗卫生服务设施	159	466.06	2 581.60	640.18	1.37
	基础教育服务设施	159	293.31	1 641.90	366.69	1.25
	公共文化服务设施	159	3 546.50	19 977.00	4 733.58	1.33
重庆市	医疗卫生服务设施	143	179.44	2 199.90	311.17	1.73
	基础教育服务设施	143	157.08	1 570.60	241.19	1.54
	公共文化服务设施	143	1 361.99	12 499.00	2 028.57	1.49

采用累积机会法，表 3-7 和表 3-8 分别为成都市和重庆市基本公共服务设施的可达性统计结果。成都市基本公共服务设施可达性综合水平呈现出显著的空间分布差异，可达性水平较高的区域集聚在武侯区和青羊区，可达性水平差的区域主要分布在青白江区、温江区和郫都区。其中，青羊区的基础教育设施可达性水平最高，高可达街道数量占比达到 71.43%。武侯区的双楠街道和玉林街道三类设施可达性水平值最高，其中公共文化设施高可达街道数量最多，占比达到 70.59%。但这两个辖区的三类基本公共服务设施的标准差值较大，表明各街道之间设施分布差异明显。青白江区的三类设施可达性水平均最低，高可达街道数量为 0，且标准差值较小，表明各街道分布是一种贫瘠的均等。

表 3-7　成都市基本公共服务设施可达性统计

地区	医疗卫生设施						
	街道数	最大值	均值	中位数	标准差	高可达街道	高可达比重/%
双流区	6	1 473.900	436.000	240.200	501.343	东升街道	16.67
成华区	14	1 573.200	503.329	497.500	371.755	猛追湾街道	28.57
新都区	8	1 558.600	234.863	18.300	503.345	新都镇	12.50
武侯区	17	2 581.600	1 048.382	1 145.000	754.313	双楠街道	64.71
温江区	5	1 874.600	497.700	127.900	694.685	柳城街道	20.00
郫都区	7	845.200	226.257	88.600	285.144	郫筒街道	14.29
金牛区	15	2 494.800	826.540	479.600	778.209	抚琴街道	46.67
锦江区	16	1 696.300	626.931	491.300	506.630	书院街街道	31.25
青白江区	3	441.600	254.267	319.000	185.132	大弯街道	0.00
青羊区	14	2 399.100	1 112.421	1 162.150	719.923	汪家拐街道	64.29
龙泉驿区	4	1 030.800	337.950	144.450	402.968	龙泉街道	25.00
成都市	109	2 581.600	674.807	437.500	674.649	双楠街道	37.61

地区	基础教育设施						
	街道数	最大值	均值	中位数	标准差	高可达街道	高可达比重/%
双流区	6	1 224.200	362.850	162.250	427.454	东升街道	33.33
成华区	14	920.600	382.929	352.600	238.612	猛追湾街道	35.71
新都区	8	670.700	126.713	25.700	216.456	新都镇	12.50
武侯区	17	1 641.900	683.594	621.400	448.383	玉林街道	58.82
温江区	5	361.700	135.720	91.400	127.038	柳城街道	0.00
郫都区	7	333.400	132.114	75.900	124.445	郫筒街道	0.00
金牛区	15	1 535.300	502.167	392.200	417.626	抚琴街道	46.67
锦江区	16	967.100	461.263	459.650	286.412	书院街街道	50.00
青白江区	3	353.900	167.467	146.900	144.559	大弯街道	0.00
青羊区	14	1 100.800	602.493	590.350	314.957	汪家拐街道	71.43
龙泉驿区	4	367.200	159.600	118.550	132.783	龙泉街道	0.00
成都市	109	1 641.900	424.450	333.400	374.329	玉林街道	39.45

表3-7(续)

地区	公共文化设施						
	街道数	最大值	均值	中位数	标准差	高可达街道	高可达比重/%
双流区	6	11 433.000	4 845.000	3 296.500	4 383.744	东升街道	33.33
成华区	14	10 142.000	3 471.643	3 425.500	2 301.558	猛追湾街道	7.14
新都区	8	10 571.000	1 851.875	205.500	3 391.928	新都镇	12.50
武侯区	17	19 977.000	8 495.412	8 526.000	5 851.979	双楠街道	70.59
温江区	5	9 093.000	2 510.000	816.000	3 318.911	柳城街道	20.00
郫都区	7	5 916.000	2 083.714	1 153.000	1 922.423	郫筒街道	14.29
金牛区	15	17 206.000	5 765.733	4 124.000	5 071.511	抚琴街道	46.67
锦江区	16	11 968.000	4 596.750	4 190.000	3 586.755	书院街道	37.50
青白江区	3	2 772.000	1 445.333	1 548.000	1 127.472	大弯街道	0.00
青羊区	14	18 815.000	8 336.286	8 435.500	5 742.433	汪家拐街道	57.14
龙泉驿区	4	9 365.000	3 160.000	1 469.000	3 656.939	龙泉街道	25.00
成都市	109	19 977.000	5 117.101	3 380.000	4 961.119	双楠街道	36.70

表3-8　重庆市基本公共服务设施可达性统计

地区	医疗卫生设施						
	街道数	最大值	均值	中位数	标准差	高可达街道	高可达比重/%
九龙坡区	15	1 127.200	340.433	71.900	398.384	渝州路街道	40.00
北碚区	12	225.800	48.942	23.550	65.398	北温泉街道	0.00
南岸区	13	775.000	252.038	96.000	265.043	南坪街道	38.46
大渡口区	8	349.700	143.738	125.850	132.691	春晖路街道	25.00
巴南区	6	238.400	89.150	84.850	80.017	鱼洞街道	16.67
江北区	9	2 259.100	531.389	447.500	669.401	观音桥街道	55.56
沙坪坝区	26	593.600	96.885	18.000	141.685	覃家岗街道	15.38
渝中区	12	434.300	235.733	268.900	124.995	石油路街道	58.33
渝北区	16	1 727.900	362.500	145.850	466.836	龙溪街道	37.50
重庆市	117	2 259.100	233.423 1	92.900	346.824	观音桥街道	30.77

表3-8(续)

地区	基础教育设施						
	街道数	最大值	均值	中位数	标准差	高可达街道	高可达比重/%
九龙坡区	15	1 032.900	302.413	92.000	365.423 2	渝州路街道	40.00
北碚区	12	228.500	48.608	22.550	63.926	北温泉街道	8.33
南岸区	13	646.100	218.646	81.400	222.769	南坪街道	38.46
大渡口区	8	342.200	131.850	107.95	125.526 5	八桥镇	25.00
巴南区	6	305.000	131.733	132.150	102.526	鱼洞街道	16.67
江北区	9	1 611.100	433.378	326.800	508.271	观音桥街道	55.56
沙坪坝区	26	600.000	119.365	23.150	160.922	覃家岗街道	26.92
渝中区	12	381.600	198.567	222.9	110.806	石油路街道	58.33
渝北区	16	838.500	250.681	194.15	255.417 4	龙溪街道	50.00
重庆市	117	1 611.100	203.915 7	85.700	265.990	观音桥街道	35.90

地区	公共文化设施						
	街道数	最大值	均值	中位数	标准差	高可达街道	高可达比重/%
九龙坡区	15	7 138.000	1 935.333	585.000	2 256.756	渝州路街道	40.00
北碚区	12	3 552.000	603.250	218.000	970.731	北温泉街道	8.33
南岸区	13	6 224.000	2 132.385	835.000	2 047.755	南坪街道	46.15
大渡口区	8	2 632.000	1 059.250	852.000	1 015.613	八桥镇	25.00
巴南区	6	2 472.000	931.833	904.500	784.028 8	鱼洞街道	16.67
江北区	9	12 790.000	3 454.000	3 027.000	3 832.395	观音桥街道	55.56
沙坪坝区	26	3 698.000	778.038	212.500	970.976 6	覃家岗街道	15.38
渝中区	12	3 691.000	2 151.417	2 506.500	1 024.774	大坪街道	58.33
渝北区	16	11 165.000	2 819.063	1 565.500	3 069.947	龙溪街道	50.00
重庆市	117	12 790.000	1 762.730	850.000	2 209.194	观音桥街道	34.19

　　重庆市基本公共服务设施可达性综合水平高的区域高度集聚在江北区和渝中区,边缘地带的巴南区和北碚区基本公共服务设施数量和质量都较

为一般。其中，三类基本公共服务设施的可达性最大值均位于江北区观音桥街道，九龙坡区和渝北区部分街道也呈现出可达性水平较高的态势，例如渝州路街道和龙溪街道。但这些辖区可达性标准差值也较大，表明各街道之间设施分布差异明显。北碚区医疗卫生设施的高可达街道数量为0，且标准差值最小，表明该辖区街道医疗卫生设施可达性水平都较低。巴南区三类设施的高可达街道数量均为1，且标准差值也较小，表明各街道分布是一种贫瘠的均等。

整体来看，成渝双城基本公共服务设施可达性水平空间差异显著，呈现出由城市核心区域向边缘地区衰减的规律。中心城区的医疗卫生、基础教育和公共文化服务设施可达性水平较高，外围市辖区基本公共服务设施明显不足。不论是根据可达性评分值，还是考察高可达街道数量占比，成都市三类基本公共服务设施可达性水平都优于重庆市。

3.6　空间布局的形成机制

成渝双城基本公共服务设施均等化空间格局基于诸多因素相互影响共同实现，参考高军波（2011）、韩增林（2021）等学者的研究成果，本章拟从基础资源与要素禀赋结合内生驱动力和外生驱动力的共同作用来构建成渝双城基本公共服务设施空间布局的形成机制框架（见图3-1）。①自然环境提供了基础资源，奠定了公共服务空间分布的基本格局。地形地貌和河流水系影响了公共服务设施选址与布局，建立与居住用地相匹配的公共服务设施是保障和改善民生的内在要求。②历史惯性使得要素禀赋集聚在先发地区，资源丰度直接影响了城市基本公共服务空间格局。开发时期短、管理成本高、文化底蕴不足是后发地区公共服务供给的明显弱势，加剧了基本公共服务设施空间分布的非均衡性。③社会经济是影响公共服务设施空间格局的内在动力。经济发展水平高、交通网络建设快、基层财政能力强的区域不断提供更加优质化、便捷化的设施服务，进一步强化了基本公共服务设施分布不均的基本格局。④政策体制的引导和激励影响了公共服务设施的空间演变，是基本公共服务均等化的外在驱动。区域定位和发展战略对公共服务设施空间布局具有导向作用，是公共服务标准化、普惠化的重要推手。行政等级作为获得财政资金的关键标准，是提高公共服务供给质量、促进公共服务均衡可及的重要保障。

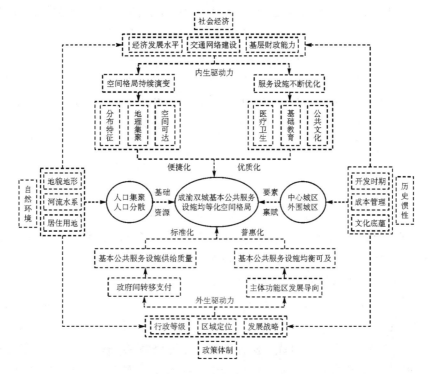

图 3-1　成渝双城基本公共服务设施空间布局的形成机制

3.6.1　自然环境

自然环境是基本公共服务存在和发展的基础条件。区位独特性、人口分布不均衡性是成渝双城直观的自然特征，也是基本公共服务资源的开发条件与演变基石。成都市地处四川盆地西部，市域内形成了三分之一平原、三分之一丘陵和三分之一高山的独特地貌类型。重庆市地处四川盆地东南部，全市以丘陵和山地为主，形成了独特的山城风貌。"两江三谷四山"的复杂地形使得重庆市基本公共服务设施选址较难，导致基本公共服务设施形成了显著的中心集聚特征。平坦的地势有利于基本公共服务设施合理布局（张静静 等，2018），成都市构建了"一心三区、两翼多点"医疗卫生格局和"双核、两带、三区、三脉络、多聚落"文化格局，使得成都市基本公共服务设施空间分布较为均等，数量和质量水平相对更优。

地形水文因素影响着人口分布，嘉陵江和长江在重庆市渝中区朝天门交汇，地表径流丰富，为城市生活用水和地下水的存储与供给提供了来源。因此，重庆市居住地块主要以渝中区为中心向四周市辖区散开，人口也主要集聚在中心城区。成都市被岷江和沱江两江环抱，市内水系十分发达。虽然成都市拥有良好的山水格局，居住地块覆盖范围广，但人口密度以市中心的天府广场为核心逐级向四周递减。以居民公平获得为导向进行建设，造成了成渝外围城区公共服务设施可达性水平一般。在这样的地理区位和人口分布的自然环境下，成渝双城基本公共服务设施分布存在明显的"强中心、弱外围"结构特征。

3.6.2 历史惯性

历史惯性是影响基本公共服务空间布局的重要因素。老城区历史悠久，作为城市中先行开发的地区，往往集聚了一座城市公共服务资源的精华，直接影响了城市基本公共服务设施空间布局。从 20 世纪 50 年代到 90 年代，成都市主城区只有东城区和西城区。1990 年成都市行政区划进行调整，将原东城区、西城区和部分郊区调整为锦江区、青羊区、金牛区、武侯区和成华区。以武侯区、青羊区为代表的传统五城区因较长的开发时间，长期积累建立了大量优质医疗卫生、基础教育服务设施。例如成都市第七中学、成都市石室中学、四川大学华西医院、四川省人民医院等知名学校和医院，大多在 20 世纪就已经在老城区成立。重庆市基本公共服务设施主要分布在渝中区、南岸区、江北区、九龙坡区、大渡口区、沙坪坝区六个老城区，例如重庆南开中学、重庆第一中学、重庆医科大学附属第一医院等历史悠久的学校和医院。

随着城市规模扩张，外围新区开发建设，公共服务需求大幅增长。考虑成本、管理等综合因素，优质公共服务资源短时间内难以下沉。以医疗卫生为例，大型三甲综合医院的占地规模和空间范围较大，集中分布可以实现医疗资源的整合，因此整体搬迁成本很高。而外围城区新建医院，从审批、兴建、管理，直至成为区域大型医院，需要一个长期的过程。因此，外围城区优质的医疗和教育资源较少。公共文化服务方面，巴蜀文化中成都承载的历史文化底蕴比重庆更为深厚。围绕着三星堆-金沙、杜甫草堂、武侯祠、宽窄巷子等物质文化遗产和川剧、蜀锦、羌绣等非物质文化遗产，成都市打造了博物馆、展览馆、文化宫、公园广场等一批更加丰富的公共文化服务设施。由此，在历史沉积因素的作用下，老城区明显的要素禀赋优势是造成成渝双城基本公共服务均等化水平差距的重要因素。

3.6.3 社会经济发展

社会经济发展是基本公共服务供需调配的有力保障。区域经济发展水平是基本公共服务供给的物质基础，经济实力雄厚的区域往往有充足的财政资金用于公共服务支出，从而实现基本公共服务和社会经济发展同频共振。成都市是西南地区开发最早的城市，自古以来就是西南重镇，一直保持着长足的发展。重庆市作为一个老牌工业城市，具有"大城市带大农村"的独特性，现代服务业发展相对滞后。就人均 GDP 而言，成都市一直高于重庆市。因此，成都市在经济发展水平上的领先增强了地方政府的基本公共服务支出能力，从而有效提高了优质医疗卫生、基础教育和公共文化服务供给水平。从城市内部来看，成都市中心城区的 GDP 一直处于全市前列，而外围的郫都区、温江区和青白江区的 GDP 排名靠后。较好的经济发展带动了交通网络建设，都市核心区交通线网密度大、站点间距小、出行便利，公共服务设施可达性综合水平更高。

重庆市渝中区和江北区处于"两江四岸"的核心区域，不仅 GDP 排名位于全市前列，而且还和九龙坡区、南岸区、大渡口区在内的老城区同处于嘉陵江、高速公路和铁路的交汇处，是整个重庆的交通枢纽点。因此，这些区域的基本公共服务设施在集聚程度和可达性上均具有显著优势。房地产业作为经济增长的重要引擎，其快速发展推动了居住区的迅速扩张，延伸至外围城区。居住区建设的超前发展往往带来周边配套服务设施不完善（王海和尹俊雅，2018）、专业人才短缺的后果，使得外围城区基本公共服务设施在集聚程度和可达性上具有显著的劣势。由此，在市区经济较发达、交通更便利的区域集聚，是成渝双城各市辖区基本公共服务设施分布的共性。

3.6.4 政策体制

政策体制是基本公共服务均等化的重要推力。基于区域发展现状，国家宏观政策引领和制度设计推动区域协调发展，从而影响公共服务设施空间格局。成都市于 1952 年成为四川省省会，较高的城市行政等级意味着更多财政资金支持，有更大的行政权力调配公共资源，从而在医疗、教育、文化、交通等基础设施方面具有先发优势（王垚 等，2015）。重庆市在1997年成为直辖市以前一直隶属于四川省，在行政、人事和财政事务的决策权上受到制约，基本公共服务设施建设有所落后（Jia et al.，2021）。重庆市成为直辖市以后，行政边界和部门壁垒制约了成渝双城基本公共服务共建共享，阻碍了区域公共服务均等化进程。撤县设区是新型城镇化建设途径，成都市新都县、温江县、双流县、郫县分别于2000年以后撤县设区，成为新都区、温江区、双流区、郫都区。撤县设区引起地方自主权的变化，新设的区纳入市的全面统筹管理后，加快了城市基本公共服务设施建设，提高了城市基本公共服务设施标准。因此，成都市在市郊区县也有零散分布的热点区。重庆在城市建设中采取"多中心、组团式"发展策略，目前形成了以解放碑为主中心，沙坪坝、杨家坪、观音桥、南坪、西永、茶园为副中心的多中心结构，但受到地形、交通等因素的限制，以渝中区为主的核心区在城市建设中表现出集聚效应，从而带动周边城区发展。因此，紧邻渝中区的九龙坡区、江北区、南岸区发展较好，基本公共服务配置水平更高。

为了引导产业健康发展，构建科学合理的城市化格局，成渝双城基于自身资源禀赋条件、社会经济基础，分别实施了主体功能区战略。具体而言，成都市按照"东进、南拓、西控、北改、中优"的十字方针，划分了五大主体功能区。锦江区、青羊区、金牛区、武侯区、成华区作为中部区域，定位是代表国家中心城市能级水平的高品质、高能级生活城区，更着重加强基本公共服务设施建设。北部的青白江区定位为"一带一路"重要铁路门户枢纽，主要培育"适欧适铁适港"产业，基本公共服务设施相对薄弱。龙泉驿区作为成都东部副中心，其定位是承接中心城区功能和人口疏解，因此会加快基本公共服务建设进程。反观重庆市"一区两群"发展格局，都市功能核心区包括渝中区全域和江北区、沙坪坝区、九龙坡区、南岸区、大渡口区部分处于内环以内的区域，核心区高端要素集聚、辐射作用强大，是基本公共服务设施集聚的重要区域。北碚区和巴南区作为都市功能拓展区，定位是先进制造业基地，基本公共服务相对落后。受制于财政压力，外围城区公共服务短板一时间难以补齐。虽然中央的转移支付资金一定程度上可以增强地方财政支出能力，但转移支付资金用于教育和文化支出较少，供给质量难以得到保障。由此，政府政策干预是影响成渝双城基本公共服务均等化的重要推力。

3.7 本章小结

本章运用 GIS 空间分析方法，在居住地块尺度下对成渝双城医疗卫生、基础教育和公共文化服务设施的分布特征、空间集聚和可达性格局及其成因进行了探析。经过研究，本章得到以下结论：第一，成渝三类基本公共服务设施空间分布都呈现非均等化特征，外围城区的医疗、教育和文化服务设施兼具数量和质量劣势。成渝双城基本公共服务设施的热点集聚区均存在一定程度的中心区域集聚现象，可达性水平呈现出城市核心区域向边缘地区衰减的规律。总体而言，重庆市基本公共服务设施空间布局的非均等化程度更为严重。第二，成渝双城基本公共服务设施布局是在多种因素共同作用下形成的。成都市地势平坦，比处于山地的重庆市更有利于基本公共服务设施合理布局，人口分布的不均衡性使得基本公共服务设施分布存在明显的"中心强、外围弱"结构特征；历史惯性使得成都市和重庆市的老城区在基本公共服务设施方面具有明显优势；经济发展较好的市辖区具有天然优势，外围城区的居住区超前建设导致周边基本公共服务配套设施滞后、专业人才短缺；重庆市成为直辖市前，成都市因省会城市的财政偏袒而具有先发优势，区域定位与发展战略也造成了成渝双城内部的基本公共服务非均等化格局。

为了推动成渝地区双城经济圈基本公共服务均等化，实现城市群一体化高效发展，本章提出以下建议：第一，建立基本公共服务共建共享协商协调机制，以标准化促进均等化、普惠化与便利化。成渝地区双城经济圈如今上升为国家战略，基本公共服务均等化整体向利好方向发展，但缩小区际差异刻不容缓。应充分考虑两地历史惯性、自然环境因素，以人为本，因地制宜联合制定权责清晰、财力协调、标准合理、保障有力的基本公共服务制度体系和保障机制。加快信息化平台建设，推动成渝两地基本公共服务领域资质互认和资源共享。打破现有利益藩篱及行政壁垒，实现人力、物力等资源在区域内自由流动。在医疗卫生上，两地医院可实行对口帮扶模式，加强学术交流和医疗协作。在基础教育上，推动优质中小学开展跨省域合作，通过示范课展示、组织学术活动和建立友好学校等提高两地教育质量。在公共文化上，建设三星堆国家文物保护利用示范区和巴蜀非遗文化产业园，打造"成渝地·巴蜀情"文化品牌，实现历史文化资源共享。此外，构建基本公共服务绩效评价与监测体系，对基本公共服务供给的有效性和可及性进行客观、全面、及时的评估和反馈。

第二，构建跨行政区财政协同投入机制，建立与公共服务提供激励相容的转移支付设定依据。中心城区因便利的交通、集中分布的优质公共服务资源导致人口进一步集聚，从而加剧了区际经济发展差距。因此，地区应提高转移支付资金的使用效率，加大财力下沉力度，定向援助发展薄弱的市辖区，逐步缩小区域财力差距。外围城区政府应坚持公平、均衡、高效、可达的原则来优化财政支出结构，着重向医疗、教育和文化等民生短板倾斜，完善的设施设备配备有效的人力资源，更好地发挥财政资金"四两拨千斤"的导向作用。以优质的生活环境和公共服务配套引导人口流入，分担中心城区的医疗、教育和文化压力，从而帮助区域人口实现相对均衡的分布和发展。此外，成渝地区双城经济圈的地方政府可共同出资设立一体化财政专项资金，增强公共服务协同持续力，鼓励有条件的中小学集团化办学，推动中心城市三甲医院异地设置医疗机构。

第三，发挥"政府、市场与社会"多元主体协调作用，强化成渝地区双城经济圈联动发展。充分利用企业和社会组织的灵活性、多样性和自发性，发挥有效市场和有为政府的共同作用来提高基本公共服务供给水平。按照政府主导、社会参与、市场促进的基本原则，注重公众的需求和偏好，减少对医院、学校、文化服务设施规划布局的限制，保障区域内基本公共服务资源在数量、质量方面与居民点均衡配置。既重经济指标，又重民生指标，将公民满意度、获得感作为检验政府工作的终极标准。政府应慎重发展房地产业，适当限制公共服务配套不足的外围城区房地产业的过度开发，提高基本公共服务设施空间效率和公平。深化成渝地区双城经济圈产业创新协同发展，以产业拉动城市群经济水平，促进基本公共服务均等化和一体化发展。完善交通运输体系，实现成渝双城一小时通勤圈，推进交通网络向成渝双城周边区县延伸，强化中心城区公共服务设施对外围城区的辐射能力。

4 基本公共卫生服务均衡可及：
流动人口相对贫困治理

4.1 引言

在绝对贫困治理阶段，农村贫困人口是精准扶贫工作的主要对象。随着城镇化步伐的加快，大量农村人口转移到城市，城市相对贫困现象日益凸显。不同于农村家庭可以利用土地等自然资源实现一定程度上的自给自足，流动人口生活在一个几乎完全货币化的市场中，面临着受体制转轨、经济转型以及制度变迁影响的更为复杂的环境。因此，在相对贫困治理阶段，进城务工的流动人口是防止返贫工作关注的重点人群。党的二十大报告提出："健全基本公共服务体系，提高公共服务水平，增强均衡性和可及性，扎实推进共同富裕。"大量流动人口漂泊于城乡之间，居住环境较差、收入较低、社会融入感较弱，更易受到疾病侵害，因病返贫的可能性较大。基本公共卫生服务作为政府重要的兜底政策，是守护流动人口健康的第一道防线，应当在流动人口相对贫困治理中发挥有效作用。如何健全基本公共卫生服务体系，打破阻碍流动人口获取公共卫生服务的制度约束与隐性壁垒，使之更好地惠及广大处于相对贫困的流动人口，是当前基本公共卫生服务体系建设中极为关键却较为薄弱的环节。

中国政府一直践行共享发展理念，大力推行以完善基本公共卫生服务为核心的一系列政策，促进基本公共卫生服务体系现代化建设。2012年首部国家级基本公共服务专项规划《国家基本公共服务体系"十二五"规划》正式颁布实施，要求加快建立健全公共卫生服务体系，提高基本医疗卫生服务的公平性、可及性和质量水平。此后，《全国医疗卫生服务体系规划纲要（2015—2020 年）》等政策相继出台，进一步提高了医疗卫生资源利用率。为预防和控制主要传染病及慢性病，缩小区域间与群体间卫生服务差距，政府针对流动人口等弱势群体颁布了诸多政策。2013 年年底，国家卫生计生委出台《流动人口卫生和计划生育基本公共服务均等化试点工作方案》，对 40 个试点城市的流动人口提供免费基本公共卫生和计划生育服务，该方案在传染病预防和控制、居民健康维护中发挥了重要作用。2016 年试点政策进一步改革升级，国家卫生计生委颁布《流动人口健康教育和促进行动计划（2016—2020 年）》，通过建立健全流动人口健康教育工作机制，提高流动人口基本公共卫生计生服务可及性。公共卫生服务均等化政策的持续提质升级，有助于提升流动人口健康水平，打破劳动力流动壁垒，提高流动人口就业质量，进而缓解相对贫困。

基本公共卫生服务的现代化是一个需要由多次政策改革推动基础性治理体系变革的长期过程，不可能毕其功于一役。然而，公共卫生均等化政策改革与流动人口相对贫困治理的因果关系，仍然缺乏实证上的充分验证和客观评判。流动人口摆脱相对贫困在多大程度上来自基本公共卫生服务多次试点改革的影响，政策的作用渠道是什么？基本公共卫生服务体系应该如何完善，进而在实现共同富裕中发挥更大作用？这一系列问题涉及相对贫困监测、财政治理工具选择、健康中国推进，科学评估公共卫生均等化政策改革的减贫效果不仅有利于巩固脱贫攻坚成果，而且还为完善新时代相对贫困长效治理机制和健全现代基本公共服务体系提供方案。

鉴于此，本章基于"流动人口卫生和计划生育基本公共服务均等化试点"和"流动人口健康教育和促进行动计划"两次改革，采用中国流动人口动态监测数据（China migrants dynamic surrey，CMDS），评估基本公共卫生服务均等化政策不断提质升级的相对贫困治理效果。本章可能的边际贡献在于：第一，已有文献大多关注 2013 年基本公共卫生服务均等化试点政策对健康状况、医疗服务利用以及女性生育率的影响，鲜有学者关注公共卫生政策系列改革与流动人口相对贫困之间的关系。本章基于两次基本公共卫生服务试点政策，揭示均等化程度不断加深对流动人口相对贫困的综合影响，拓展了"相对贫困与不平等的财政治理"这一研究领域。第二，本章创新性地揭示了基本公共卫生服务均等化缓解流动人口相对贫困的作用机制，刻画了影响渠道的直接效应和间接效应两个传导机制，并在微观层面上评估流动人口的受益差异与隐性壁垒。第三，本章重点考察基本公共卫生服务现代化进程的治理效果，为完善相对贫困长效治理机制提供政策建议。建立现代化的基本公共卫生服务体系，应该提高公共卫生的可及性和利用率，提升流动人口健康素养和健康水平，增加流动人口的融入度和安全感，进而激发其工作积极性并提高收入水平，这也为实现共同富裕提供理论支撑和经验证据。

4.2　制度背景

公共卫生资源的分配不均衍生出的健康和就业不平等问题，不利于劳动要素流动与优化配置，对新型城镇化、城乡统筹发展和共同富裕构成挑战。因此，不断提高基本公共卫生服务均等化程度，提升流动人口健康素养水平，营造良好的就业环境，已成为促进城镇化建设、治理相对贫困与不平等和实现共同富裕的重要渠道。基本公共卫生服务均等化改革主要针对流动人口，解决公共卫生服务供给不足、可及性不高等问题。中国基本公共卫生服务体系逐渐向完整、精准、高效的现代化制度演进，在保障流动人口公平享有卫生和计划生育服务、提升健康素养和健康水平等方面发挥了重要作用。

为构建基本公共卫生服务现代化体系，中国进行了多次公共卫生服务体制改革。最早的改革始于 20 世纪 50 年代初，主要目的是降低传染病、孕产妇和新生儿发病率。20 世纪 80 年代，公共卫生服务体系进行了市场化体制改革，由此带来了卫生服务资源供给的大幅度提升，但这一改革扩大了资源分配的城乡差距。2000 年以来，政府推出一系列医疗保险计划，如"新型农村合作医疗保险"和"城镇居民基本医疗保险"，主要用于预防、控制重大传染病和慢性病，从而增强了应对应急突发公共卫生事件的能力。2003 年"非典"疫情后，新一轮医疗卫生体制改革随之启动，此次改革将城乡居民基本公共卫生服务均等化作为改革的重要目标。2009 年卫生部发布了"国家基本公共卫生服务计划"，基层医疗卫生机构补贴额度从 2008 年的 190 亿元增加到 2020 年的 2 500 亿元①，向城乡居民提供免费的基本公共卫生服务，该政策显著提高了城乡居民的基本公共卫生服务可及性。

---

① 数据来自《中国卫生健康统计年鉴》

然而，由于户籍限制，流动人口难以获取充分的公共卫生资源。为此，国家卫生计生委于 2013 年 11 月颁布《流动人口卫生和计划生育基本公共服务均等化试点工作方案》（以下简称《工作方案》）。该《工作方案》选择 27 个省份 40 个流动人口密集的城市作为试点地区，基层医疗卫生机构为居住半年以上的流动人口免费提供基本公共卫生和计划生育服务。以新生代农民工、流动育龄妇女和流动学龄儿童为重点人群，主要包括以下措施：建立流动人口健康档案、普及流动人口健康教育、提高流动儿童疫苗接种率、预防和控制流动人口传染病，加强流动孕产妇、儿童卫生服务管理。

2016 年 5 月，国家卫生计生委为落实《关于做好流动人口基本公共卫生计生服务的指导意见》和《全民健康素养促进行动规划（2014—2020 年）》，制定了《流动人口健康教育和促进行动计划（2016—2020 年）》（以下简称《行动计划》）。该《行动计划》在 2013 年政策的基础上对基本公共卫生服务均等化程度提出更高目标，在原试点城市基础上增加包头市、南昌市、三亚市和兰州市 4 个地区，同时明确提出建立起多部门、多层次场所参与流动人口健康教育的工作机制，进一步提升流动人口对基本公共卫生服务项目的知晓率。《行动计划》的具体措施包括：推动形成有利的政策环境、提高卫生计生服务可及性、开展基本公共卫生计生服务政策宣传、提高流动人口健康素养、精准开展流动人口健康教育、建设流动人口健康促进场所和健康家庭、开展流动人口健康促进宣传活动。可见，《行动计划》促使基本公共卫生服务均等化提质升级，进一步提升了流动人口健康素养和健康水平，保障了公民基本的健康权益。

基本公共卫生服务改革主要进程如表 4-1 所示。

表 4-1 基本公共卫生服务改革主要进程

政策	新型农村合作医疗保险	基本公共卫生服务项目	流动人口卫生和计划生育基本公共服务均等化试点	流动人口健康教育和促进行动计划
实施时间	2003 年卫生部推出，2009 年全国推行	2009 年卫生部推出	2013 年国家卫生计生委在 40 个试点城市实施	2016 年国家卫生计生委在 44 个试点城市实施
政策目标	减轻医疗负担，提高农村居民的健康和防御医疗费用风险能力	促进健康教育，提高公共卫生服务水平，预防和控制重大传染病和慢性病	提高流动人口卫生和计划生育基本公共服务可及性，促进服务信息共享与应用	保障流动人口公平享有基本公共卫生和计划生育服务，精准、有效开展健康教育服务，促进健康素养和健康水平提升

表4-1(续)

政策	新型农村合作医疗保险	基本公共卫生服务项目	流动人口卫生和计划生育基本公共服务均等化试点	流动人口健康教育和促进行动计划
覆盖群体	农村居民	城乡居民	试点城市的流动人口	试点城市的流动人口
资金来源	政府补贴与个人缴费	政府补贴,符合条件个人免费获取	政府补贴,符合条件个人免费获取	政府补贴,符合条件个人免费获取
服务项目	医院护理和灾难性疾病的报销	提供基本公共卫生服务	提供基本公共卫生和计划生育服务、免费治疗传染病	提供基本公共卫生和计划生育服务、免费治疗传染病

注:政策内容来自《关于加快推进新型农村合作医疗试点工作的通知》《国家基本公共卫生服务规范(2009年版)》《关于推进流动人口卫生和计划生育基本公共服务均等化的实施意见》《流动人口健康教育和促进行动计划(2016—2020年)》。

4.3 研究设计与数据处理

4.3.1 实证设计

4.3.1.1 模型设定

本章基于2013年《工作方案》和2016年《行动计划》两次基本公共服务均等化改革,以政策出台的第二年作为执行年份,采用Probit模型进行基准分析,建立回归模型如下:

$$Y_{ict} = \beta_0 + \beta_1 PublicCare_{ict} + \beta_2 PublicCare_{ict} \times Second_{ct} + \beta_3 X_{ict} + \delta_c + \gamma_t + \varepsilon_i$$

$$(4-1)$$

其中,Y_{ict}表示c地区的流动人口i在t时的相对贫困状况,分别采用收入相对贫困线、社会相对贫困线和国际相对贫困线进行衡量。$PublicCare_{ict}$取值为1表示在流动人口i流入的城市首次纳入试点地区执行政策的当年及以后年份,否则为0。$PublicCare_{ict} \times Second_{ct}$取值为1表示在城市第二次作为重点联系地区执行政策的当年及以后年份,否则为0。β_1和β_2是本章关注的估计系数,综合比较能够体现基本公共服务进程不断加深带来的相对贫困治理效果。X_{ict}为本章的控制变量,主要包括个人层面、家庭层面以及城市层面的特征，δ_c 和 γ_t 分别用于控制地区固定效应和年份固定效应，ε_i 为随机误差项。

为了更好地识别政策实施对流动人口相对贫困效应的作用机制，采用 Probit 模型进行分析，模型如公式（4-2）所示：

$$M_{ict} = \alpha_0 + \alpha_1 \, PublicCare_{ict} + \alpha_2 \, PublicCare_{ict} \times$$
$$Second_{ct} + \alpha_3 \, X_{ict} + \delta_c + \gamma_t + \varepsilon_i \qquad (4\text{-}2)$$

其中，M_{ict} 为机制变量，分别为健康教育、健康档案、劳动参与。控制变量与公式（4-1）保持一致。其中，α_1 和 α_2 是机制检验中关注的估计系数，如果 α_1 和 α_2 估计系数在统计上显著，则说明基本公共卫生政策改革通过健康教育、健康档案、劳动参与的作用机制影响了流动人口相对贫困。

4.3.1.2　变量定义

①被解释变量

本章模型的被解释变量是流动人口的相对贫困状态，主要采用三个维度的衡量标准。

收入相对贫困线。福利主义将相对贫困线设定为平均数或中位数收入的恒定比例，Fuchs（1967）提出使用收入中位数的 50% 作为相对贫困线。借鉴 OECD 成员在实证中普遍使用收入中位数的 60%，本章以流动人口收入中位数的 60% 作为相对贫困线进行基准估计。指标未超过收入相对贫困线时取值为 1，否则取值为 0。相对贫困线 Z_1 如公式（4-3）所示：

$$Z_1 = 中位数收入 \times 60\% \qquad (4\text{-}3)$$

国际相对贫困线。收入相对贫困线的设定方法可能会高估相对贫困率，忽略了社会融入成本的存在（孙炜红 等，2022）。为了解决这一问题，Ravallion 和 Chen（2019）构建了满足弱相对性质的相对贫困线：$m_j^r = [1 - (1 - 2\delta) \, G_j] \, m_j$。其中，$m_j^r$ 表示 j 国居民的参照收入，G_j 表示 j 国居民收入的基尼系数，m_j 表示 j 国居民收入的均值，δ 为估计参数。为统一各个国家弱相对贫困线衡量方法，Ravallion 和 Chen（2019）继续以各国官方设定的国家贫困线为基准，在对参数做进一步估计后，构建了国际相对贫困线的数量测定方法：

$$Z_2 = 1.9 + \max[0.7(1 - G_j) \, m_j - 1.0, \, 0] \qquad (4\text{-}4)$$

其中，Z_2 为国际相对贫困线，1.9 和 1.0 单位均为美元，G_j 和 m_j 为流动人口的收入基尼系数和平均可支配收入。运用购买力平价指数调整后，测算出适合中国流动人口的国际相对贫困线。

社会相对贫困线。随着极端贫困的逐渐消除和多样化需求的出现，世界银行构建的社会相对贫困线更能够反映福利维度的收入水平。该指标考虑了国家发展水平以及共享经济成果的信息，反映了绝对贫困和共享繁荣的相对概念。本章借鉴世界银行对社会相对贫困线的测算公式，采用"全国一条线"作为参照基数，构建社会相对贫困线：

$$Z_3 = \max[1.9, 1.0 + 0.5 \times 收入的中位数] \qquad (4-5)$$

其中，Z_3 为社会相对贫困线，当流动人口收入未达到社会相对贫困线时取1，否则取 0。

②核心解释变量

基本公共卫生服务均等化改革是本章的核心解释变量，根据政策实施时间，区分为政策首次试点与试点政策升级。$PublicCare_{ict}$ 取值为 1 表示流动人口因政策首次试点的实施，享受到更多基本公共卫生服务，未受到政策首次试点实施影响的城市作为对照组，取值为 0。$PublicCare_{ict} \times Second_{ct}$ 取值为 1 表示试点城市均等化政策升级，这类试点城市经历了两次基本公共卫生政策改革。

③机制变量

第一，健康教育。大力普及基本健康知识理念，传播基本健康技能能够增强流动人口的健康意识，促使其对潜在的疾病做好预防和保护。基本公共卫生服务项目能够通过影响健康知识和健康行为，缩小穷人与富人的健康差异（张志坚和苗艳青，2020）。本章将调查对象是否在流入地接受过职业病防治、性病/艾滋病防治、生殖健康与避孕、慢性病防治、营养健康知识方面的健康教育作为变量，接受过上述健康教育之一取值为 1，否则取值为 0。第二，健康档案。流动人口建立健康档案是流入地基本公共卫生服务水平的重要衡量标准（祝仲坤，2021），健康档案的建立有助于提升健康水平和健康素养。构建健康档案指标，建立了健康档案的样本该指标取值为 1，否则取值为 0。第三，参与就业。健康权益的惠及可保障流动人口身体健康与生存安全，以提升劳动供给能力，从而增加收入（刘子宁 等，2019）。基本公共卫生服务通过提高流动人口身心健康，增加流动人口的就业与收入，进而缓解相对贫困。构建劳动参与指标，若样本在流入地就业取值为 1，否则取值为 0。

④控制变量

控制变量包括个人、家庭与城市三个层面。个人层面包括户主性别、年龄、民族、婚姻状况、受教育程度以及户口性质,家庭层面为家庭人口规模与居住区域,城市层面为人口规模和财政支出规模。主要变量的描述性统计如表4-2所示。

表4-2　主要变量的描述性统计

变量名称	变量定义与度量	均值	标准差	最小值	最大值
收入相对贫困线	家庭人均收入低于居民人均收入中位数60%取值为1,反之取值为0	0.184	0.387	0	1
国际相对贫困线	家庭人均收入低于国际相对贫困线取值为1,反之取值为0	0.128	0.334	0	1
社会相对贫困线	家庭人均收入低于社会相对贫困线取值为1,反之取值为0	0.136	0.343	0	1
性别	男性取值为1,女性取值为0	0.538	0.499	0	1
民族	汉族取值为1,少数民族取值为0	0.936	0.245	0	1
年龄	截止日为各期被访时的年龄	34.561	9.837	15	69
受教育程度	未受教育取值为1,最高教育程度为研究生及以上取值为7	3.380	1.000	1	7
户口性质	农业户口取值为0,其他取值为1	0.173	0.379	0	1
婚姻状况	已婚取值为1,其他取值为0	0.785	0.411	0	1
家庭人口规模	流动人口家庭数量	3.033	1.179	1	10
家庭居住区域	东部取值为1,中部取值为2,西部取值为3	1.762	0.844	1	3
城市人口	地级市人口规模对数	6.255	0.775	3.091	8.129
财政支出	地级市人均财政支出对数	9.454	0.669	7.783	11.919
健康教育	接受过职业病防治、性病/艾滋病防治、生殖健康与避孕、慢性病防治、营养健康知识方面的健康教育取值为1,反之取值为0	0.624	0.484	0	1
健康档案	建立健康档案取值为1,否则取值为0	0.270	0.444	0	1
劳动参与	在流入地就业取值为1,反之取值为0	0.912	0.283	0	1

4.3.2 数据来源与处理

本章所采用的主要数据是 2013、2014、2016、2017 年全国流动人口动态监测数据（CMDS）。该数据调查由国家卫生计生委主办，自 2009 年开始，每年开展一次大规模的流动人口抽样调查，覆盖全国 31 个省（区、市）以及新疆生产建设兵团，主要以流动人口较为集中流入的城市为主要调研地区，每年样本量近 20 万户。数据内容涵盖了流动人口家庭成员的收支情况、生活困难情况、就业情况、社会保障、健康状况、卫生计生服务等方面，为分析基本公共卫生服务对流动人口相对贫困的影响提供了具有说服力的研究数据。此外，城市层面数据来源于《中国城市统计年鉴》。在删除流动人口在流入地居住不足半年的样本，以及缺失数据和异常数据之后，本章最终采用的分析数据包括 625 085 户家庭的观测样本，这些家庭广泛地分布在中国 276 个城市。同时，为了避免异常值的影响，本章还对各收入指标的左右两端分别进行了 1% 的缩尾处理。

4.4 实证结果分析

4.4.1 基准回归

本章采用 Probit 模型检验基本公共卫生服务改革是否缓解了流动人口的相对贫困，相对贫困衡量指标分别为收入相对贫困线、国际相对贫困线和社会相对贫困线。具体估计结果如表 4-3 中第（1）至（6）列所示。估计结果显示，政策首次试点的估计系数（*Public Care*）和试点政策升级（*PublicCare×Second*）的估计系数均显著为负，表示试点政策持续改革升级显著降低了相对贫困发生率。无论是否加入控制变量、采用何种相对贫困衡量指标，所有回归结果均在 1% 的统计水平上显著。因此，政府可以通过提升基本公共卫生服务均等化程度，增强流动人口公共卫生服务可及性，进而缓解流动人口相对贫困，降低流动人口未来陷入相对贫困的风险。

表4-3　基本公共服务对相对贫困的影响

模型	收入相对贫困线		国际相对贫困线		社会相对贫困线	
	（1）	（2）	（3）	（4）	（5）	（6）
PublicCare	−0.124 *** (0.012)	−0.076 *** (0.013)	−0.137 *** (0.013)	−0.092 *** (0.015)	−0.137 *** (0.013)	−0.092 *** (0.014)
PublicCare×Second	−0.218 *** (0.013)	−0.084 *** (0.014)	−0.212 *** (0.014)	−0.076 *** (0.016)	−0.209 *** (0.014)	−0.073 *** (0.016)
个人因素	—	控制	—	控制	—	控制
家庭因素	—	控制	—	控制	—	控制
城市因素	—	控制	—	控制	—	控制
年份固定效应	控制	控制	控制	控制	控制	控制
地区固定效应	控制	控制	控制	控制	控制	控制
Pseudo R²	0.060	0.202	0.065	0.205	0.063	0.206
观测值数量	625 085	625 085	625 085	625 085	625 085	625 085

注：***、**、* 分别表示为在1%、5%、10%的显著性水平，括号内为聚类至地区层面标准误，下同。

为了更为直观地展示和理解实证结果，本章汇报边际效应的估计结果如表4-4所示。整体而言，在采用不同相对贫困标准的情况下，政策首次试点和试点政策升级均在1%统计水平上显著降低了流动人口相对贫困发生率。具体而言，以收入相对贫困线为例，政策首次试点降低了流动人口相对贫困发生率1.6%，试点政策升级后相对贫困发生率降低1.8%。边际影响的估计结果表明，试点政策升级的相对贫困治理效应更好，主要原因是《行动计划》从以下几个方面进行了完善：一是加强健康政策宣传，服务机构通过制作更易于接受的宣传材料、借助更适宜的宣传媒介和平台，使更多流动群体熟悉相关服务项目和内容；二是提高公共卫生服务可及性，要求基层社区卫生计生单位优化资源配置、创新服务模式，使流动人口更方便获得卫生服务，增强服务的均衡性和有效性；三是提升政策靶向精准，针对新生代流动群体、流动妇女和流动学龄儿童健康教育开展精准的公共卫生服务。可见，随着基本公共卫生服务均等化政策的不断完善，相对贫困治理效果也更加明显。

表 4-4 基本公共服务对相对贫困的边际影响

模型	收入相对贫困线		国际相对贫困线		社会相对贫困线	
	(1)	(2)	(3)	(4)	(5)	(6)
PublicCare	-0.031^{***} (0.003)	-0.016^{***} (0.003)	-0.026^{***} (0.003)	-0.013^{***} (0.002)	-0.028^{***} (0.003)	-0.014^{***} (0.002)
PublicCare×Second	-0.055^{***} (0.003)	-0.018^{***} (0.003)	-0.041^{***} (0.003)	-0.011^{***} (0.002)	-0.042^{***} (0.003)	-0.011^{***} (0.002)
个人因素	—	控制	—	控制	—	控制
家庭因素	—	控制	—	控制	—	控制
城市因素	—	控制	—	控制	—	控制
年份固定效应	控制	控制	控制	控制	控制	控制
地区固定效应	控制	控制	控制	控制	控制	控制
Pseudo R^2	0.060	0.202	0.065	0.205	0.063	0.206
观测值数量	625 085	625 085	625 085	625 085	625 085	625 085

4.4.2 稳健性检验

4.4.2.1 平稳性检验

由于基本公共卫生服务均等化试点政策往往选择流动人口较为集中的城市，而流动人口聚集的城市可能意味着更高的社会经济发展水平和更优质的就业机会，流动人口收入水平也可能更高，相对贫困问题相对较轻。为检验试点城市和非试点城市流动人口相对贫困状况在改革前是否存在显著差异，本章将从以下两方面进行平稳性检验：第一，比较第一批次改革前试点城市和非试点城市流动人口相对贫困的平稳性；第二，比较第二批次新增试点城市和非试点城市流动人口相对贫困的平稳性。根据表 4-5 可知，首批试点城市与非试点城市在未加入控制变量之前相对贫困状况存在一定差异，而在加入控制变量后，试点城市与非试点城市的均值差异不再显著。第二批次试点城市与非试点城市之间相对贫困的均值差异，在加入控制变量后同样不再显著。可见，本章使用的控制变量有效缓解了试点政策改革的样本选择性偏误问题，说明基准回归的因果效应是可信的。

表 4-5 基本公共卫生服务改革平稳性检验

变量	第一批试点城市	未试点城市	均值差异	控制后均值差异
收入相对贫困线	0.061 (0.001)	0.092 (0.001)	−0.031 *** (0.002)	−0.019 (0.016)
国际相对贫困线	0.098 (0.001)	0.136 (0.001)	−0.038 *** (0.002)	−0.018 (0.016)
社会相对贫困线	0.105 (0.001)	0.144 (0.001)	−0.039 *** (0.002)	−0.017 (0.017)
变量	第二批试点城市	未试点城市	均值差异	控制后均值差异
收入相对贫困线	0.067 (0.003)	0.092 (0.001)	−0.025 *** (0.004)	−0.011 (0.010)
国际相对贫困线	0.106 (0.003)	0.136 (0.001)	−0.030 *** (0.004)	−0.015 (0.136)
社会相对贫困线	0.110 (0.004)	0.143 (0.001)	−0.033 *** (0.005)	−0.017 (0.140)

4.4.2.2 重新衡量收入相对贫困

相对贫困是中高收入国家面临的贫困形式之一，国际上常以居民中位收入的 50% 或者 60% 作为衡量相对贫困的标准。为了检验结果的可靠性，本章借鉴欧盟衡量标准，分别采用居民中位收入的 45%、50% 和 55% 作为相对贫困标准进行稳健性检验。表 4-6 报告了更换收入相对贫困线衡量标准的检验结果，估计系数与基准回归中的结果保持一致，证实了基准回归的结果是稳健可信的。

表 4-6 更换收入相对贫困衡量标准

模型	中位数收入的 45%		中位数收入的 50%		中位数收入 55%	
	(1)	(2)	(3)	(4)	(5)	(6)
PublicCare	−0.017 *** (0.002)	−0.008 *** (0.002)	−0.026 *** (0.002)	−0.013 *** (0.002)	−0.026 *** (0.003)	−0.013 *** (0.002)
PublicCare×Second	−0.028 *** (0.002)	−0.008 *** (0.002)	−0.037 *** (0.003)	−0.010 *** (0.002)	−0.041 *** (0.003)	−0.011 *** (0.002)
个人因素	—	控制	—	控制	—	控制

表4-6(续)

模型	中位数收入的45%		中位数收入的50%		中位数收入的55%	
	（1）	（2）	（3）	（4）	（5）	（6）
家庭因素	—	控制	—	控制	—	控制
城市因素	—	控制	—	控制	—	控制
年份固定效应	控制	控制	控制	控制	控制	控制
地区固定效应	控制	控制	控制	控制	控制	控制
$Pseudo\ R^2$	0.067	0.204	0.070	0.203	0.065	0.205
观测值数量	625 085	625 085	625 085	625 085	625 085	625 085

4.4.2.3 安慰剂检验

本章安慰剂检验的研究思路是在样本数据的 276 个城市中，随机筛选出 44 个城市，将其定义为"伪实验组"，反事实的试点政策升级变量则在这 44 个"伪实验组"中再次随机筛选出 40 个城市。如果 *PublicCare* 和 *PublicCare×Second* 的估计系数分布在 0 附近，说明模型中并未遗漏重要的影响因素，基准回归中的估计结果真实反映出本章所关注的基本公共卫生服务对流动人口相对贫困的影响。如果 *PublicCare* 和 *PublicCare×Second* 的估计系数分布不在 0 附近，则意味着基准回归的结果缺乏一定的可信度。

为使结果更加可靠，本章将模拟实验重复进行了 300 次。图 4-1、图 4-2 分别汇报了解释变量为政策首次试点和试点政策升级时的安慰剂检验结果，二者的估计系数均分布在 0 附近，表明流动人口相对贫困状况改善很大概率上不是由其他偶然因素造成的，所设定的模型也未遗漏重要变量，基准回归结果具有稳健性。

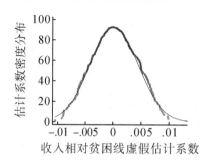

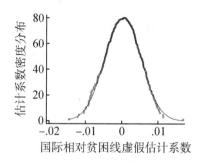

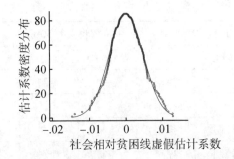

图4-1　安慰剂检验——*PublicCare* 估计系数

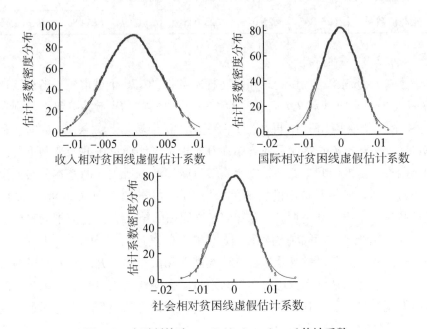

图4-2　安慰剂检验——*PublicCare×Second* 估计系数

4.4.2.4　基于倾向得分匹配的双重差分法

相较于普通最小二乘（ordinany least squares，OLS）回归分析而言，倾向得分匹配的双重差分法（propensity score matching difference in differences，PSM-DID）既可以克服双重差分（difference in differences，DID）模型可能存在的"选择性偏差"问题，又可以缓解倾向得分匹配（propensity score matching，PSM）方法可能存在的内生性问题。首先，估计倾向得分，利用 Logit 模型并采用 1∶1 的最近邻匹配方法，得出匹配后的一组新的观测样本。具体公式如下：

$$logit(treated_{ict} = 1) = \alpha + x_{ict}\gamma + \epsilon \qquad (4-6)$$

其中，$treated$ 表示是否为试点城市，$treated = 1$ 表示试点城市；x_{ict} 表示协定变量，包括个人因素、家庭特征和城市层面因素。

本章图4-3报告了倾向得分匹配前后两组样本数据的核密度函数图，倾向得分匹配前，实验组和对照组的分布情况存在一定的差异，倾向得分匹配后，两组样本的分布趋势较为相似，相较于匹配前拟合度更高。

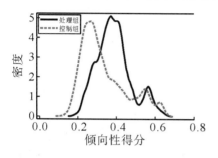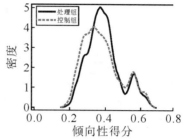

图4-3　匹配前后的核密度函数

接下来，构建双重差分模型，估计结果如表4-7所示。采用逐步回归分析方法，在未加入控制变量时，估计系数均在1%水平上显著。控制样本个体、家庭以及城市层面特征等变量后，估计系数有所下降，但是在经济和统计上依然显著。估计结果显示，使用倾向得分匹配样本数据后，政策首次试点和试点政策升级的估计系数仍显著为负，表明本章的基准估计结果依然稳健。

表4-7　PSM-DID方法再检验

模型	收入相对贫困线		国际相对贫困线		社会相对贫困线	
	（1）	（2）	（3）	（4）	（5）	（6）
$PublicCare$	-0.016^{***} (0.005)	-0.011^{**} (0.005)	-0.016^{***} (0.004)	-0.011^{***} (0.004)	-0.017^{***} (0.004)	-0.012^{***} (0.004)
$PublicCare \times$ $Second$	-0.037^{***} (0.005)	-0.018^{***} (0.005)	-0.028^{***} (0.005)	-0.011^{***} (0.004)	-0.028^{***} (0.005)	-0.011^{***} (0.004)
个人因素	—	控制	—	控制	—	控制
家庭因素	—	控制	—	控制	—	控制
城市因素	—	控制	—	控制	—	控制
年份固定效应	控制	控制	控制	控制	控制	控制
地区固定效应	控制	控制	控制	控制	控制	控制

表4-7(续)

模型	收入相对贫困线		国际相对贫困线		社会相对贫困线	
	（1）	（2）	（3）	（4）	（5）	（6）
Pseudo R^2	0.054	0.206	0.063	0.212	0.062	0.212
观测值数量	242 815	242 815	242 815	242 815	242 815	242 815

注：估计结果显示边际效应。

4.4.2.5 剔除高行政级别城市

行政资源配置对城市发展至关重要，高行政级别城市享有更多资源便利，给当地经济发展带来重大的资金和物资支持（江艇 等，2018）。那么，直辖市和副省级城市是否因高行政级别获得更多财政资源而带给流动人口更多医疗卫生服务，或者高行政级别城市提供了更多子女教育、社会救助、住房保障等其他公共服务，而不是公共卫生服务均等化改革带来的治理效果，导致基准回归结果存在偏误？为了排除高行政级别城市因素对基准回归结果的干扰，本章分别剔除直辖市和副省级城市进行估计。实证结果如表4-8第（1）至（6）列所示，在排除高行政级别城市后，估计结果依然显著。

表4-8 城市行政级别稳健性检验

模型	剔除直辖市			剔除直辖市和副省级城市		
	收入相对贫困线	国际相对贫困线	社会相对贫困线	收入相对贫困线	国际相对贫困线	社会相对贫困线
	（1）	（2）	（3）	（4）	（5）	（6）
PublicCare	−0.012 *** (0.003)	−0.011 *** (0.003)	−0.012 *** (0.003)	−0.009 ** (0.004)	−0.010 *** (0.003)	−0.011 *** (0.003)
PublicCare× Second	−0.025 *** (0.004)	−0.016 *** (0.003)	−0.017 *** (0.003)	−0.033 *** (0.004)	−0.022 *** (0.003)	−0.023 *** (0.003)
个人因素	控制	控制	控制	控制	控制	控制
家庭因素	控制	控制	控制	控制	控制	控制
城市因素	控制	控制	控制	控制	控制	控制
年份固定效应	控制	控制	控制	控制	控制	控制
地区固定效应	控制	控制	控制	控制	控制	控制
Pseudo R^2	0.199	0.202	0.203	0.192	0.196	0.197
观测值数量	530 800	530 800	530 800	414 216	414 216	414 216

注：估计结果显示边际效应。

4.5 机制分析与异质性讨论

4.5.1 机制分析

健康是重要的人力资本，相较于教育，健康对农村贫困人口具有更显著的减贫作用（程名望 等，2014）。个体受到健康冲击时，会对消费、收入、投资产生消极影响，容易陷入贫困陷阱（方迎风和邹薇，2013）。本章将从健康教育、健康档案和劳动参与三个渠道分析，讨论基本公共卫生服务政策改革缓解流动人口相对贫困的作用机制。

表4-9展示了试点政策改革对流动人口健康教育、健康档案和劳动参与的边际效应。政策首次试点提升了流动人口健康教育参与率，但在统计上不显著，而试点政策升级在1%的统计水平上显著提高了流动群体4%的健康教育参与率。可能的解释是，政策首次试点的政策宣传力度不够、健康教育获得的便利性不强和健康教育的靶向群体不明确，试点政策升级加大了政策宣传力度、提高了靶向流动群体精准度、增强了卫生服务可得性和有效性。

对于健康档案而言，均等化政策系列改革均提高了流动人口的健康档案建立比率，原因是这项改革目标明确且可操作性较强。具体而言，政策首次试点要求公共卫生服务部门为在辖区内居住6个月以上的流动人口建立统一、规范的健康档案，及时掌握流动人口的健康状况，试点城市要将试点工作纳入基本公共服务绩效考核体系，定期开展监督检查和绩效考核并与财政补贴挂钩。试点政策升级对健康档案建立提出更高要求，流动人口对健康服务项目知晓率要达到90%，东、中、西部地区流动人口健康素养水平分别达到24%、20%和16%

表4-9的第（5）、第（6）列显示，均等化政策两次试点均显著提高了流动人口劳动参与率，政策首次试点的估计系数约为0.6%，试点政策升级提高了劳动参与率约0.9%。基本公共卫生服务均等化程度的提升，使得流动人口健康素养水平得以提高，间接增加了流动人口在务工地的劳动供给。

表 4-9 基本公共卫生服务对相对贫困的影响机制分析

模型	健康教育		健康档案		劳动参与	
	Probit 估计	边际效应	*Probit* 估计	边际效应	*Probit* 估计	边际效应
	（1）	（2）	（3）	（4）	（5）	（6）
PublicCare	0.003 (0.011)	0.001 (0.004)	0.022** (0.011)	0.007** (0.003)	0.047*** (0.016)	0.006*** (0.002)
PublicCare× *Second*	0.107*** (0.012)	0.040*** (0.004)	0.177*** (0.012)	0.056*** (0.004)	0.071*** (0.017)	0.009*** (0.002)
个人因素	控制	控制	控制	控制	控制	控制
家庭因素	控制	控制	控制	控制	控制	控制
城市因素	控制	控制	控制	控制	控制	控制
年份固定效应	控制	控制	控制	控制	控制	控制
地区固定效应	控制	控制	控制	控制	控制	控制
Pseudo R²	0.225	0.224	0.081	0.081	0.109	0.109
观测值数量	611 155	611 155	611 155	611 155	575 410	575 410

4.5.2 异质性分析

4.5.2.1 流动人口中的弱势群体

与具有城市户籍的居民相比，流动人口在收入、就业机会中均处于不利地位，而受教育程度低和受雇者身份的流动人口更是弱势群体中的弱势群体。本章首先根据调查对象的受教育程度对其进行分组，区分为低教育程度组和高教育程度组进行回归分析。如表 4-10 所示，无论采用何种相对贫困标准，政策首次试点和试点政策升级对不同教育程度群体的相对贫困影响均在 1%的统计水平上显著，且对受教育程度较低流动人口的减贫效果更加明显。以国际相对贫困线为例，根据费舍尔组合检验，政策首次试点和试点政策升级的组间系数差异均在 1%的统计水平上显著。就影响效应大小而言，政策首次试点分别降低了低教育程度群体和高教育程度群体相对贫困率 1.6%和 0.9%，试点政策升级相应降低相对贫困发生率 1.4%和 0.7%。相比于受教育程度较高的流动人口，受教育程度较低的流动人口的卫生服务资源更加匮乏，试点政策改革能够将卫生健康服务精准递送给这部分群体，适时填补其健康需求，进而提高其卫生健康素养水平，从而有效缓解相对贫困状况。

表 4-10 受教育程度异质性分析

模型	收入相对贫困线		国际相对贫困线		社会相对贫困线	
	低教育程度	高教育程度	低教育程度	高教育程度	低教育程度	高教育程度
	（1）	（2）	（3）	（4）	（5）	（6）
PublicCare	-0.015^{***} (0.004)	-0.013^{***} (0.003)	-0.016^{***} (0.003)	-0.009^{***} (0.002)	-0.017^{***} (0.004)	-0.009^{***} (0.002)
PublicCare×Second	-0.023^{***} (0.005)	-0.011^{***} (0.003)	-0.014^{***} (0.004)	-0.007^{***} (0.002)	-0.014^{***} (0.004)	-0.008^{***} (0.002)
个人因素	控制	控制	控制	控制	控制	控制
家庭因素	控制	控制	控制	控制	控制	控制
城市因素	控制	控制	控制	控制	控制	控制
年份固定效应	控制	控制	控制	控制	控制	控制
地区固定效应	控制	控制	控制	控制	控制	控制
Pseudo R^2	0.173	0.202	0.180	0.201	0.179	0.204
观测值数量	395 797	229 288	395 797	229 288	395 797	229 288
PublicCare 系数组间差异检验 *P* 值	0.000^{***}		0.000^{***}		0.100^{*}	
PublicCare×Second 系数组间差异检验 *P* 值	0.200		0.000^{***}		0.100^{*}	

注：估计结果显示边际效应，系数组间差异检验的 *P* 值采用费舍尔组合检验计算得到，下同。

　　流动人口在进城务工的初始阶段，往往偏向于稳定的正规就业与单位雇佣，在通过雇佣就业积累一定收入和熟悉城市环境后，自我雇佣创业的概率会增加。相较于自我雇佣者，受雇者身份的流动人口在经济能力、社会资本和城市融入三方面没有优势，面临的健康风险更高，更需要公共卫生政策支持。表 4-11 的回归结果显示，整体而言，无论是自我雇佣还是受雇者，公共卫生服务两次均等化改革对相对贫困治理都具有显著效果。根据费舍尔检验，就业身份的试点政策升级系数差异在统计上显著，说明均等化政策升级更能缓解受雇者相对贫困状况。随着政策改革不断完善，靶向流动人口的健康教育与健康服务更加精准，收入与健康均处于弱势的雇佣就业流动人口没有其他保障机制，更能从普惠优质的公共卫生服务中获益，因此政策对受雇者身份的流动人口减贫影响的边际效果高于自我雇佣的流动人口。

表4-11　就业身份异质性分析

模型	收入相对贫困线		国际相对贫困线		社会相对贫困线	
	自我雇佣	受雇者	自我雇佣	受雇者	自我雇佣	受雇者
	（1）	（2）	（3）	（4）	（5）	（6）
PublicCare	−0.011*** （0.003）	−0.013** （0.005）	−0.008*** （0.002）	−0.010** （0.004）	−0.008*** （0.002）	−0.013*** （0.004）
PublicCare×Second	−0.008** （0.003）	−0.030*** （0.006）	−0.004* （0.002）	−0.023*** （0.005）	−0.005* （0.002）	−0.022*** （0.005）
个人因素	控制	控制	控制	控制	控制	控制
家庭因素	控制	控制	控制	控制	控制	控制
城市因素	控制	控制	控制	控制	控制	控制
年份固定效应	控制	控制	控制	控制	控制	控制
地区固定效应	控制	控制	控制	控制	控制	控制
Pseudo R²	0.241	0.171	0.239	0.180	0.242	0.180
观测值数量	208 119	319 426	208 119	319 426	208 119	319 426
PublicCare 系数组间差异检验 *P* 值	0.400	0.300	0.400	—	—	—
PublicCare×Second 系数组间差异检验 *P* 值	0.100*	0.000***	0.000***	—	—	—

4.5.2.2　基本公共卫生服务的隐性壁垒

基本公共卫生服务均等化改革一定程度上解决了流动人口卫生服务需求与供给不均衡的难题，提高了公共卫生服务可及性。但在显性机制背后，语言、文化差异等隐性壁垒可能会影响流动人口的基本公共卫生服务获得，减弱相对贫困治理效果。一方面，地域语言、文化是身份认同与人际信任的基础，流动人口从不同文化背景的区域迁入务工地，可能会在一定程度上形成观念意识方面的距离感（马双和赵文博，2018），导致其寻求和配合基层人员健康管理的主动性、积极性较低；另一方面，语言、文化差异增加了流动人口接受基本公共卫生服务的沟通成本和协调成本，减缓了信息流通（李树和邓睿，2021）。因此，语言、文化等隐性壁垒成为流动人口获取公共卫生服务的一道屏障。

由于区域距离是衡量文化背景差异的重要因素，本章以流动范围作为衡量隐性壁垒的指标，即跨省流动的人群将面临更大的语言、文化差异。本章根据样本流动范围，将流动人口分为跨省流动和省内流动两组，估计结果如表4-12所示。整体而言，在不同的相对贫困标准下，政策首次试点和试点政策升级对不同流动范围人群的相对贫困治理效应至少在10%的统计水平上显著。相较于省内流动，试点政策改革对跨省流动人口相对贫困的缓解作用更小。以国际相对贫困线为例，根据费舍尔组合检验，政策首次试点和试点政策升级在不同流动范围的系数差异均在10%的统计水平上显著。就试点政策影响效应大小而言，政策首次试点分别降低了省内流动人口1.6%和跨省流动人口0.8%的相对贫困发生率，试点政策升级相应减少1.9%和0.6%的相对贫困发生率。由此可见，语言、文化等隐性壁垒导致跨省流动人口难以融入务工地城市，强化了流动人群与基层卫生机构工作人员的沟通障碍，影响了健康服务可及性，进而减弱了试点政策的相对贫困治理效果。

表 4-12　流动范围异质性分析

模型	收入相对贫困线		国际相对贫困线		社会相对贫困线	
	跨省流动	省内流动	跨省流动	省内流动	跨省流动	省内流动
	(1)	(2)	(3)	(4)	(5)	(6)
PublicCare	-0.012*** (0.004)	-0.016*** (0.004)	-0.008*** (0.003)	-0.016*** (0.004)	-0.010*** (0.003)	-0.016*** (0.004)
PublicCare×Second	-0.008** (0.004)	-0.030*** (0.005)	-0.006** (0.003)	-0.019*** (0.004)	-0.005* (0.003)	-0.020*** (0.004)
个人因素	控制	控制	控制	控制	控制	控制
家庭因素	控制	控制	控制	控制	控制	控制
城市因素	控制	控制	控制	控制	控制	控制
年份固定效应	控制	控制	控制	控制	控制	控制

表4-12(续)

模型	收入相对贫困线		国际相对贫困线		社会相对贫困线	
	跨省流动	省内流动	跨省流动	省内流动	跨省流动	省内流动
	（1）	（2）	（3）	（4）	（5）	（6）
地区固定效应	控制	控制	控制	控制	控制	控制
$Pseudo\ R^2$	0.183	0.213	0.186	0.215	0.186	0.217
观测值数量	315 271	309 670	315 271	309 670	315 271	309 670
$PublicCare$ 系数组间差异检验 P 值	0.500		0.100 *		0.400	
$PublicCare×Second$ 系数组间差异检验 P 值	0.000 ***		0.100 *		0.000 ***	

4.6　本章小结

为构建基本公共卫生服务现代化体系，本章采用全国流动人口卫生计生动态监测调查数据，评估公共卫生服务均等化改革对流动人口相对贫困的治理效应，得出以下结论：一是基本公共卫生服务不断提质升级，显著缓解了流动人口的相对贫困状况，这一结论在多种稳健性检验下依然成立；二是这一积极效应对流动人口中的弱势群体更加有效，而语言、文化等隐性壁垒的存在降低了政策的治理效果。机制分析显示，试点政策一方面直接影响健康教育参与和个人健康档案建立，另一方面通过健康保障间接影响劳动参与，从而降低了流动人口陷入相对贫困的风险。基于以上研究结论，本章提出以下政策建议：

第一，提升基本公共卫生服务效能。流动人口相对贫困治理要以推进卫生健康现代化为主要抓手，通过普惠化、均等化迈向标准化、优质化，全面提高基本公共卫生服务的供给质量与效率。扩大流动人口基本公共服务均等化试点地区，依靠统筹协调实现政策统一，并逐渐推广至全国各个城市。科学规划服务供给半径，合理布局社区卫生中心、专科医院和综合医院，打造城市"15 分钟基本公共卫生服务圈"。

第二，数字赋能流动人口健康管理。健康教育参与和健康档案建立是流动人口摆脱相对贫困的关键，新一代数字技术发展与基本公共卫生服务的深度融合，可以加快健康管理服务精准性和有效性。一方面，借助大数据、云计算技术提高健康管理水平，强化流动人口对公共卫生服务的感知与表达，实现供给与需求有效匹配；另一方面，利用互联网、5G技术加大健康宣传力度，积极开展具有针对性的健康教育活动，打破流动人口与本地人的语言文化隔阂，提升服务递送的精准性。

第三，完善公共卫生服务财政支持机制。一是建立针对流动人口公共卫生的筹资保障机制，在明确划分中央与地方之间公共卫生服务的事权和支出责任的基础上，加大中央、省级财政对基层政府的财力支持，服务供给与城市常住人口挂钩、区域范围挂钩的制度安排。二是建立省域内跨行政区财政协同投入机制，建立与流动人口公共卫生服务激励相容的转移支付设定依据，减轻人口流入地的财政负担。

5 基础教育公共服务提质增效：
阻断能力贫困代际传递

5.1 引言

能力贫困代际传递是造成贫困恶性循环与长期贫困的内在因素。阿玛蒂亚·森将能力贫困定义为贫困个体在社会性资源获取或分配上处于机会、能力与手段的匮乏或劣势，难以通过与外部环境的有效互动获得持续性的自我发展。能力贫困代际传递不仅将直接影响到长期脱贫质量，而且会对社会和谐发展以及社会公平产生不利影响。习近平总书记指出："教育是阻断贫困代际传递的治本之策。"扶贫先扶志、扶贫必扶智，贫困家庭子女接受良好的教育，是精准扶贫的初衷所在，也是阻断能力贫困代际传递的重要途径。教育通过提高贫困家庭子女的人力资本积累，帮助贫困家庭子女摆脱思想和观念束缚，提高其自主脱贫能力，激发和培养贫困家庭子女提升自我、改变家庭和建设家乡的内生动力，是帮扶低收入人口脱贫致富的根本之策，也是提升全民教育水平、促进共同富裕的应有之策。

贫困家庭子女可以通过接受高等教育提高农村相对贫困家庭的人力资本，凭借文凭的"信号释放"作用促进个体向上层流动（赵红霞和高培培，2017）。中国设计了严格的考试制度来提供机会公平的竞争方式，农村相对贫困家庭子女只要能在"分数为王"的高考选拔中获胜，就能获得全国优质的高等教育资源。然而，随着群体间收入差距的拉大及家庭个性化、教育需求多元化的日益增强，不同家庭背景的学生在校内外享受到的教育机会和教育资源开始分化，家庭优越的学生更有可能在教育资源的竞争中获得胜利，这造成了新的教育不平等。政府提供的公共教育服务能够缓解低收入群体在子女教育投资方面面临的融资约束问题（李力行和周广肃，2015），有助于降低家庭经济收入对学生成绩的影响（陈纯槿和郅庭瑾，2017），增加贫困家庭子女参与高等教育的机会，从而提高低收入家庭子女的人力资本水平，促进贫困家庭教育代际流动性（方超和黄斌，2020），阻断能力贫困代际传递，实现教育的"能力扶贫"目标。

为普及和巩固义务教育成果，国务院于 2005 年发布《关于深化农村义务教育经费保障机制改革的通知》，决定分年度、分地区逐步在农村义务教育阶段实施减免杂费、书本费，补助寄宿生生活费（以下简称"两免一补"）政策。根据上述要求，西部农村地区在 2006 年已经全部免除了义务教育阶段学生的学杂费，到 2007 年全免杂费的范围扩大到了中、东部的农村地区，到 2008 年免费义务教育政策实施后，"两免"已经成为普惠性的教育财政政策，只有"一补"是专门针对家庭经济困难学生的特惠性财政政策。

2022 年国家卫生健康委食品司副司长宫国强表示，目前中国义务教育阶段学生仍然存在营养健康问题，主要表现为钙、铁、维生素 A 等重要营养元素摄入的不足。这些营养元素的缺失会导致学生身体素质、智力水平发育受限。营养健康状况还会影响学生的教育获得情况，营养状况较差的学生注意力不集中、课堂表现不佳，甚至会因为生病而降低课堂参与率，导致教育获得受限。学生营养健康状况又会因为家庭经济条件的不同而产生差异，经济状况较好的家庭更注重孩子的营养摄入，也拥有更充裕的资金对子女的营养健康进行投资，相对贫困家庭由于受到预算约束的限制，无法保障子女正常的营养摄入水平。因此，对于相对贫困家庭来说，外来的营养干预就显得十分重要（范子英 等，2020）。

为改善农村地区学生的营养健康现状，提高学生营养元素的摄入水平，保障学生的教育获得，国务院于 2011 年发布的《关于实施农村义务教育学生营养改善计划的意见》提出，在集中连片特殊困难地区的 699 个县启动农村义务教育学生营养改善计划试点工作。该项计划将由国家财政给予资金支持，包括学生每天膳食补助资金和学校食堂改造资金等。与其他部分国家为学生提供早餐的营养干预方式不同，中国的营养干预计划（以下简称"营养午餐"）是以午餐为主，保障了学生在校期间最大的营养健康需求。

从政策安排上来看，"两免一补"和"营养午餐"政策不仅加大了政府对义务教育阶段财政经费的投入力度，还促进了农村地区的教育发展，兼具普惠性和特惠性。因此，通过探究"两免一补"和"营养午餐"对学生成绩的影响，不仅有助于厘清教育财政投入对学生成绩的影响效应，还有助于探究普惠性和特惠性教育财政投入对学生成绩影响的差异，为后续教育财政投入提供了新的优化方向。

5.2　文献回顾

5.2.1　教育财政投入对教育结果公平的影响

合理的教育财政投入结构有助于缓解教育结果不平等。教育是个人参与社会竞争的先决条件，教育资源的配置决定着个人在社会竞争中的地位，不均等的教育资源投入是导致收入分配存在差距的重要原因。实现教育均等化不仅能够促进经济增长，而且对提升社会福利也具有重要的意义。要实现教育均等发展，首先需要保障教育投入均等化，进而确保教育资源均衡配置，从而实现地区间拥有均衡的教育质量。教育经费投入均衡是实现教育资源配置均衡的前提基础和重要保障。薛海平和王蓉（2010）利用教育生产函数建立多水平模型研究了教育经费配置对教育质量的影响，研究发现教育经费配置的不均衡导致了城乡、地区以及学校之间教育质量分布的不均衡。另外，吕炜和刘国辉（2010）发现教育经费投入不足也成了制约中国教育均衡发展的重要因素。作为公共产品的义务教育，其财政投入在城乡间仍然存在较大差距。曾满超和丁延庆（2003）基于中国1997年和1999年的县级数据发现，小学和初中学生的人均总支出差距在地区间不断扩大，其城乡差距也在不断扩大。因此，基于上述研究，实现义务教育均衡发展需要解决的关键问题就是义务教育经费的非均衡发展。

进入21世纪以来，为了加快中国人才战略转型，建设人力资源强国，政府不断加大对教育的财政投入力度。黄少安和姜树广（2013）基于城乡教育财政的实证考察发现，中国城乡教育经费投入的差距已经大大缩小，但是城乡教育质量差距仍然较大。这就意味着国家在加大教育经费投入力度的同时，更要注重教育经费的投入结构，提高经费使用效率。因此，政府既要保证教育经费投入和教育资源分配的公平，更要确保教育质量均衡发展，这是建立公平、合理的教育体制机制的内在要求（陈纯槿和郅庭瑾，2017）。实现教育经费在不同受教育者之间公平、合理的分配，有助于保障所有受教育者平等地享有受教育的机会和条件（吴强，2011）。此外，为解决财政分权体制带来的区域教育经费投入不平等问题，中央政府颁布了一系列政策，政策导向和资金流向均表明中央政府重点关注西部落后地区的教育发展问题，政策引导的关键也是提高该地区义务教育阶段的财政经费投入水平（张荣馨，2020）。

农村义务教育是农村经济社会发展的重要推动力，更是国家实施科教兴国、人才强国战略的重要保障。提高农村义务教育质量不仅有助于推动社会主义新农村的建设，还有助于推动整个社会的现代化建设（李晓嘉和刘鹏，2008）。国务院于 2005 年发布《关于深化农村义务教育经费保障机制改革的重要通知》（以下简称《通知》），提出从 2006 年春季学期开始，要在西部农村地区率先开展义务教育经费保障的"新机制"。该《通知》有助于保障义务教育经费投入总量充足、结构合理，有助于缩小地区间、城乡间的教育经费差距，推动义务教育均衡发展目标的实现。梁文艳和胡咏梅（2013）基于学生人均教育经费支出数据测算相关公平性指数，探讨了"新机制"对义务教育财政经费投入公平性的影响，研究发现"新机制"大大缩小了学生人均预算内教育经费在城乡间的差距，在一定程度上为缩小城乡内部差距奠定了基础。此外，"新机制"的实施使农村义务教育有了资金保障，彰显了农村义务教育在中央和省级政府中的重要地位。

教育财政投入需考虑家庭教育支出的阶层差异。家庭是决定学生教育投资的微观主体，也是影响学生教育获得、人力资本积累的重要因素（方超和黄斌，2020），因此，家庭教育支出的数量和结构差异已经成为导致教育结果差异的重要根源。中国城乡间存在较大的收入差距，城市居民收入普遍高于农村居民，而政府的教育投入有助于减轻城乡居民收入差距对当前教育投资的负面影响（吴强，2011），能够缓解低收入群体在子女教育投资方面面临的融资约束问题，是促进教育公平发展的一个重要渠道（方超和黄斌，2020）。李力行和周广肃（2015）的研究证明了政府的教育投入能够缓解家庭受到的融资约束，提高了低收入群体子女的教育财政投资水平，从而提高了低收入家庭子女的受教育水平。杨娟等（2015）也发现，加大教育财政投入能够缓解家庭的预算约束，增加贫困家庭子女参与高等教育的机会，有助于提高教育的代际流动性，促进社会公平目标的实现。

刘楠楠和段义德（2017）发现政府增加对基础教育的财政投入，能够降低家庭背景对子女受教育结果的影响，有助于提高教育的代际流动性。彭骏和赵西亮（2022）基于2018年中国家庭追踪调查（CFPS）数据，研究发现义务教育政策的实施也有助于提高教育的代际流动性。因为义务教育政策增加了政府对义务教育阶段的财政投入，弥补了低收入家庭教育投资的不足，有助于削弱家庭初始禀赋差异对个体的影响（宋旭光和何宗樾，2018），且免费义务教育政策能够起到缩小城乡间教育差距的作用（林锦鸿，2021）。但是，Talen等（2005）基于非洲国家的研究发现，教育代际流动性的提高取决于政府的公共教育支出是否能够公平合理地分配。从这方面来看，方超和黄斌（2020）也发现，虽然教育财政投入能够实现弱势阶层向上的教育水平流动和社会阶层流动，但由于家庭教育支出在不同家庭之间存在差异，因此可能会导致新的教育不平等问题。综上，我们发现，厘清教育财政投入与家庭教育支出的关系才更有助于促进教育公平发展（方超和黄斌，2022）。

陈纯槿和郅庭瑾（2017）发现学生人均公用经费对学生成绩的影响呈倒U形，学生人均公用经费对经济水平较低的农村的学生成绩具有更显著的正向效应，这是因为学生人均公用经费降低了家庭经济收入对学生成绩的影响，从而降低了教育结果不平等。并且教育财政的投入能够将高收入家庭和低收入家庭从激烈的校外教育竞争中抽离出来，从而发挥对家庭教育支出的替代作用。教育财政投入对中等收入家庭教育支出主要存在互补效应（袁诚 等，2013）。张恩碧和王容梅（2015）的研究证明了教育财政投入与农村居民教育支出存在着长期稳定的替代关系。吴强（2011）同样也验证了这一点，并发现对于收入越低的群体，教育财政投入的替代性越强。因此，对于低收入家庭的孩子而言，学生人均教育经费更能有效降低其家庭背景对个体社会及经济地位获得的影响，对其社会经济地位的获得具有更大的正向效应（Jackson et al.，2016）。此外，方超（2021）通过观察中国教育追踪调查数据发现，教育财政投入与家庭参与校外补习之间呈现U形关系，因此他认为教育财政的投入结构应该结合家庭教育支出结构差异进行系统决策，采用多元化的教育财政投入方式推动教育均衡发展。

5.2.2 "两免一补"政策促进教育结果公平

贫困家庭子女在教育获得方面存在较大的阻碍。孙德超（2012）的研究发现家庭贫困是学生辍学的主要原因，且这一现象在偏远落后地区和农村表现尤为明显。一方面，贫困家庭子女在家承担着较多的家庭责任。其需要帮助家庭承担农业、家务等劳动，非独生子女还需要照顾弟弟妹妹，因此，让子女接受教育不仅增加了家庭的劳动负担，还加剧了家庭的经济负担，导致贫困家庭会做出让子女不接受教育的短视决策。另一方面，贫困家庭受到严格的预算约束。贫困家庭缺乏稳定的收入来源，无可动用储蓄资金，甚至也难以获得金融机构的信贷资金，在此情况下，子女的学杂费就成了家庭较大的资金开支，加重了家庭的经济负担。因此，虽然让贫困家庭子女接受教育对其而言是一项最好的长期投资，但面临较高的入学成本和严格的预算约束时，让子女失学成了贫困家庭无奈却理性的决策（袁连生和刘泽云，2007）。

"两免一补"政策是推动义务教育均衡发展、提高义务教育普及率的重要支撑，也是实现教育公平的重要基础（吴宏超，2014）。其中，在农村地区实施"两免一补"政策有助于加快农村义务教育的普及，帮助贫困家庭解决学龄子女的上学问题，也是解决"三农"问题的重要措施，体现了中央政府对农村地区教育、经济发展等方面的高度重视。孙百才和常宝宁（2008）通过分析"两免一补"的政策效应，验证了"两免一补"政策主要倾向于帮扶家庭经济困难学生，并且政策也达到了预期的目标。王小龙（2009）针对"两免一补"政策对学生就学的影响进行分析，发现"两免一补"政策提高了初中生的就学概率。Chyi 和 Zhou（2017）的研究发现，"两免一补"政策能够显著提高义务教育阶段农村女性的入学率。Talen 等（2005）基于非洲国家取消基础教育阶段学费政策的研究也发现，该政策的实施提高了学生的入学率，促进了教育的代际流动性。此外，李祥云（2008）发现"两免一补"政策不仅能够消除贫困学生的入学障碍，还在一定程度上起到了优化教育资源配置的重要作用。具体而言，免书本费和贫困补助政策能够缓解贫困家庭的经费负担，在一定程度上可以缩小学校间学生成绩的差距（陈纯槿和郅庭瑾，2017）。但是"两免一补"政策也存在不少的问题，例如，免书本费和贫困补助存在着覆盖面窄、筛选条件和程序不规范的问题。

2008 年中国实施了免费义务教育政策。自此，免学费和免书本费已经属于普惠性的教育财政政策（吴宏超，2014）。苏群等（2015）的研究发现，实施免费义务教育政策能够有效降低农村留守子女的辍学概率。Shi（2012）认为个体受义务教育政策影响的时间越长，其认知水平越高，获得的教育成就也越高，并且其通过机制分析发现免费义务教育政策提高了家庭可支配收入，而家庭可以将增加的这部分可支配收入用于其他人力资本投资，例如，购买教育服务或者进行健康人力资本投资，从而提高子女的认知能力和健康水平。Xiao 等（2017）和罗万纯（2011）的研究也证实免费义务教育政策不仅可以降低家庭对子女的教育支出，还可以提高学生的入学概率。赵颖（2016）发现免费义务教育政策提高了学生的平均受教育年限，降低了学生的辍学率。Tang 等（2020）还发现免费义务教育还能避免农村贫困学生过早进入社会，参与社会劳动，保证农村家庭子女可以接受更多、更高的教育。此外，彭骏和赵西亮（2022）的研究发现，免费义务教育政策能够促进农村贫困家庭子女的认知、非认知能力及健康水平等相关人力资本的提升，有助于教育的代际向上流动。贾婧和柯睿（2020）基于 2016 年 CFPS 数据研究也发现，免费义务教育政策不仅有利于农村学生教育人力资本的积累，还有利于农村学生健康人力资本和能力人力资本的积累。因此，从长期效应来看，免费义务教育不仅提高了贫困家庭子女的受教育水平，还从根本上提高了学生的认知和非认知能力及健康水平，是农村居民能够参与正规就业及获得充分就业的重要保障（朱峰和蔡伟贤，2019），也是建设社会主义人力资源强国的重要基础。

免费义务教育政策实施之后，只有"贫困补助"是专门针对贫困家庭的财政投入，具有特惠性质，并且"贫困补助"的主要目标就是保障贫困家庭的寄宿生能够顺利完成学业。获得贫困补助的低收入家庭，其对子女的教育投资也会有所提高（王静曦和周磊，2020）。王静曦和周磊（2020）通过研究发现，政府提供的贫困补助降低了贫困家庭学生的辍学率，也提高了学生的认知能力。进一步分析发现，在家庭经济越困难的学生中，贫困补助对其人力资本的提升作用越强，这意味着"贫困补助"不仅能够实现"控辍保学"的目标，还能提高贫困家庭学生的认知能力。不仅如此，贫困补助对学生成绩具有正向影响，有助于降低家庭经济情况对学生成绩的作用效果，缩小了不同家庭经济背景间学生成绩的差距，有助于实现教育结果公平（陈纯槿和郅庭瑾，2017）。

5.2.3　"营养午餐"政策促进教育结果公平

健康状况是人力资本的重要组成部分，也是影响学生教育获得情况的重要方面（范子英 等，2020）。学生营养元素摄入不足不仅会影响学生的学习能力和在校表现（Hoynes et al., 2016），还会导致学生身体素质孱弱，进一步陷入生活贫困，从而造成社会人力资本积累不够、经济损失较大（蔡伟贤 等，2022）。据统计，发展中国家由于儿童营养不良带来的直接经济损失占国民生产总值的 3%~5%（蔡伟贤 等，2022）。儿童时期的营养健康不良不仅会影响身体发育状况，还会影响情感、认知等方面的发展，甚至会出现智力发育受限、身体遭受疾病等情况，导致学生时期学业成绩不佳、成年之后收入水平较低，成为贫困代际传递的催化剂。因此，个体早期的发育十分重要，这种早期发育受限的影响是长久的，对儿童早期营养状况进行干预不仅能保证儿童健康发展，还会对儿童的教育获得和社会的经济效益产生正向影响（Victora et al., 2008）。在中国，由于城乡经济差异以及公共服务供给在农村地区的缺位（Zhi et al., 2002），农村贫困地区儿童的营养健康问题较为严峻（周磊 等，2021）。然而学生的营养健康状况会影响其获得教育的能力，且营养状况又受到家庭经济条件的影响，因此对于贫困地区儿童而言，加大外来的营养干预力度就十分重要（范子英 等，2020）。

范子英等（2020）发现外来的营养干预能够提高学生的营养健康水平，为学生学业成绩的提高奠定了坚实的健康基础。周磊等（2021）和 Crepinsek 等（2006）通过评估营养午餐对学生健康的影响发现，营养午餐显著影响了学生的身高和体重，提升了学生的身体素质。李文等（2011）发现营养午餐还能够增加学生的体能。此外，蔡伟贤等（2022）还发现营养午餐对学生有"增智"的作用。其他学者也都证明了营养午餐提高了学生的营养摄入水平（史耀疆 等，2013；罗仁福 等，2017；王迪 等，2019；刘怡娅 等，2018；刘玉梅 等，2018）。其他国家也根据自己国家的情况实施了相应的营养干预计划，其效果显著，解决了贫困家庭学生健康和教育的问题（Winicki & Jemison, 2003；Alderman, 2006）。研究发达国家的营养干预计划可以发现，营养干预能够提高学生的在校表现、认知能力及学业成绩（Belo & James, 2011），从而提高学生的受教育年限和未来收入（Lundborg et al., 2022）。而发展中国家的营养干预计划主要是为了消除贫困家庭的饥饿现状，改善贫困家庭子女的健康状况（Adebayo et al., 2019）。其中，基于印度（Afridi, 2010）和南非（Gelli et al., 2019）的研究发现，营养干预对学生成长和健康有积极作用。

本章通过梳理现有文献，分别回顾了教育财政投入、"两免一补"政策和"营养午餐"政策对教育结果公平的影响。现有研究系统分析了学生成绩的影响因素，并着重强调了教育公共服务供给对教育公平发展的重要作用。从研究角度而言，学者主要通过 DID 模型、双层线性模型、工具变量估计、固定效应面板数据模型等方法探究教育公共服务供给对教育结果公平的影响，使用数据多样、研究方法全面。目前，中国学术界较为一致的看法是，教育公共服务供给能够降低家庭经济状况对学生教育结果的影响，有助于加快教育结果公平目标的实现，研究结论符合中国教育实际。传统研究"两免一补"政策和"营养午餐"政策对学生成绩影响的文章大多只考虑学生个人和学校两个层面的影响，忽略了学生成绩在班级层面的差异。为此，本章从学生层面、班级层面和学校层面分别选择变量，选用多层线性模型从量化角度研究以"两免一补"政策和"营养午餐"政策为代表的教育公共服务供给对学生成绩的影响，明确普惠性和特惠性教育财政投入对学生成绩的影响异同点，为后续教育财政投入政策的制定提供更加有效的建议。

5.3 理论分析与制度背景

5.3.1 理论分析

家长是子女能否接受教育的主要决策者，家长在做出决策时，都是从家庭效用最大化目标出发的（袁连生和刘泽云，2007）。根据人力资本投资理论可知，子女接受教育带来的收益主要是未来的高收入，而成本则是现在的货币资金支出和子女放弃参与社会劳动带来的机会成本。从短期的家庭效用函数来看，增加子女的教育支出会导致家庭用于消费、投资等方面的资金减少。因此，对于面临更大预算约束的贫困家庭来说，虽然让子女接受教育是一个很好的投资方式，但碍于较高入学成本与较低家庭经济状况，让子女失学成为贫困家庭的无奈之举（袁连生和刘泽云，2007）。

5.3.1.1 "两免一补"政策对学生成绩影响的作用路径

为了普及和巩固九年义务教育成果，国务院于 2005 年改革了农村义务教育经费保障机制，分年度、分地区逐步在农村义务教育阶段实施"两免一补"政策。"两免一补"政策的实施，减轻了家庭支付学杂费和住宿费的负担（魏晓艳，2018），这不仅提高了贫困家庭子女的入学率，维护了贫困家庭子女平等享有受教育的权利，促进教育起点公平的实现，还通过鼓励贫困家庭儿童参与教育，提高了这部分学生的认知能力，有助于贫困学生学业成绩的提升，促进了教育结果公平的实现（王静曦和周磊，2020）。此外，政府财政投入对家庭教育支出也具有"挤出效应"（陈平路，2013）。贫困家庭因为享受了"两免一补"政策，从而节省了部分教育支出。节省的这部分教育支出，一方面可以再进行教育投资，如购买教育产品和服务，增加对子女的人力资本投资，对改善子女的学业成绩有促进作用（Barrientos & Dejong, 2006; Jukes, 2005; Bryan et al., 2004; Filmer, 2011）；另一方面还可以用于家庭的食品支出，加大对子女营养元素摄入的投资力度，提高子女的营养健康状况（王静曦和周磊，2020），保障子女的课堂参与率，进而促进子女学业成绩的提升。

5.3.1.2 "营养午餐"政策对学生成绩影响的作用路径

健康是影响人力资本积累的重要因素，也是影响学生教育活动情况的重要方面（范子英 等，2020）。Hoynes 等（2016）认为学生的营养健康状况会影响其教育获得水平，营养摄入水平不佳会导致学生的学习状态欠佳。因此，要实现教育投入高效转化为人力资本积累，必须保障受教育者的营养健康摄入水平（Case et al., 2005）。为了解决农村中小学的营养不良问题，中国实施了营养改善计划试点工作，取得了显著的成效：一是"吃不饱"现象减少；二是营养水平得到提升，贫血率下降；三是健康状况改善，疾病发生率降低。提供"营养午餐"对学生成绩的影响主要通过两个渠道：一是鼓励学生到学校参与学习，增加了学生的学习机会；二是提高了学生的营养摄入水平，缓解短期饥饿问题，有助于集中注意力，改善健康和营养状况，提高认知能力并降低因病缺勤率。范子英等（2020）的研究也发现营养健康计划通过提高贫困地区学生的健康水平和认知能力，为学生学习成绩的提升提供了重要的物质基础。

5.3.2 制度背景

5.3.2.1 "两免一补"政策的制度背景

改革开放以来，中国获得了不少令人瞩目的成绩，但是也存在着若干问题，其中区域间的经济不均衡就是较为突出的问题，其导致了社会发展的不平衡，教育不平等就是其中的重要方面。教育发展不平衡主要体现在两个方面：第一，城乡差异导致教育的非均衡发展。长期以来的城乡二元结构导致城乡在很多方面都处于不平等状态，教育资源在城乡间也存在巨大差距，国家的财力、物力和人才等优秀资源主要投向了城市地区，导致城乡之间教育存在严重的不平衡问题。第二，家庭贫困及学校布局调整导致教育非均衡发展。虽然中国已经实行了九年义务教育，但许多家长仍然为上学子女支付一定的学杂费、生活费等，而农村贫困家庭收入来源少且不稳定，面临着更大的预算约束，甚至有的家庭连温饱问题都不能解决，更无力承担子女的上学费用，从而导致大量的农村贫困儿童辍学。为了帮助弱势家庭学生完成义务教育，国家出台了"两免一补"教育政策。

2001 年颁布的《国务院关于基础教育改革与发展的决定》提出要采取"两免一补"减轻贫困家庭的子女教育负担。"两免一补"的主要内涵是，对农村义务教育中贫困家庭的中小学生免杂费、免书本费，并补助农村寄宿生生活费。该项政策的出台，不仅缓解了农村贫困家庭在子女教育投资上的经济压力，还推动了义务教育政策在农村地区的普及，提高了农村地区学生的义务教育参与率。由于贫困地区的教育越来越受到社会各界的关注，2003 年 9 月国务院发布的《关于进一步加强农村教育工作的决定》明确提出，争取到 2007 年在全国农村实施"两免一补"政策，努力让家庭经济困难学生都不会失学。2005 年 12 月，《关于深化农村义务教育经费保障机制改革的通知》再次强调，从 2006 年春季学期开学起到 2007 年，要逐步实施"两免一补"政策。

2006 年 9 月，中国新修订的《中华人民共和国义务教育法》开始实施，并从法律上界定了"两免一补"政策，提高了"两免一补"政策的权威性。在政策的推动下，中国于 2007 年在全国农村地区实施了"两免一补"政策。从 2008 年秋季学期开始，"两免一补"政策拓展到了城市地区。自此，"两免一补"的实施对象除了农村地区义务教育阶段贫困学生外，还包括城市家庭经济困难学生，并且免学费和免书本费已经成为普惠性的教育财政投入，只有贫困补助是专门针对贫困家庭的特惠性教育财政投入（吴宏超，2014）。党的十八大之后，中国在城乡全面实施了"两免一补"政策，并将"贫困补助"的范围扩大到了非寄宿生。其中，2015 年国务院印发的《关于进一步完善城乡义务教育经费保障机制的通知》提出，从 2017 年春季学期开始，要在城乡义务教育阶段实施统一的"两免一补"政策，并且明确随迁子女的教育"两免一补"资金跟随学生流动。

5.3.2.2 "营养午餐"政策的制度背景

2010 年下半年，教育部及有关部门对农村学生营养状况进行了深入的调查，发现中国农村学生营养健康主要存在三大问题：一是贫困地区农村学生营养不良问题突出，主要表现为农村学生生长迟缓、体重较轻，明显低于同龄儿童平均水平。二是现行贫困补助政策覆盖面偏小、标准偏低，仅有13%的西部农村地区义务教育阶段在校生享受了"贫困补助"政策，而部分未享受贫困补助的家庭经济困难学生也难以解决温饱问题。此外，未住校贫困学生受到"一补"政策享受标准限制，无法享受贫困补助。三是中西部地区学校生活设施建设相对滞后，学校缺乏健全的食堂、宿舍等基础设施，学生饮食问题更难以解决。

学生的营养健康水平不仅影响着学生个人的成长发展，而且还是国家未来发展及民族振兴的重要影响因素。为改善农村学生的营养健康状况，促进城乡学生营养健康水平的均衡发展，国务院于2011年发布了《关于实施农村义务教育学生营养改善计划的意见》，提出以贫困地区和家庭经济困难学生为重点，在集中连片特殊困难地区的699个县启动农村义务教育学生营养改善计划试点工作。为了保障营养改善工作的顺利开展，2012年5月，教育部等十五个部门印发了五个配套文件，对"营养午餐"的日常管理工作进行规范。该计划有助于提高农村学生的营养健康状况，提高学生的教育获得水平，对阻断贫困的代际传递有积极作用，对提高中国人力资本水平有重要意义。

2016年，教育部等三部门联合提出，从2017年开始实现"营养午餐"政策在国家扶贫开发重点县的全覆盖。在各级政府的共同努力下，截至2020年9月，全国有29个省份1 762个县实施了"营养午餐"政策，共有4 060.82名农村学生受益，占农村义务教育学生总数的42.2%。然而由于物价上涨，现行"营养午餐"补助标准的购买能力下降。为了巩固"营养午餐"政策的实施成果，持续保障农村学生的营养健康摄入水平，2021年，财政部和教育部联合发布了《关于深入实施农村义务教育学生营养改善计划的通知》，提高了营养午餐的补助标准。在此基础上，2022年重新印发了《农村义务教育学生营养改善计划实施办法》，进一步明确了目前"营养午餐"政策的标准和要求。

5.4 模型设定与数据来源

5.4.1 模型设定

本章所关注的核心被解释变量是学生成绩，其属于学生层面的微观数据。核心解释变量为"两免一补"政策和"营养午餐"政策。其中，"两免一补"政策中的贫困补助是学生层面的微观数据，免学费、免书本费以及"营养午餐"政策属于学校层面的数据。而教师学历（黄少安和姜树广，2013）、教师教学方式（张亚星，2018）、教师教龄和教师工作时间（胡咏梅和元静，2021）等班级层面的变量同样也会影响学生成绩。从数据类型上看，学生、班级和学校的数据存在嵌套关系，因此本章引入三层线性模型（hierarchical linear modeling，HLM）研究"两免一补"政策和"营养午餐"政策对学生成绩的影响。

三层线性模型设计思路是将学生成绩的总方差分解到学生、班级和学校三个层次，误差项也分解到三个层次。三层线性模型假设学生层的误差在学生间相互独立，班级层的误差在班级间相互独立，学校层的误差在学校间相互独立。在不同层次分别引入各层的自变量，用于解释组内变异和组间变异。

设定层-1模型：

$$Score_{ijk} = \beta_{0jk} + \sum_{p=1}^{p} \beta_{pjk} X_{pjk} + \varepsilon_{ijk} \qquad (5-1)$$

其中，$Score_{ijk}$ 为学校 k 班级 j 中学生 i 的成绩，X_{pjk} 表示学生层面的解释变量，包括两部分：一是本章所关注的一个核心解释变量，即"两免一补"政策中的"一补"，学生是否获得了贫困补助；二是学生层面的控制变量，包括学生性别、户籍、是否独生子女、家庭经济状况、父母职业、父母受教育程度、父母教育期望和居住地等。β_{pjk} 为各解释变量 X_{pjk} 所对应的回归系数，每个学生层面的 β_{pjk} 均由班级层面的解释变量进行预测。

将 β_{pjk} 表示为班级层面自变量的函数形式，设定层-2模型：

$$\beta_{pjk} = \gamma_{p0k} + \sum_{q=1}^{q} \gamma_{pqk} Y_{pqk} + r_{pjk} \qquad (5-2)$$

其中，γ_{p0k} 表示截距项，r_{pjk} 为班级层面的随机误差项，Y_{pqk} 表示班级层面的解释变量，包括班级规模、班级同群成绩、教师的性别、学历、年龄、教龄、工作时间等。γ_{pqk} 表示班级层面的解释变量对被解释变量的回归系数，其可以用学校层面的解释变量预测。

将 γ_{pqk} 表示为学校层面自变量的函数形式，设定层-3 模型：

$$\gamma_{pqk} = \theta_{pq0} + \sum_{n=1}^{n} \theta_{pqn} Z_{pqn} + u_{pqk} \qquad (5-3)$$

其中，θ_{pq0} 为截距项，u_{pqk} 表示随机干扰项，θ_{pqn} 表示学校层面的解释变量对被解释变量的回归系数，Z_{pqn} 表示学校层面的解释变量，包括两个部分：一是本章关注的其余三个核心解释变量，即"两免一补"政策中的"两免"和"营养午餐"，学校是否对学生免除学费、免除书本费以及提供免费午餐；二是学校层面的控制变量，即学校的地理位置、教学能力和硬件竞争力。

5.4.2 数据来源与变量说明

5.4.2.1 数据来源

本章使用中国教育追踪调查（China education panel survey，CEPS）数据，该项调查由中国人民大学开展，以 2013—2014 学年为基线，较为全面地调查了中国目前义务教育阶段初中生（初中一年级和初中三年级）的综合学习环境，为各学科的研究提供了数据支持。该项调查涉及学生约 2 万名、家长约 1.9 万名、教师约 1.4 千名，项目以人口平均受教育水平和流动人口比例为分层变量，从全国随机抽取了 28 个县级单位（县、区、市）作为调查点，在入选的县级单位随机抽取了 112 所学校、438 个班级进行调查，被抽中班级的学生全体入样。本章在对 CEPS 数据进行初步清理后，保留了大约 10 736 个样本用于本章的研究。

5.4.2.2 变量说明

①被解释变量：学生成绩

本章参考方超（2021）的研究，使用学生认知能力测试标准化得分作为教育结果的衡量变量。学生的教育结果是指学生在参与一定时间学习之后所获得的结果（方超，2021）。CEPS 专门设计了一套认知能力测试题，用于检验七年级和九年级学生的认知能力，测试范围包括学生的逻辑思维能力和解决问题能力。该试题不仅能够代表学生的学业成绩，还便于不同地区、不同学校之间进行横向对比。因此，本章选择该指标作为学生成绩的衡量变量。

②核心自变量："两免一补"政策和"营养午餐"政策

"两免一补"政策包括免学费、免书本费和提供贫困补助，本章使用的中国教育追踪调查数据均有对其进行收集。其中，"免学费"变量根据校领导调查问卷中"对每个初中生，学校每学期收取的费用——学费"的回答确定。对于回答为0的，认为享受了免学费，赋值为1；对于回答大于0的，认为没有享受免学费，赋值为0。"免书本费"变量根据校领导调查问卷中"近年来，贵校本县（区）户籍学生在教育方面是否享受了政府的补贴——免了书本费"以及"近年来，贵校外县（区）户籍学生在教育方面是否享受了政府的补贴-免了书本费"的回答确定。享受了免书本费的赋值为1，否则赋值为0。"贫困补助"变量根据家长调查问卷中"这学期，孩子在教育方面是否享受了政府的补贴——助学金"的回答确定，享受了贫困补助赋值为1，否则赋值为0。

"营养午餐"变量表示学生是否享受了学校提供的营养午餐，CEPS也对其进行了调查。"营养午餐"变量根据校领导调查问卷中的"近年来，贵校本县（区）户籍学生在教育方面是否享受了政府的补贴——学校提供免费午餐"以及"近年来，贵校外县（区）户籍学生在教育方面是否享受了政府的补贴-学校提供免费午餐"的回答确定，其中享受免费午餐赋值为1，未享受免费午餐赋值为0。

③控制变量

由于本章实证部分使用三层线性模型，控制变量分别由学生层、班级层和学校层的变量构成，因此本章将分别从学生层、班级层和学校层介绍各层控制变量的选取和取值来源。

学生层面的控制变量包括学生性别、居住地、户籍、家庭经济状况、是否独生子女、父母受教育程度、父母教育期望、父母职业以及家庭教育支出。其中性别、户籍及是否独生子女参照杨中超（2020）进行处理：男性定义为1，女性为0。农业户口定义为1，非农业户口定义为0。独生子女定义为0，否则定义为1。父母职业参考吴愈晓等（2017）进行处理：家长从事管理类（国家机关、事业单位、企业的管理人员）和技术类（教师、工程师、医生、律师等）职业取值为1，否则取值为0，取值为1表示父母拥有高职业地位。家庭经济状况选择三分类的变量，当家庭经济状况取值为"困难"时，赋值为0，表示贫困家庭；当家庭经济状况取值为"中等"和"富裕"时，赋值为1，表示非贫困家庭。居住地从"市/县城的中心城区"到"农村"，依次定位为1~7，数值越大，表明居住地距离城中心越远。父母受教育程度，从"没受过任何教育"到"研究生以上"依次定义为1~9，数值越大，表明父母受教育程度越高。父母教育期望，从"现在就不要念了"到"博士"依次定义为1~9，父母教育期望随着数值的增大而提高。家庭教育支出，选取父母调查问卷中"本学期上校外辅导班或兴趣班费用"确定变量值，并对家庭教育支出进行对数化处理。

一般来说，家庭经济状况、父母受教育程度、父母职业等越好的家庭，越重视对子女的教育投资，父母更愿意将家庭资金用于对子女教育投入，有助于子女获得较高的学业成就。这种家庭教育支出与学生成绩的关联性将进一步导致教育结果的不平等问题。而以"两免一补"政策和"营养午餐"政策为代表的教育财政投入可以通过影响家庭教育投资与学生成绩的相关性，降低不同家庭背景学生因家庭教育投资的差距而带来的学业成绩差异，弱化家庭教育投资对个体学业成绩的影响，有助于促进教育结果公平。

班级层面。根据 Hanushek（1989）的教育生产函数，学生成绩与一系列教育投入直接相关，如教师学历、教师教龄以及教师工作时间等，教育投入质量将会直接影响学生成绩。因此，班级层面的控制变量主要包括班级规模、班级同群成绩、教师性别、教师学历、教师年龄、教师教龄以及教师工作时间。班级同群成绩，根据学生调查问卷中"上面提到的几个好朋友有没有以下情况——学习成绩优良"，从"没有这样的"到"很多这样的"依次定义为1~3，数值越大，表明同群成绩越好。教师性别，男性定义为1，女性定义为0。教师学历，从"初中及以下"到"研究生及以上"依次赋值为1~7，数值越大，表明教师学历越高。教师年龄计算分别截至2014年和2015年。教师工作时间，根据教师调查问卷中的"您上周的工作时间总计"的回答取值。

学校层面的控制变量包括学校地理位置、教学能力和硬件竞争力。学校地理位置，从"市/县城的中心城区"到"农村"依次赋值为1~7，数值越大，表明居住地距离城中心越远。根据薛海平和王蓉（2010）的研究，拥有高级职称及初始学历较高的教师能够带来更好的教育质量，因此本章教学能力变量将使用学校高级职称及以上教师所占比例和本科及以上教师所占比例衡量。硬件竞争力参考吴愈晓等（2017）的研究进行处理，根据 CEPS 设置量表询问校长学校实验室、电脑教室、图书馆、音乐室、学生活动室、心理咨询室、餐厅、运动场、体育馆和游泳池十类设施的配备和运转情况确定，每道题目对应三个选项（1 代表没有，2 代表有但是设备有待改善，3 代表有且设备良好），加总后得到取值为 10～30 的连续变量，数值越大表示学校的硬件竞争力越高。

5.5 实证结果分析

5.5.1 基准结果

本章利用 Stata. 17 软件，通过建立三层线性模型分析"两免一补"和"营养午餐"对学生成绩的影响，探究教育公共服务供给对学生成绩影响的效应。本章报告了"两免一补"政策和"营养午餐"政策对学生成绩影响的三层线性模型结果，如表 5-1 所示。表 5-1 第（1）列展示了三层线性回归模型的零模型回归结果，第（2）至第（5）列分别展示了贫困补助、免学费、免书本费以及营养午餐对学生成绩影响的全模型回归结果。

5.5.1.1 零模型

使用多层线性模型进行分析需要先建立零模型，即为不含任何自变量的模型，用于验证使用的研究数据是否适合运用多层线性模型进行分析。在零模型中，通过方差成分分析，将成绩的总方差分解成两部分：组内方差和组间方差，由此计算组内相关系数 ρ（intraclass correlation coefficient，ICC）。ICC 代表学生成绩的总方差可以被组间差异解释的百分比。如果 ICC 系数很大，则意味着学生成绩的总方差存在组间差异，即各组的学生成绩平均数具有明显的不同，因此组间的差异不能够被忽略。Cohen（1988）对 ICC 的标准进行了界定，指出 ICC 小于 0.059，意味着数据无需采用多层统计分析方法；当 ICC 介于 0.059～0.138，意味着组内存在中度相关；ICC 大于 0.138 时，意味着组内高度相关。因此，当 ICC 大于 0.059 时，文章就不能忽略组间差异，应当使用多层次模型进行统计分析。

本章的零模型回归结果如表 5-1 中第（1）列所示，学校层和班级层的 ICC 分别为 0.186 和 0.095，这说明学生成绩大约有 18.6% 的差异来自学校间的差异，学生成绩大约有 9.5% 的差异来自班级间的差异，即学生成绩大约共有 28.1% 的差异是由班级差异和学校差异造成的，剩下 71.9% 的差异是由个体差异和家庭背景差异导致的。可以看出，学生成绩的差异更多来自学生个体差异和家庭背景差异，这与目前国内相关研究结果一致。例如，陈纯槿和郅庭瑾（2017）、薛海平和闵维方（2008）的研究结果也发现学生成绩差异更多来自学生个体及家庭背景。然而，班级层和学校层面的ICC均大于0.059，且班级层ICC为0.095，学校层ICC为0.186，意味着学生成绩与学校存在着高度相关、与班级存在中度相关，因此，班级层和学校层对学生成绩的影响效应均不可忽略。综上所述，可以认为本章的研究使用三层线性模型是比简单线性回归模型更合理的估计方法，该数据有必要建立多层模型进行分析。

5.5.1.2 全模型

零模型的检验结果显示，建立三层模型分析"两免一补"政策和"营养午餐"政策对学生成绩的影响是合适的。因此，本章通过建立三层线性模型分析"两免一补"和"营养午餐"对学生成绩的影响。表5-1第（2）至第（5）列分别列示了"两免一补"政策和"营养午餐"政策对学生学业成绩影响的全模型。全模型加入了学生层、班级层以及学校层的控制变量。可以发现，班级层和学校层的ICC系数均小于零模型下的ICC系数，说明加入的班级层和学校层变量能够影响学生成绩，进一步验证了本章有必要建立三层线性模型这一判断。理论而言，学生享受"两免一补"政策和"营养午餐"政策有助于提高学习成绩，从而缓解教育结果的不平等。因此，本章主要验证免学费、免书本费、贫困补助、免费午餐等虚拟变量的回归系数是否显著为正。

①"两免一补"政策对学生成绩的影响

根据表5-1第（2）至第（4）列可以发现，贫困补助、免学费和免书本费对学生成绩影响均在1%的水平下显著为正，这说明"两免一补"政策有助于提升学生成绩。其中，贫困补助、免学费和免书本费的回归系数分别为0.12、0.084和0.048，其含义可以理解为享受贫困补助、免学费和免书本费的学生比没有享受这些政策的学生在认知能力测试中的表现高0.12、0.084、0.048个标准分。从数值大小上看，具有普惠性的"两免"对学生成绩的影响效应要小于具有特惠性的"贫困补助"，这一点与王静曦和周磊（2020）的研究结论一致，他们的研究发现贫困补助能够提高学生认知能力。可见，从总体上来说，政府实施"两免一补"政策有助于提高受助学生的学业成绩，对缩小学生间学业成绩差异有促进作用。从结构上看，特惠性教育财政投入对学生成绩的影响效应更大。此外，贫困补助是专门针对家庭贫困住宿生的优惠补贴，这也说明了政府向贫困学生提供补助有助于降低贫困学生成绩受家庭经济状况影响的程度（陈纯槿和郅庭瑾，2017），因此，对经济状况较差的家庭实施特惠性教育财政投入，更能促进教育结果公平的实现。这与陈纯槿和郅庭瑾（2017）的研究结论一致，学校对学生提供"两免一补"有助于缩小学生间的成绩差距，有助于促进教育结果公平。

②"营养午餐"政策对学生成绩的影响

表5-1第（5）列展示了"营养午餐"对学生成绩影响的全模型回归结果。可以发现，营养午餐对学生成绩的回归系数为0.069，且在5%的水平下显著，这说明享受"营养午餐"的学生比没有享受"营养午餐"的学生在认知能力上高0.069个标准分，可以认为学校提供免费午餐有助于缩小城乡学生间的成绩差异，这与陈纯槿和郅庭瑾（2017）的研究结论一致，他们认为学校提供免费午餐有助于缩小班级间、学校间学生成绩差距。由于"营养午餐"的目标受益群体是农村学生，其家庭经济状况普遍较差，对政府公共教育投入更为敏感（范子英 等，2020），因此"营养午餐"能够降低家庭经济状况对学生成绩的影响，对实现教育结果公平有促进作用。

表5-1　"两免一补"和"营养午餐"对学生成绩的影响

变量	（1）	（2）	（3）	（4）	（5）
贫困补助	—	0.120*** （5.03）	—	—	—
免学费	—	—	0.084*** （4.02）	—	—
免书本费	—	—	—	0.048*** （2.91）	—
营养午餐	—	—	—	—	0.069** （2.32）
常数	0.157*** （3.75）	-1.246*** （-5.77）	-1.248*** （-5.79）	-1.232*** （-5.72）	-1.239*** （-5.75）
班级层 ICC	0.095	0.079	0.078	0.079	0.079
学校层 ICC	0.186	0.091	0.090	0.090	0.090
控制变量	否	是	是	是	是
样本量	10 736	10 736	10 736	10 736	10 736

注：*、**、***分别表示在10%、5%、1%的显著性水平下通过检验，括号里是t值。

5.5.2 稳健性检验

上述研究可能存在潜在样本选择偏误问题、遗漏变量问题、伪回归及反向因果问题，这将会影响研究结论的稳健性和有效性。针对这些潜在问题，本章将采用 Heckman 两步法检验潜在样本选择偏误问题，设计安慰剂检验以及基于异方差构造工具变量检验伪回归及反向因果问题，设计不可观测因素检验遗漏变量问题。具体回归结果及分析过程如下：

5.5.2.1　Heckman 两步法

学校是否免除学费、免除书本费、提供免费午餐由政府政策决定，与学生个体无关。然而获得贫困补助的学生与未获得贫困补助的学生之间可能存在系统性差异，导致所观测到的补助效果实际上本身就是由获得补助学生的特殊性带来的，比如贫困生更易获得学校补助。因此，本章采用Heckman 两步法解决可能存在的上述问题。Heckman 两步法的原理：第一步，使用 probit 模型估计出学生获得学校补助的概率；第二步，在获得probit 模型估计结果的基础上，在学校补助影响学生成绩的方程中加入逆米尔斯比率，作为选择偏差的修正项，得到克服样本选择偏误的结果。由于家庭经济状况可能会成为学生获得贫困补助的内在因素，因此，本章根据家庭经济状况进行分组回归。

表 5-2 报告了 Heckman 两步法的回归结果。其中，逆米尔斯比率的系数在全模型和贫困组模型中均在 1% 的水平下显著为正，这说明在Heckman 估计下，样本选择存在潜在的向上偏误。而在非贫困组中，逆米尔斯比率不显著，说明在非贫困组中不存在自选择问题。通过 Heckman 两步法纠正样本选择偏差后，无论是全模型还是分组回归模型，贫困补助对学生成绩的影响依然是显著的，其影响系数分别为 0.116 和 0.113，均在1% 的水平下显著为正，说明政府可以通过为家庭贫困学生提供贫困补助来提高贫困家庭学生的学习成绩，这是因为贫困家庭收入低、无储蓄资金，且难以获得金融机构的信贷支持，受到了较紧张的预算约束（魏易，2020）。为贫困学生提供补助，一方面，保障了因贫失学儿童的入学机会，在一定程度上促进了教育的起点公平（王静曦和周磊，2020）；另一方面，贫困家庭通过享受"贫困补助"节省的资金，既可以通过增加子女的教育投入，如购买教育产品和教育服务，提高学生的学习成绩，还可以用于家庭购买营养食品，有助于提高儿童营养摄入量，进而提高儿童的认知能力

（王静曦和周磊，2020）。该结论与前述基于三层线性模型进行的基准回归分析所得出的结论是一致的。

表5-2　Heckman 两步法

变量	（1）贫困组	（2）非贫困组	（3）全模型
贫困补助	0.116 ***	0.113 ***	0.113 ***
	(3.68)	(3.06)	(4.76)
逆米尔斯	2.164 ***	1.807	1.923 ***
	(4.57)	(1.57)	(4.69)
常数	−5.621 ***	−5.088 **	−5.097 ***
	(−5.77)	(−2.17)	(−6.00)
控制变量	是	是	是
样本量	8 369	2 367	10 736

注：*、**、*** 分别表示在10%、5%、1%的显著性水平下通过检验，括号里为 t 值。

5.5.2.2　安慰剂检验

为了防止存在与"两免一补"政策和"营养午餐"政策相关的遗漏变量而影响模型的估计结果，本章选择"反事实"的安慰剂检验分析。通过随机产生享受免除学费、免除书本费、提供补助以及免费午餐的个体，来检验"两免一补"政策和"营养午餐"政策对学生成绩的影响是来自"两免一补"和"营养午餐"政策，还是来自其他不可观测因素的作用。本章参考贾婧和柯睿（2020）随机设置1 000次重复的安慰剂实验，并利用前文的三层线性回归模型，最终画出这1 000次估计"两免一补"政策和"营养午餐"政策的实施对学生成绩影响系数的安慰剂分布图。

图5-1展示了1 000次随机试验估计的免学费、免书本费、提供贫困补助以及营养午餐对学生成绩影响的安慰剂分布图。图5-1-1和图5-1-4所展示的是以贫困补助和营养午餐作为核心解释变量的1 000次随机分布，其近乎是以0为中心，即随机设定的贫困补助和营养午餐的实施对学生成绩几乎没有影响，这意味着前述基于三层线性模型得到贫困补助和"营养午餐"对学生成绩的影响结果是可靠的。图5-1-2和图5-1-3展示的是以"两免"为核心解释变量的1 000次随机分布，其分布分别以−0.02和−0.04为中心，但在表5-1中得到的"两免"对学生成绩影响的系数分别是0.084和0.048，几乎落在整个随机分布之外，这从侧面肯定了前文基

于三层线性模型得到的"两免"对学生成绩的影响结果是可靠的。综上所述，本章设定多层线性回归模型估计"两免一补"政策和"营养午餐"政策对学生成绩的影响效应具有较强的稳健性。

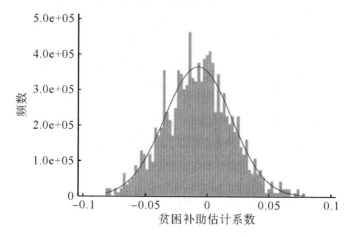

图 5-1-1　贫困补助

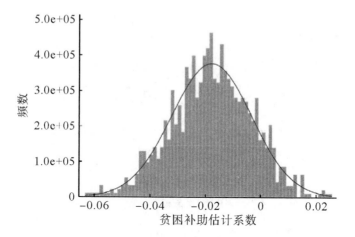

图 5-1-2　免学费

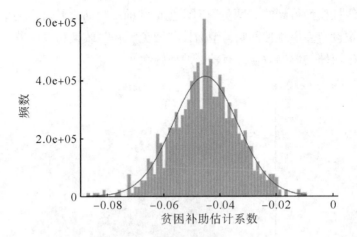

图 5-1-3　免书本费

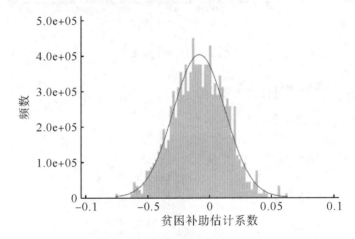

图 5-1-4　营养午餐

图 5-1　安慰剂检验

5.5.2.3　基于异方差构造工具变量检验

由于可能存在会同时影响学生成绩和享受贫困补助与免费午餐的因素，且贫困补助和免费午餐是政府实施的政策，难以找到天然有效的工具变量，因此，本章参考张楠等（2021）和温兴祥（2019）的研究，采用Lewbel（2012）提出的基于异方差构造工具变量，本章将使用该方法排除本章中可能存在的内生性问题，构造如下方程：

$$Y_1 = \alpha X' + \beta Y_2 + \varepsilon_1 \qquad (5-4)$$

$$Y_2 = \alpha X' + \varepsilon_2 \qquad (5-5)$$

其中，Y_1 为本章的核心被解释变量学生成绩，Y_2 为本章可能的内生变量，包括贫困补助和免费午餐，X 为一系列外生变量。该方法的具体估计分为两个阶段：第一阶段，对公式（5-5）进行回归，得到其残差的估计值 $\hat{\varepsilon}_2$，然后通过构造 $(Z - \bar{Z})\hat{\varepsilon}_2$ 作为工具变量，其中 Z 为外生变量向量，它是 X 的子集或全集，而 $\bar{Z}$ 是 Z 的均值；第二阶段，将第一阶段构造的工具变量引入公式（5-4）进行估计（张楠 等，2021），得到贫困补助和免费午餐对学生成绩的影响。使用该方法需要满足异方差的条件，即贫困补助和营养午餐对外生变量进行回归后的误差项存在异方差。

表 5-3 报告了 Breusch-Pagan 检验结果，结果都拒绝了同方差假设，即证明可以使用该方法检验文章的内生性问题。此外，本章还报告了 Kleibergen-Paap 弱工具变量检验和 Hansen J 过度识别检验的结果。Kleibergen-Paap 弱工具变量检验也都拒绝了原假设，证明本章构造的工具变量不存在弱工具变量问题。该方法得出的结果也通过了 Hansen J 检验，意味着本章构造的工具变量是外生的。综上所述，可以认为本章采用该方法克服潜在的内生性问题是可行且有效的。

表 5-3 报告了基于异方差构造工具变量的回归结果，第（1）列和第（3）列为没有加入控制变量的回归结果，第（2）列和第（4）列为加入控制变量后的回归结果。结果显示，贫困补助和"营养午餐"的回归系数均显著为正，说明在缓解了潜在内生性后，基准模型的回归结论仍然成立。贫困补助的系数估计值在未控制其他变量时为 0.109，加入控制变量后为 0.149，均在 1% 的统计水平下显著。"营养午餐"的系数估计值在未控制其他变量时为 0.123，加入控制变量后为 0.159，均在 1% 的统计水平下显著。可以看出在未控制其他变量的情况下，会高估贫困补助和"营养午餐"对学生成绩的影响。从结果来看，受到贫困补助的学生比未受到贫困补助的学生成绩高 0.149 个标准分，享受"营养午餐"的学生比未享受"营养午餐"的学生成绩高 0.159 个标准分，本章的基本结论依然稳健。

表 5-3　基于异方差构造工具变量

变量	贫困补助		"营养午餐"	
	（1）	（2）	（3）	（4）
贫困补助	0.109 ***	0.149 ***	—	—
	(2.63)	(3.56)		

表 5-3（续）

变量	贫困补助		营养午餐	
	（1）	（2）	（3）	（4）
免费午餐	—	—	0.123** （2.45）	0.159*** （3.09）
常数	0.158*** （16.88）	0.152*** （16.37）	0.162*** （18.66）	0.158*** （18.22）
Breusch- Pagan Tesrt	Chi2(1)=1 704.28 [P值=0.000]	Chi2(1)=1 908.60 [P值=0.000]	Chi2(1)=356.96 [P值=0.000]	Chi2(1)=651.21 [P值=0.000]
Kleibergen-Paap Wald F statistic	629.336	618.551	129.524	123.969
Hansen J statistic	Chi2(1)=1.875 [P值=0.171]	Chi2(1)=2.054 [P值=0.152]	Chi2(1)=1.920 [P值=0.166]	Chi2(1)=2.378 [P值=0.123]
控制变量	否	是	否	是
R2	0.159	0.178	0.172	0.177
样本量	10 736	10 736	10 736	10 736

注：*、**、*** 分别表示在10%、5%、1%的显著性水平下通过检验，括号里为 t 值。

5.5.2.4 不可观测因素检验

本章虽然能够控制可观测变量对学生成绩的影响，但不排除存在不可观测变量会影响学生成绩。因此，本章采用 Altonji 等（2005）的策略，评估不可观测因素对学生成绩估计结果的影响。具体做法是计算系数 $\left|\dfrac{\hat{\beta}^F}{\hat{\beta}^R-\hat{\beta}^F}\right|$，其中 $\hat{\beta}^R$ 是仅加入部分控制变量之后，"两免一补"和"营养午餐"的回归系数，$\hat{\beta}^F$ 是加入所有控制变量之后，"两免一补"和"营养午餐"的回归系数，计量理论告诉我们，在控制了最主要的变量后，进一步引入其他控制变量，核心变量的系数并不会发生明显变化，也就是说，$\hat{\beta}^R-\hat{\beta}^F$ 会相当小，而 $\left|\dfrac{\hat{\beta}^F}{\hat{\beta}^R-\hat{\beta}^F}\right|$ 则会相当大。

表5-4 汇报了四种情况下 $\left|\dfrac{\hat{\beta}^F}{\hat{\beta}^R-\hat{\beta}^F}\right|$ 系数的值。由表5-4可以发现，$\hat{\beta}^R$ 和 $\hat{\beta}^F$ 的最大差距为0.001，而在免学费、免书本费、"营养午餐"中，$\hat{\beta}^R$ 和 $\hat{\beta}^F$ 完全一致，证明本章的估计结果受到不可观测变量影响的可能性较小，因此可以证明前文分析的"两免一补"和"营养午餐"对学生成绩的影响效应是稳健的。

表 5-4 不可观测因素检验

β 值	（1）贫困补助	（2）免学费	（3）免书本费	（4）"营养午餐"
$\hat{\beta}^R$	0.119	0.084	0.048	0.069
$\hat{\beta}^F$	0.12	0.084	0.048	0.069
$\left\| \dfrac{\hat{\beta}^F}{\hat{\beta}^R - \hat{\beta}^F} \right\|$	120	—	—	—

5.5.2.5　其他稳健性检验

根据前面描述性统计可以发现，虽然 2008 年之后，免学费和免书本费成为一项普惠性教育财政投入，但仍有一些学生没有享受到免学费和免书本费政策，目前未享受到免学费和免书本费的学生均就读于私立学校。因此，为了避免学校性质影响政策效果，本章通过剔除私立学校数据，仅探讨"两免一补"和"营养午餐"政策对公立学校学生成绩的影响，回归结果如表 5-5 所示。可以发现"两免一补"和"营养午餐"政策对学生成绩的影响均显著为正，并且贫困补助对学生成绩的回归系数显著大于免学费和免书本费，"营养午餐"对学生成绩的回归系数显著大于免书本费，该结果与基准回归结果一致。因此，在剔除了私立学校之后，我们基准回归得到的结论仍然成立，说明基准回归结果稳健可靠。

表 5-5　剔除私立学校稳健性检验

变量	（1）	（2）	（3）	（4）
贫困补助	0.104 *** (3.78)	—	—	—
免学费	—	0.098 *** (4.59)	—	—
免书本费	—	—	0.046 *** (2.79)	—
"营养午餐"	—	—	—	0.062 ** (2.07)
常数	−1.316 *** (−5.62)	−1.350 *** (−5.76)	−1.310 *** (−5.60)	−1.316 *** (−5.62)
控制变量	是	是	是	是
样本量	10 018	10 018	10 018	10 018

5.5.3 异质性分析

从现实来看，教育机会在性别间存在一定的差异，这种差异在农村表现得更为突出，同时，受教育水平在城乡间的差异也尤为明显。彭骏和赵西亮（2022）研究了免费义务教育政策对农村家庭教育代际流动的影响，发现免费义务教育政策提高了农村女性的教育代际流动水平，而对男性教育代际流动水平没有显著影响。这是因为一直以来农村地区受重男轻女思想的影响，在面临紧张的预算约束时，家庭会优先保障男性的受教育权利，从而导致女性的教育投入水平较低，代际流动性较差（林锦鸿，2021）。而"两免一补"和"营养午餐"政策降低了重男轻女思想对女性受教育权利的影响，提高了对女性学生的教育支出水平，有助于保障女性平等享有受教育权利，从而有助于提高女性的教育代际流动性（彭骏和赵西亮，2022）。

家庭背景是学生成长发展的重要影响因素。其不仅会影响学生的营养健康摄入水平，还会对学生认知能力发展产生影响。一般而言，家庭经济水平越高，子女的认知能力表现也会越高（杨中超，2020）。薛海平（2018）基于 CEPS 数据发现，家庭经济状况主要通过购买影子教育对初中学生成绩产生间接的影响。孙德超（2012）的研究也发现家庭贫困是导致学生辍学的重要原因，这一现象在偏远落后地区以及农村地区更为常见，从而导致家庭经济状况较差学生，对政府公共教育投入更为敏感（范子英等，2020）。

由于受到可支配资源少的限制（苏群 等，2015），农村家庭对子女的教育支出要明显低于非农村家庭（魏易，2020），导致农村学生与非农村学生在家庭教育支出上存在着严重的不均衡现象，加剧了城乡教育不平等问题。范子英等（2020）发现以政府为主导的营养干预对农村学生的学习成绩提升至关重要，主要在于营养午餐能够改善学生的营养健康水平。从2008 年免费义务教育政策实施以后，免学费和免书本费也已经成为具有普惠性质的教育财政投入，而只有贫困补助是专门针对贫困学生的特惠性教育财政投入（吴宏超，2014）。并且免学费和免书本费只在公立学校中适用，就读于私立学校的学生无法享受此政策，这进一步推动了教育平等。因此，探明"两免一补"和"营养午餐"政策对城乡学生成绩及不同性质学校学生成绩的影响差异，有利于政府制定更加公平合理的教育财政投入政策，推动教育公平发展。

　　基于上述分析，本章将探讨"两免一补"和"营养午餐"政策与学生成绩的关系在学生性别、家庭经济状况、户籍以及学校性质方面存在的差异，为政府制定合理的教育财政投入结构提供依据。因此，本章分别从学生性别、家庭经济状况和户籍以及学校性质这四个角度进行异质性分析。

5.5.3.1 性别异质性分析

　　表5-6学生性别分组分别展示了基于女性和男性样本的检验结果。在女性样本中，"两免一补"对女生学业成绩的影响均显著为正，这说明"两免一补"政策确实有助于提高女生的学业成绩。从具体项目来看，贫困补助对女生成绩的估计系数为0.11，且在1%的统计水平下显著；免学费对女生成绩的估计系数为0.129，且在1%的统计水平下显著；免书本费对女生成绩的估计系数为0.05，且在5%的统计水平下显著。这意味着享受贫困补助、免学费、免书本费的学生比没有享受这些政策的学生成绩分别高0.11、0.129、0.05个标准分。"营养午餐"对女生学业成绩影响为正，但在统计上不显著，这说明女生在"营养午餐"中的受益情况并不明显，这与范子英等（2020）的研究结论一致。

　　在男生样本中，贫困补助、免书本费以及"营养午餐"对男生成绩的影响均显著为正，这说明贫困补助、免书本费以及"营养午餐"政策有利于提高男生的学业成绩。从具体项目来看，贫困补助对男生成绩的估计系数为0.115，且在1%的统计水平下显著；免书本费对男生成绩的估计系数为0.047，且在5%的统计水平下显著；"营养午餐"对男生成绩的估计系数为0.104，且在5%的统计水平下显著。这意味着享受贫困补助、免书本费和"营养午餐"政策的学生比没有享受这些政策的学生成绩分别高0.115、0.047、0.104个标准分。免学费对男生成绩的影响虽为正，但在统计上不显著，这说明男生在免学费中的受益情况并不明显。

　　从影响效应来看，贫困补助和免书本费对女生和男生学业成绩的影响均显著为正。其中，贫困补助对男生成绩的回归系数要高于对女生成绩的回归系数，这意味着贫困补助对男生成绩的促进作用更大，这是因为贫困补助为贫困家庭节省了教育支出。一方面，贫困家庭受到传统重男轻女观念的影响，会将更多的家庭教育支出投资给男性学生，如购买教育产品和教育服务，进而提高了男生的学习成绩；另一方面，用于家庭食品支出，而前述研究已证实男生在"营养午餐"中获得的收益大于女生，所以男生的成绩要高于女生。免书本费对女生成绩的影响要大于男生成绩,这是因为免书本费作为一项普惠性政策(王静曦和周磊,2020),显著提高了农村义务教育阶段女性的入学率,使得因贫失学的成绩优异的女生回归校园,从而提升了免书本费对女生成绩的影响。

表5-6 基于三层线性模型的异质性影响估计结果

类型		贫困补助	免学费	免书本费	营养午餐
学生性别	女生组	0.110*** (3.29)	0.129*** (4.50)	0.050** (2.20)	0.033 (0.81)
	男生组	0.115*** (3.38)	0.036 (1.20)	0.047** (2.00)	0.104** (2.49)
家庭经济状况	贫困组	0.128*** (3.06)	0.071* (1.66)	0.063* (1.87)	0.148*** (2.79)
	非贫困组	0.113*** (4.07)	0.084*** (3.55)	0.046** (2.45)	0.029 (0.81)
学生户籍	农村户口	0.144*** (5.21)	0.053* (1.89)	0.067*** (3.08)	0.133*** (3.64)
	非农户口	0.055 (1.13)	0.105*** (3.45)	0.012 (0.49)	0.019 (0.34)
学校性质	公立学校	—	0.098*** (4.59)	0.046*** (2.79)	—
	私立学校		−0.157 (−1.56)	0.025 (0.27)	—

注:*、**、*** 分别表示在10%、5%、1%的显著性水平下通过检验,括号里为 t 值。

5.5.3.2 家庭经济状况异质性分析

表5-6家庭经济状况分组分别展示了"两免一补"和"营养午餐"政策对贫困家庭学生和非贫困家庭学生成绩的影响效应。从表5-6中可以看出,"两免一补"和"营养午餐"政策对贫困家庭学生成绩有显著的正向影响,这与陈纯槿和郅庭瑾(2017)的研究结论一致。从具体项目来看,贫困补助对贫困学生成绩的回归系数为0.128,且在1%的统计水平下显著;免学费对贫困学生成绩的回归系数为0.071,且在10%的统计水平下显著;免书本费对贫困学生成绩的回归系数为0.063,且在10%的 统计水平下显著;"营养午餐"对贫困学生成绩的回归系数为0.148,且在1%的统计水平下显著。这意味着,在贫困组中,享受了贫困补助、免学费、免书本费以及"营养午餐"政策的学生比没有享受这些政策的学生成绩高

0.128、0.071、0.063、0.148 个标准分。从资金类别来看，具有特惠性质的贫困补助和"营养午餐"对贫困学生成绩的影响效应要大于普惠性质的免学费和免书本费。这说明特惠性教育财政投入更有助于促进教育结果公平。

在非贫困组中，"两免一补"政策对非贫困家庭学生成绩有显著的正向影响，而"营养午餐"政策对非贫困家庭学生成绩的影响虽为正，但在统计上不显著。从具体项目来看，贫困补助对非贫困学生成绩的回归系数为 0.113，且在 1% 的统计水平下显著；免学费对非贫困学生成绩的回归系数为 0.084，且在 1% 的统计水平下显著；免书本费对非贫困学生成绩的回归系数为 0.046，且在 5% 的统计水平下显著。这意味着在非贫困组中，享受了贫困补助、免学费、免书本费政策的学生比没有享受这些政策的学生成绩平均高 0.113、0.084、0.046 个标准分。从资金类别来看，这一结论和贫困组的结论相同。

在免费义务教育政策实施后，贫困补助和"营养午餐"是专门针对贫困家庭的特惠性财政投入。其中，贫困补助对贫困家庭学生成绩的回归系数要大于非贫困组学生成绩的回归系数，意味着贫困补助对贫困家庭学生成绩的提升作用更明显，有助于促进教育结果公平。而"营养午餐"只对贫困组学生成绩具有显著正向影响，意味着"营养午餐"精准作用于贫困家庭学生更有助于促进教育结果公平。

5.5.3.3 户籍异质性分析

表 5-6 学生户籍分组分别展示了"两免一补"和"营养午餐"政策对农村户口学生和非农村户口学生成绩的影响效应。从表 5-6 中可以看出，"两免一补"和"营养午餐"政策对农村户口学生成绩有显著的正向影响，总体来说，"两免一补"和"营养午餐"政策对农村户口学生的资助力度更大，更有助于促进农村户口学生成绩的提升。从具体项目来看，贫困补助对农村户口学生成绩的回归系数为 0.144，且在 1% 的统计水平下显著；免学费对农村户口学生成绩的回归系数为 0.053，且在 10% 的统计水平下显著；免书本费对农村户口学生成绩的回归系数为 0.067，且在 1% 的统计水平下显著；营养午餐对农村户口学生成绩的回归系数为 0.133，且在 1% 的统计水平下显著。结果表明，在农村户口组中，享受了贫困补助、免学费、免书本费以"营养午餐"政策的学生比没有享受这些政策的学生成绩高 0.144、0.053、0.067、0.133 个标准分。从资金类别来看，专门针对农

村学生的营养午餐对学生成绩的影响效应更大，这说明了具有特惠性的教育财政投入能够缩小学生成绩间的差距，更有助于促进教育结果公平。

在非农户口组中，只有免学费对学生成绩有显著的正向影响，这也印证了在样本调查期间，"两免一补"和"营养午餐"政策是专门针对农村学生的资助政策。从影响效应来看，免学费对非农户口学生成绩的回归系数为 0.105，且在 1% 的统计水平下显著，即享受免学费政策的非农户口学生比没有享受免学费政策的非农户口学生成绩平均高 0.105 个标准分。在2008 年之后，免学费是具有普惠性的教育财政投入，而免学费对非农户口学生成绩的影响效应大于农村户口，即普惠性教育财政投入对非农户口学生成绩的影响效应更大，意味着教育财政投入如果只注重投入规模，而不考虑投入结构，可能会加剧教育结果的不平等问题。因此，教育财政投入应该考虑结构差异。

5.5.3.4 学校性质异质性分析

表 5-6 学校性质分组分别展示了免学费和免书本费对公立学校和私立学校学生成绩的影响效应。从表 5-6 中可以看出，免学费和免书本费对公立学校学生成绩有显著的正向影响，而对私立学校学生成绩没有显著影响。因为在样本期间，公立学校基本实现了免学费和免书本费的普及，因此免学费和免书本费对公立学校学生有显著的影响。从具体项目来看，免学费对公立学校学生成绩的回归系数为 0.098，且在 1% 的统计水平下显著；免书本费对公立学校学生成绩的回归系数为 0.046，且在 1% 的统计水平下显著。即在公立学校中，享受了免学费和免书本费政策的学生比没有享受这些政策的学生成绩分别高 0.098 和 0.046 个标准分。这说明了具有普惠性的教育财政投入能够缩小学生成绩间的差距，更有助于促进教育结果公平。

5.6 本章小结

本章采用中国教育追踪调查数据，利用三层线性回归模型，探究了以"两免一补"和"营养午餐"政策为代表的教育公共服务供给对学生成绩的影响。主要结论如下：第一，"两免一补"和"营养午餐"政策能显著提升受助学生的学业成绩，并且具有特惠性质的教育财政投入对学生成绩的影响更大。具体而言，贫困补助、免学费、免书本费和营养午餐分别提升了受助学生0.12、0.084、0.048和0.069个标准分。第二，"两免一补"和"营养午餐"政策对学生成绩的影响存在异质性。具体而言，在性别上，贫困补助和"营养午餐"对男生成绩的影响更显著，而免学费和免书本费对女生成绩的影响更显著；在家庭经济状况下，贫困补助、免书本费和营养午餐显著提高了贫困家庭学生的成绩，而免学费对非贫困家庭学生成绩的作用更大；在户籍上，"两免一补"和"营养午餐"政策对农村户口学生成绩的影响均显著为正，只有免学费能显著提高非农村户口学生的学习成绩；在学校性质上，免学费和免书本费对公立学校学生成绩的影响更大。

本章的研究结论对运用教育公共服务供给提高学生成绩，从而阻断能力贫困代际传递有以下几点启示：

第一，持续加大教育投入，构建多元化教育投入机制。义务教育具有普遍、免费以及强制的特征，满足公共产品的非竞争性和非排他性两大特性，且其服务的对象也是所有的学龄儿童。因此，这决定了必须由政府运用财政资金和财政政策来保障供给。制约中国教育均衡发展的最重要因素就是教育财政投入的不足。政府加大教育公共服务供给力度，意味着教育机会的增加，有助于促进教育公平发展。为了促进教育公平的实现，政府需要在教育公共服务供给总量上下功夫。一方面，政府应继续加大对义务教育的财政投入。各级政府要在合理安排财政预算支出的基础上，压缩不必要的财政支出，确保教育财政经费占财政支出的比例稳中有升，以提升义务教育阶段学校教育质量为目标，深化教育财政投入改革。另一方面，构建多元教育财政投入机制。各级政府可以建立专项资金，向家庭经济条件较差学生直接提供财政补助，实现政府多元化的教育扶持。各级政府还可以吸纳社会资金多方位增加教育扶贫资金投入，解决贫困家庭子女上学的基本经济负担。

第二，精准识别教育贫困人群，加大教育投资与补贴，扶教育之贫。教育扶贫是阻断贫困代际传递，实现子代脱贫的重要途径。通过本章异质性分析可以发现，不同类别教育财政投入对不同性别、不同家庭经济状况、不同户籍学生成绩的影响不同。为了保障教育经费使用合理、高效，政府需要重视教育财政投入的结构化差异，发挥教育财政投入在不同类型教育贫困人群中的最大作用，实现教育经费使用效用最大化。一方面，向弱势群体倾斜。精准识别女性、经济困难家庭及农村家庭等群体，给予教育资助补贴，增加对这类人群的教育投资，确保教育公平。另一方面，调整普惠性和特惠性教育财政投入的比重。为促进教育公平发展，保障所有人平等享有受教育的权利，除了加大对弱势群体的专项财政投入之外，还应当合理分配教育财政投入，保持合理的普惠性和特惠性教育财政投入比例，因地制宜、适时调整，制定最优的普惠性和特惠性教育财政投入比例。

第三，治愚与扶志并行，增加相对贫困农户家庭的教育投入意愿。教育扶贫，不仅需要治愚，还需要扶志。根据前文研究我们可以发现，中国贫困家庭面临紧张的预算约束，会倾向于让子女失学，导致子女人力资本存量较低，难以在劳动力市场获得竞争优势。究其原因，除了受到资金约束外，根本在于贫困地区家庭依然受"读书无用"和"重男轻女"等落后观念的影响。因此，从观念源头上解决贫困代际传递问题至关重要，通过宣传教育让"知识改变命运""家贫子读书"深入人心，使贫困家庭注重教育发展，坚定教育可以脱贫的信念。为了提高义务教育的覆盖面，降低学龄儿童辍学率，还需引导家长的教育观念，提高其对子女教育的重视程度。

6 财政转移性支出优化：
缩小老年人收入差距

6.1 引言

根据第七次人口普查数据，中国 60 岁及以上老年人口约为 2.64 亿人，占总人口的 18.70%。随着人口老龄化进程的进一步加快，老年人数量不断增加，占比不断提高。同时，由于工作能力下降，劳动性收入骤减，老年人处于相对弱势的经济地位，其收入与社会保障问题日益突出。现实生活中，老年人群体生活状况差距较大，部分老年人可以依靠来自政府和家庭的转移性收入，实现生活富足，能够安享晚年；同时也存在部分老年人没有或者仅享有极其微薄的养老金，生活拮据，甚至处于相对贫困的处境。老年人群体内部收入差距过大，必将影响居民整体收入分配状况，缩小老年人收入差距是缩小整体收入差距、实现全体人民共同富裕目标的有效路径。

老年人收入来源主要是政府、社会与家庭内部的多层次转移性收入。政府层面的转移性收入包括养老金收入和政府直接补助。虽然中国养老保险制度逐步完善，养老金收入已经成为老年人收入的主要来源，但是当前养老保险制度仍存在不平衡、不充分的问题，"多轨制"下的养老保险制度导致养老金收入差异巨大。为了保障老年人的基本生存权，政府对处于贫困的老年人群体采取直接补助的方式，但覆盖范围较小，补助标准不高，仍无法满足贫困老年人的基本养老需求。社会捐助作为三次分配的主要形式之一，能起到弥补政府层面转移性收入不足的作用。社会捐助在消除或者缓解贫困、缩小收入差距以及捍卫公平等方面发挥重要作用，但由于社会宣传力度不足、捐助渠道尚不成熟以及人们对慈善机构的信任度不高等原因，导致社会捐助规模偏小、精准性也较低，对老年人收入影响不大。政府层面转移性收入制度与社会捐助制度的缺陷，导致老年人需要依靠家庭成员的转移性收入来维持生活，家庭内部转移性收入成为老年人收入的重要组成部分。因此，探讨老年人转移性收入差距问题，需要从政府、社会和家庭层面考察转移性收入对降低收入差距的效果。

本章基于政府、社会和家庭三个层面，探讨如何缩小老年人转移性收入差距。首先，本章的研究统计了老年人转移性收入来自政府、社会和家庭三大层次的份额；其次，测算老年人转移性收入差距，并评估不同收入来源对中国老年人转移性收入差距的贡献；再次，估计养老保险制度、政府直接补助、社会捐助和家庭养老模式对收入差距的影响；最后，依据估计结果，提出相应的政策建议。

6.2　文献回顾

近年来，很多学者使用指标分解方法来分析各因素对居民收入差距的贡献，大多数收入不平等指标的分解方法基于收入决定方程加以构建。Oaxaca（1973）最早提出了基于收入决定方程的分解方法，之后不同学者基于收入决定方程构建了不同的分解模型。较早的研究是依据线性回归，估计各个变量对收入的影响系数、变量标准差、变量与收入的相关系数和收入标准差，计算得出变量对收入差距的贡献（Fields & Yoo，2000）。为了适应收入决定函数形式和衡量收入差距指标的多样性需求，以及更好地处理常数项和残差项对收入差距贡献的问题，Shorrocks（2013）提出了夏普利值分解法。相比之下，Firpo 等（2018）基于再中心化影响函数（RIF）提出的收入差距测度方法，可以有效弱化遗漏变量、样本选择和反向因果等带来的内生性问题，其优势还在于可以测算无条件局部效应，估计结果更加稳健。

学术界对转移性收入差距进行了丰富的研究。在政府层面的公共转移支付领域，主要有两类文献。一类文献主要聚焦于养老保险制度。有学者测算了养老保险制度的"多轨制"（贾晗睿 等，2021）、不同养老保险制度待遇水平与覆盖率（周延和谭凯，2017），对养老金收入差距的影响。

另一类文献主要针对公共转移支付体系中的低保政策展开研究，聚焦于其减贫效果与缩小收入差距的功能。学者们评估了农村低保对实保样本、总样本与应保样本之间收入差距的影响（韩华为和徐月宾，2014），识别了基本养老保障与社会救济的协同机制对缩小农村收入差距的作用（焦娜和郭其友，2021），测算了有条件现金转移支付试点项目的减贫效应（郑晓冬 等，2021）。社会层面的研究主要聚焦于对社会救助制度构建进行理论探讨以及对社会捐助制度质量欠缺问题进行理论研究（谢勇才，2021），也有学者从地区经济水平、社会资本以及社会捐助制度完备性，实证分析社会捐助制度对提高贫困群体收入水平的影响（徐月宾，2007）。在家庭层面的研究中，一些学者测算了成年子女对老年人的经济支持，能否弥补"社会养老"模式的不足（张川川和陈斌开，2014），发现"家庭养老"模式普遍存在，且起到缓解老年人收入差距的作用（孙鹃娟，2008）。最新的研究侧重于分析多种再分配财政工具的综合作用，比如分析基本社会保险、转移支付和公共服务三种再分配工具（卢洪友和杜亦譞，2019），政府、企业、居民多层次转移支付系统（卢盛峰，2018），对居民收入差距的影响，但综合研究老年人多层次转移性收入差距的文献比较少。

本章可能的贡献有：第一，在研究对象上，聚焦老年群体的转移性收入，并将老年人转移性收入分解为三个层次，从共同富裕的内涵出发，分别考察政府、社会、家庭层次的转移性收入对老年人收入差距的贡献；第二，在研究数据上，采用中国健康与养老追踪调查项目 2018 年的微观数据，充分运用丰富的老年群体转移性收入信息，特别是老年人养老金收入与家庭成员对老年人经济支持的相关数据；第三，在研究方法上，运用再中心化影响函数（RIF），弥补基于收入决定方程的分解方法在遗漏变量、样本选择偏误和反向因果等方面的局限性。

6.3　数据来源与处理及研究方法

6.3.1　数据来源与处理

本章使用来自中国健康与养老追踪调查（China health and retirement longitudinal study，CHARLS）项目 2018 年数据。选取的样本为 60 岁及以上的老年群体，删除了缺乏有效观测信息样本后，整理得到 10 485 个有效样本。

本章将老年人转移性收入分为政府的转移性收入、家庭内部转移性收入和社会捐助三个层次。其中，政府层面转移性收入包括养老金和政府直接补助，养老金收入具体指老年人所领取的政府机关、事业单位养老保险（以下简称退休金）、职工基本养老保险金、新型农村社会养老保险金（以下简称新农保）、城镇居民社会养老保险金（以下简称城居保）、城乡居民基本养老保险金（以下简称居民养老金），本章将新农保、城居保和居民养老金统称居民社会养老保险。政府直接补助具体有农业补贴（退耕还林和农业补助）、低保补助（五保户补助、政府救济金和贫困户补助）。家庭内部转移性收入主要包括来自父母、子女和兄弟姐妹给予老年人的经济支持，比如支付的生活费、电话费、房贷、房租，也包括提供的粮食、衣服等物品的折现值。社会捐助主要是指老年人获得来自自然人、法人或者其他社会团体，无偿自愿捐赠财物的折现值。

由表 6-1 的描述性统计可知，老年人转移性收入分项中养老金人均收入最高，家庭内部转移性人均收入较低，说明老年人大部分收入来自养老金收入。老年群体中获得政府直接补助和社会捐助的比例较小，补助和捐助对老年人收入的贡献有限。根据转移性收入细分项目的统计结果，居民社会养老保险的参保人数超过总人数的一半，但是相比于其他养老保险制度人均养老金收入，其人均养老金收入偏低，金额只有其他养老保险制度养老金收入的 10% 左右。家庭转移性收入中，子女提供了大部分的经济支持，政府直接补助中，农业补贴占比较高，与中国近年来实施的惠农政策相关，但是获得低保补助的老年人占比仅为 2% 左右。

表 6-1　主要变量的描述性统计

变量名	均值	标准差	最小值	最大值
养老金收入	10 741.26	17 270.23	0	276 000
行政机关单位退休金	48 223.36	22 425.2	960	128 400
事业单位退休金	45 778.60	20 681.85	816	132 000
企业职工养老金保险	31 062.00	13 963.14	0	276 000
城乡保、新农保、城居保（居民社会养老保险）	2 265.55	4 368.78	0	103 680
政府直接补助	3 081.85	47 968.46	0	3 000 000
农业补贴	1 049.71	7 656.76	0	400 000

表6-1(续)

变量名	均值	标准差	最小值	最大值
低保补助	3 881.58	12 001.82	0	280 000
家庭转移性收入	4 428.32	9 184.71	0	380 300
父母的转移性收入	3 583.26	11 644.08	0	100 000
子女的转移性收入	6 342.39	12 640.78	0	380 300
兄弟姐妹的转移性收入	2 275.63	4 692.542	0	83 000
社会捐助	4 989.07	21 264.56	0	160 000

6.3.2 研究方法

6.3.2.1 基尼系数分解方法

本章采用 Lerman 和 Yizhaki 提出的衡量收入不平等程度的分解方法，将老年人转移性收入分解为几类子项，进而对老年人转移性收入基尼系数进行分解（Lerman & Yitzhaki, 1985），总体基尼系数分解公式为：

$$G_0 = \sum_k S_k \bar{G}_k = \sum S_k G_k R_k \tag{6-1}$$

其中，S_K 表示第 k 类子项收入在老年人转移性收入中的比重；$\bar{G}_k$ 为第 k 类子项收入的伪基尼系数（洪兴建，2008）；R_k 为第 k 类子项收入与转移性收入的基尼相关系数；G_0 为转移性收入的基尼系数。

假设 G_e 为每个样本的第 j 项收入发生变动之后的基尼系数。我们假设第 j 项收入发生轻微变动，因此不改变该项收入的集中率（伪基尼系数 $\bar{G}_k$），从而得到：

$$G_e = \sum_{K=1}^{K} S_k(e) \bar{G}_k \tag{6-2}$$

下面评估第 k 项收入变动时基尼系数的变动，两端取极限可得到第 j 项收入对整体收入不平等的边际影响为：

$$\lim_{e \to 0} \frac{G_e - G_0}{e} = \frac{\partial G_0}{\partial e_j} = S_j(\bar{G}_j - G_0) \tag{6-3}$$

由此，基尼弹性系数如下：

$$\eta_k = \frac{1}{G_0} \frac{\partial G_0}{\partial G_e} = S_K\left(\frac{\bar{G}_K}{G_0} - 1\right) \tag{6-4}$$

公式（6-4）表示，第 k 类收入每变动 1%，则老年人转移性收入基尼系数变动 η_k。

6.3.2.2 影响因素 RIF 分解方法

本章采用 Fripo 等（2018）基于再中心化影响函数（RIF），提出的收入差距测度方法。该方法能够有效弱化由于遗漏变量、样本选择和反向因果等原因带来的内生性问题，估计结果更为稳健。RIF 函数表示为：

$$\text{RIF}\{y_i,\ \upsilon(F_y)\} = \text{IF}\{y_i,\ \upsilon(F_y)\} + \upsilon(F_y) \tag{6-5}$$

Fripo 等（2009）运用 RIF 方法，估计自变量 X 微小变化对统计分布 υ 的无条件部分效应（unconditional partial effect）。将 $E[\text{RIF}\{y,\ \upsilon(F_Y)\}\mid X = x]$ 作为 X 的被解释变量，进行 OLS 回归，并取无条件期望得到：

$$\upsilon(F_Y) = E[\text{RIF}\{y,\ \upsilon(F_Y)\}] = \bar{X}\beta \tag{6-6}$$

其中，$\bar{X}$ 表示 X 的无条件均值。

当统计量 $\upsilon(F_Y)$ 选择基尼系数、分位距等指标时，β_k 表示 x_k 中 K 因素的总体均值变化对总体不平等性的影响程度。本章参照 Fripo 等提出的不平等指标，采用基尼系数等多种不平等指标衡量影响因素 RIF 的回归结果，以便对比分析。

6.4 多层次转移性收入差距的分析

6.4.1 基于基尼系数的分解

接下来，我们基于政府、社会、家庭三个层次，分解老年人转移性收入差距。经统计，老年人多层次转移性收入差距相当大，收入不平等的基尼系数为 0.643 7，具体分解结果见表 6-2。

表 6-2　老年人转移性收入内部分解结果（G = 0.643 7）

收入分项	S_k	G_k	R_k	$\bar{G}_k$	ν_k	η_k
养老金收入：	0.684 7	0.774 9	0.957 2	0.741 7	0.789 0	0.104 2
行政机关和事业单位养老金收入	0.188 5	0.963 6	0.943 5	0.909 2	0.266 3	0.077 7
职工基本养老保险收入	0.388 7	0.883 7	0.901 5	0.796 7	0.481 1	0.092 4

表6-2(续)

收入分项	S_k	G_k	R_k	$\bar{G}_k$	ν_k	η_k
居民社会养老保险收入	0.107 5	0.733 8	0.339 8	0.249 3	0.041 6	−0.065 9
政府直接补助:	0.031 2	0.879 9	0.279 6	0.246 0	0.011 9	−0.019 3
贫困户补助	0.010 9	0.974 4	0.283 8	0.276 5	0.004 7	−0.006 2
农业补贴	0.020 3	0.877 6	0.261 6	0.229 6	0.007 2	−0.013 1
社会捐助:	0.001 5	0.997 7	0.472 5	0.471 4	0.001 1	−0.000 4
家庭内部转移性收入:	0.282 6	0.673 5	0.669 7	0.451 0	0.198 0	−0.084 6
子女的转移性收入	0.265 3	0.681 6	0.654	0.445 8	0.183 7	−0.081 6
父母的转移性收入	0.003 4	0.996 4	0.723 5	0.720 9	0.003 8	0.000 4
兄弟姐妹的转移性收入	0.013 9	0.956 8	0.508 7	0.486 7	0.010 5	−0.003 4

6.4.1.1 政府层面转移性收入差距

政府层面转移性收入份额、基尼系数贡献率和基尼弹性系数分别为 71.59%、80.09% 和 0.084 9。其中，养老金收入份额、基尼系数集中率、收入差距的贡献率和基尼弹性系数分别为 68.47%、0.741 7、78.90% 和 0.104 3。可见，老年人大部分的转移性收入由养老保险制度提供，但是养老保险制度的"多轨制"导致养老金收入鸿沟，且对收入差距起到正向调节作用。政府直接补助占比约为 3.12%，基尼弹性系数为 −0.019 3，表明政府直接补助聚焦于少数贫困老年群体的基本生存权，覆盖范围较小，但是对收入差距起负向调节作用。

在养老金收入中，不同养老保险制度对收入差距的贡献存在显著差异。具体而言，职工基本养老保险收入所占份额为 38.87%，基尼系数集中率、贡献率和基尼弹性系数分别为 0.796 7、48.11% 和 0.092 4。职工基本养老保险收入份额最大，对基尼系数贡献较高。行政机关和事业单位养老保险收入所占份额为 18.85%，基尼系数集中率、贡献率和基尼弹性系数分别 90.92%、26.63% 和 0.077 7。由于行政机关和事业单位退休人员的退休待遇较高，其养老金待遇的集中率指数普遍高于其他养老保险制度，对收入差距产生显著的正向作用。居民社会养老保险收入所占份额、基尼系数集中率、贡献率和基尼弹性系数分别为 10.75%、0.249 3、4.16% 和 −0.065 9。因为缴纳居民社会养老保险的养老保险费较低，以及国家统筹账户资金有限，所以居民社会养老保险的养老金待遇整体较低，对收入差距贡献较小。政府直接补助中，农业补贴和贫困户补助占比均不高，其集中率指数分别为 0.229 6 和 0.276 5，对基尼系数的贡献率很小，仅为 0.007 2 和 0.004 7，且均对收入差距起到负向调节作用，这是由于补助范围较窄、救助标准不高所致。

6.4.1.2 社会层面转移性收入差距

社会捐助对老年人转移性收入影响偏小。社会捐助占比约为 0.15%，基尼系数集中率、贡献率和基尼弹性系数分别为 47.14%、0.11% 和 −0.000 4。虽然社会捐助能够提高贫困老年人群体的收入水平，但是社会捐助力度有限，捐助规模偏小，所占收入份额偏低，对老年人收入差距的贡献很小。虽然中国已于 2020 年完成消除极端贫困的伟大历史任务，但是老年人由于劳动能力较低等原因更加容易返贫，因此有必要加大对相对贫困老年群体的直接救助力度，鼓励更多社会力量参与扶持和救济贫困老年人群体。

6.4.1.3 家庭层面转移性收入差距

家庭内部转移性收入作为老年人转移性收入的重要补充，对收入差距的贡献不大。家庭内部转移性收入的分项中，来自子女的转移性收入占比达到 26.53%，基尼系数集中率为 0.445 8、贡献率为 18.37%，基尼弹性系数为 −0.081 6。子女对老年人的经济支持是老年人维持正常生活的重要保障，子女给予老年人的转移性收入差异不大，因此对收入差距的贡献较小。中国素有"养孩防老"的传统，绝大部分子女承担了老年人的赡养义务。

6.4.2 转移性收入差距影响因素分析

根据上述分解结果，本章利用再中心化影响函数（RIF）衡量政府、社会和家庭三个层次的因素对转移性收入差距变化的影响。影响转移性收入差距的主要因素包括：老年样本领取的养老金收入、拥有工作的子女数量[①]、是否得到政府直接补助和社会捐助等，且参考经典文献，控制了其他主要因素。为方便解释估计系数，本章将不平等指标估计参数扩大 100 倍，采用多种收入不平等指标模型进行估计，其结论基本一致，具体估计结果如表 6-3 所示。

---

① 工作子女数量：是指务农、挣工资的工作，从事个体、私营活动或不拿工资为家庭经营活动帮工等子女数量。

表 6-3　老年人转移性收入的影响因素 RIF 回归结果

解释变量	(90-10)分位收入占比比率×100	(90-10)分位比率×100	(90-10)分位收入对数差距×100	对数方差×100	基尼系数×100
行政机关和事业单位养老金收入	0.726 3 *** (10.95)	0.130 0 *** (14.00)	0.007 0 *** (24.36)	0.008 0 *** (32.78)	0.000 8 *** (7.18)
职工基本养老保险收入	0.343 7 ** (2.44)	0.062 5 *** (4.89)	0.005 7 *** (11.66)	0.006 8 *** (17.02)	0.000 3 (1.02)
居民社会养老保险收入	-0.358 8 * (-1.75)	-0.323 7 *** (-6.72)	-0.003 3 *** (-3.22)	0.001 0 (0.97)	-0.000 6 * (-1.94)
政府直接补助（获得补助=1）	-2 057.077 5 *** (-2.64)	-1 899.296 2 *** (-6.98)	-29.209 9 *** (-6.18)	-24.272 9 *** (-3.48)	-3.495 1 *** (-6.47)
社会捐助（获得补助=1）	-2 204.499 0 (-0.75)	-1 282.610 0 (-1.34)	-8.578 3 (-0.46)	-23.212 6 (-0.79)	-3.059 0 * (-1.67)
子女工作数量	-1 194.253 7 *** (-4.20)	-620.553 6 *** (-6.42)	-9.151 6 *** (-5.16)	-15.108 8 *** (-5.45)	-1.012 0 *** (-4.15)
常数项	10 695.823 0 *** (7.59)	5 721.265 0 *** (16.50)	354.545 0 *** (51.60)	201.546 0 *** (20.06)	66.079 6 *** (33.70)
Aver RIF	9 547.90	3 518.10	357.01	203.53	64.29
观察值	10 485	10 485	10 485	10 485	10 485
R-squared	0.219 2	0.197 5	0.338 4	0.328 7	0.294 3

注：回归模型均采用稳健标准误估计，且所有不平等指标参数调整 100 倍；* 代表 $p<0.1$，** 代表 $p<0.05$，*** 代表 $p<0.01$。

第一，政府层面制度因素。不同养老保险制度因素对老年人转移性收入差距的影响存在差异。行政机关和事业单位、职工基本养老金收入均值提高，均会导致老年人转移性收入差距扩大。具体来讲，行政机关和事业单位养老金收入、职工基本养老金收入均值提高 100 元，将分别扩大老年人转移性收入的基尼系数约 0.124 4% 和 0.046 7%。同时其他收入不平等指标的估计结果与基尼系数估计结果基本一致。例如，最富有的 10% 的老年人与最贫穷的 10% 的老年人转移性收入分位比率、分位收入对数差距以及收入份额占比比率均显示收入差距存在不同程度的上升。相比之下，居民社会养老金收入均值提高 100 元，将有效缩小老年人转移性收入差距，降低基尼系数约 0.093 3%。

政府直接补助对缓解老年人转移性收入差距作用显著。如果政府直接补助覆盖率提高 10%，将降低老年人转移性收入基尼系数约 0.54%，对数方差下降了约 1.19%，其他收入不平等指标显示，同样可以有效缩小老年人群体的收入差距。政府直接补助主要针对社会最贫困家庭和个人，该政策可以有效提高贫困老年人群体转移性收入水平，从而有效缩小老年人转移性收入差距。

第二，社会层面因素。提高社会捐助覆盖率能够起到缩小老年人转移性收入差距的作用。获得社会捐助样本提高 10%，基尼系数将下降约 0.48%。其他收入不平等指标同样显示社会捐助能起到缩小老年人转移性收入差距的作用，但是在统计上并不显著，其原因可能与样本中获得社会捐助的老年人样本较小有关，鼓励社会力量参与社会捐助，扩大社会捐助的覆盖面，将有助于进一步缩小老年人转移性收入差距。

第三，家庭层面因素。拥有工作的子女数量增加显著缩小了老年人转移性收入差距。增加一位拥有工作的子女，老年人转移性收入基尼系数将下降约 1.57%，对数方差下降了约 7.42%，最富有 10% 区间的老年人与最贫穷 10% 区间的老年人转移性收入占比比率下降约 12.51%。同时，最富有 10% 分位的老年人与最贫穷 10% 分位的老年人转移性收入的对数差距、分位收入比率也同样下降。这说明中国家庭养老普遍存在，鼓励子女增加对老年人的经济支持，整体上可以有效缩小老年人转移性收入差距。

由此可见，践行中国养老金制度逐步"并轨"，是缩小老年人转移性收入差距的有效路径；同时，鼓励家庭子女增加对老年人的经济支持，履行赡养义务，以及扩大政府直接补助、社会捐助覆盖范围也是缩小老年人转移性收入差距的重要举措。

6.4.3 不同分位数收入占比影响因素分析

提高低收入老年群体收入占比，或者降低高收入老年群体收入占比是缩小收入差距的有效路径。为了实现精准施策，我们有必要更加细致分析不同分位收入下，影响老年人转移性收入差距的因素及其影响效果的差异，为缩小转移性收入差距的政策选择提供经验证据，其结果如表 6-4 所示。

表 6-4　不同分位数收入下老年人转移性收入占比的影响因素 RIF 回归结果

解释变量	最低 15% 收入占比×1 000	50%~65%分位 收入占比×1 000	最高 30% 收入占比×1 000
行政机关和事业 单位养老金收入	−0.000 6*** (−31.79)	−0.002 9*** (−14.73)	0.005 8*** (2.75)
职工基本养老 保险收入	−0.000 5*** (−15.67)	−0.001 6*** (−4.01)	0.002 0 (0.43)
居民社会养老 保险收入	−0.000 1 (−0.93)	0.002 2*** (2.86)	−0.009 8*** (−3.74)
政府直接补助 （获得补助=1）	1.959 4*** (3.96)	10.547 3*** (4.92)	−32.937 9*** (−5.52)
社会捐助 （获得补助=1）	1.577 3 (0.87)	21.186 1** (2.30)	−60.652 6*** (−2.87)
子女工作数量	0.867 8*** (4.91)	3.293 5*** (3.90)	−10.758 6*** (−3.39)
常数项	10.560 6*** (16.11)	66.714 2*** (16.77)	760.934 9*** (21.88)
Aver RIF	9.537 3	68.579	728.37
观察值	10 485	10 485	10 485
R-squared	0.340 2	0.267 7	0.233 5

注：回归模型均采用稳健标准误估计，且所有不平等指标参数调整 1 000 倍；* 代表 $p<0.1$，** 代表 $p<0.05$，*** 代表 $p<0.01$。

处于最低 15%分位区间的老年群体，在提高各类养老保险制度的养老金均值后，均降低了该区间老年人转移性收入占比，可能的原因是处于该区间的老年人没有获得养老保险收入。相比之下，提高政府直接补助覆盖率、社会捐助覆盖率和增加工作子女数量，显著提升了该区间老年群体收入水平，说明最低 15%收入区间老年人群体更容易获得政府和社会的补助，也更依赖家庭供养。

处于 50%~65%分位区间的老年群体，在提高行政机关和事业单位养老保险收入均值，或者职工基本养老保险收入均值后，均降低了该区间老年人转移性收入占比。相比之下，提高居民社会养老保险收入均值、政府直接补助覆盖率、社会捐助覆盖率和增加工作子女数量，显著增加了老年人群体转移性收入占比。这说明处于 50%~65%收入区间老年人群体大多数享有居民社会养老保险，依然是政府直接补助和社会捐助的受益群体，同样也依赖家庭成员的供养。

处于最高 30% 分位区间的老年人群体，在提高行政机关和事业单位养老保险收入均值，或者职工基本养老保险收入均值后，均增加了该区间老年群体转移性收入占比。然而，提高居民社会养老保险收入均值、政府直接补助覆盖率、社会捐助覆盖率和增加工作子女数量，显著降低该区间老年人转移性收入占比。最高 30% 收入区间的老年人群体不是政府直接补助、社会捐助的对象，基本不依靠家庭养老，主要依靠养老金维持生活。

不同分位数老年人收入占比的影响因素（RIF）回归结果发现，低收入老年群体更多依靠家庭子女的经济支持、政府直接补助以及社会捐助，高收入老年人主要是依赖养老保险收入维持生活。

6.5 本章小结

本章采用基尼系数分解方法和再中心化影响函数，分析来自政府—社会—家庭的多层次转移性资金在降低老年人收入差距中的效果，主要结论如下：老年人的转移性收入中，政府层面的转移性收入份额达到 71.59%，社会捐助比例仅为 0.15%，家庭层面的转移性收入占比为 28.26%。老年人转移性收入不平等的基尼系数为 0.643 7，来自政府、社会、家庭的转移性收入对基尼系数的贡献率分别为 80.09%、19.80% 和 0.11%。通过再中心化影响函数的因素分析，我们发现，政府制度因素中，养老保险制度差异造成养老金收入鸿沟，提高居民社会养老金收入的均值、提高政府直接补助覆盖率，均能有效缩小老年人转移性收入差距；家庭因素中，增加工作子女数量，有助于缓解老年人转移性收入差距；社会因素中，社会捐助覆盖率的提高同样起到缓解收入差距的作用。具体分析不同分位数老年人收入占比的影响因素，我们发现，提高子女的经济支持，提升居民社会养老金待遇水平和覆盖率，能够有效提高低收入老年人的收入占比。逐步减少不同养老保险制度的差异，特别是推动行政机关和事业单位养老保险制度与其他养老保险制度的统一，将有助于缩小老年人收入差距。

提高养老保障水平，缩小老年人收入差距，实现全民共享经济发展成果，完成共同富裕目标，本章的主要政策建议如下：第一，完善养老保险制度，逐步推进城乡居民养老保险一体化，积极推进养老保险制度全面覆盖。逐步缩小不同类型养老保险制度的待遇水平差距，同时扩大职工养老保险制度的覆盖面，鼓励企业和职工依法购买养老保险。积极推进全国社会养老保障体系的统一，协调省际基础养老金的分配，避免省际老年人基础养老金差异过大。第二，完善低保政策，扩大低保政策覆盖率，预防老年人群体返贫。充分考虑中国农村老年人特殊情况，对从事农业经营活动的老年人在经济上给予一定的补贴，如农业补贴政策。第三，拓宽社会捐助的渠道，鼓励富人阶层对相对贫困家庭和个人进行捐助，打通社会救助力量与贫困家庭、个人的沟通渠道。同时，提高社会救助工作精准度，提升社会救助质量，提高社会救助工作的透明度，获得更多社会群体的信任，实现社会救助的可持续发展，使之成为救济贫困群体的重要力量。第四，完善各项养老优惠举措，减轻家庭养老的压力，鼓励子女在老年人养老问题上更加积极有为。例如，个人所得税采取家庭为单位，在征收个人所得税时将赡养老年人的家庭因素纳入专项抵扣范围，同时考虑老年人收入差异，采取差异性抵扣政策，对没有养老金或者养老金收入不足以维持生活的老年人，可以适当提高其子女个人所得税的抵扣额。

7　间接税益贫性：
低收入群体从减税中获益

7.1　引言

在精准扶贫阶段，政府把扶贫投入作为财政预算安排的优先领域，建立向贫困地区倾斜的一般转移支付制度。中央和省级财政专项扶贫资金投入持续增长，中央财政从 2013—2018 年累计安排补助地方财政专项扶贫资金约 3 847 亿元①。由于财政扶贫资金量大、面广、点多、线长，资源配置效率问题一直深受决策层与学术界的关注。2018 年审计署对 145 个国家扶贫开发工作重点县 2017 年扶贫资金管理使用情况进行审计，发现存在资金闲散、挤占挪用、项目效益不佳和骗取套取等问题②。"精英俘获"是造成财政扶贫项目目标偏离的重要原因，富裕的社区和农户能够轻易获得更多扶贫资源（邢成举和李小云，2013）。苏春红和解垩（2015）发现转移支付没有严格瞄准贫困人口，只有将近 30% 的转移支付到达了最为贫困的家庭。财政扶贫资金的 80% 主要用于改善贫困地区的基础教育、医疗卫生等保障性基本公共服务以及供水、电力和道路等基础设施。如果缺乏合理的制度设计，贫困人口不一定能从公共服务中获益（World Bank，2004）。比如，在 2009 年"新医改"前，公共医疗服务明显惠及富人（齐良书和李子奈，2011）。"新医改"后，公共卫生支出增长的边际受益更多流向了低

① 国务院扶贫开发领导小组办公室. 财政部及早安排拨付 2018 年中央财政专项扶贫资金 1 060.95亿元［EB/OL］.（2018−05−04）［2018−10−21］. http://www.cpad.gov.cn/art/2018/5/4/art_624_83241. html.

② 中华人民共和国审计署 2018 年第 46 号公告：145 个贫困县扶贫审计结果。

收入群体，但诊疗费的上升增加了其医疗服务成本（李永友，2017）。

综上所述，为了解决财政扶贫资源渗漏和目标瞄准偏离等问题，政府一方面需要健全转移支付和社保减贫机制（赵子乐和黄少安，2013），另一方面需要运用税收政策形成一揽子财政扶贫工具。从 2000 年正税清费开始，中国政府于 2006 年全面取消农业税。2015 年《中共中央 国务院关于打赢脱贫攻坚战的决定》提出，吸纳农村贫困人口就业的企业能够享受税收优惠，继续落实企业和个人公益捐赠所得税税前扣除政策。国家税务总局对中国扶贫基金会所属小额贷款公司给予税收优惠政策，贫困地区新办开发性企业 3 年内免征所得税。这些税收政策多是以企业所得税为媒介，将优惠投放于实体经济，希望以实体经济为中介进行精准扶贫，但是经济实体收益分配改善是否有利于贫困户仍具有争议（左常升，2016）。

与所得税不同，以增值税、消费税为主的间接税（也称为商品税）会直接作用于贫困人口。经过流通环节层层转嫁，间接税税负最终由消费者承担，无论是城镇住户，还是农村住户，无论是穷人还是富人，均构成了间接税的负税人。中国现阶段实行的是以间接税为主体的税制结构，间接税收入比重占税收总额的 70% 以上，间接税对贫困人口的影响更大。实际上，中国在"结构性减税"中一直在实施针对间接税的减税政策。2004—2009 年，政府陆续开展了一系列的增值税转型改革，将生产型增值税改为消费型增值税。2012 年实施"营改增"政策，到 2017 年年底累计减税将近 2 万亿元。2018 年，国家税务总局发布的《支持脱贫攻坚税收优惠政策指引》从基础设施、产业扶贫、创业就业、普惠金融、区域协调以及慈善捐赠六个方面梳理了 101 项直接推动脱贫攻坚的优惠政策，其涉及间接税的政策就有 49 项。因此，面对财政扶贫资金存在漏损的世界性难题，基于中国大规模减税降费的大背景，研究针对间接税的减税优惠政策是否能惠及低收入群体具有重大意义。

与既有文献相比，本章可能做到了以下两点贡献：第一，在财政精准扶贫统一框架下探讨间接税的减贫效应，能够弥补现有文献中关于税收扶贫研究的缺失，为中国当下施行的大规模减税政策、助力共同富裕提供理论支撑；第二，测度指数更加完善，在借鉴益贫式增长指标的基础上，采用三条贫困线水平、两种等值规模调整方法和三种贫困人口权重赋予方式对间接税"益贫指数"进行全方位的分析，丰富了税收益贫性内容。

7.2 文献回顾

包括间接税减贫机制在内的税收公平问题一直是财政理论和实证研究的焦点。理论研究中，Ramsey（1927）率先提出了著名的"反弹性法则"，即税率与商品需求弹性成反比，最优商品税率应当具有最小的超额负担。Ramsey 理论模型缺乏对公平的考量，Newbery 和 Stern（1987）在此基础上根据收入分配特征建立了包含公平的模型，提出对穷人偏好的商品征收轻税，对富人偏好的商品征收重税。在多税种框架下，差别化的商品税率能够增强税制累进性（Atkinson & Stigliz，1976）。在放宽 Atkinson-Stigliz 理论前提下，如果实施最优非线性所得税，税收再分配目标不一定需要通过差别化商品税率来实现（Boadway & Song，2016）。

间接税对贫困影响的实证研究成果主要来自世界银行与杜兰大学发起"公平承诺"（Commitment to Equity）项目中的系列论文。Higgins 和 Lustig（2016）在 CEQ 项目中研究了 17 个发展中国家公共转移支付和税收工具的减贫效果，间接税的累退性会抵消其他税种的累进性，以间接税为主的税制结构可能不利于穷人。具体而言，巴西的间接税具有明显的累退性，整体税制结构对再分配起负向作用，11% 的非贫困人口在税后成为贫困户，15% 的轻度贫困群体在税后跌入重度贫困，4% 的重度贫困者在税后向下流动成为极端贫困户（Higgins & Pereira，2014）。墨西哥和秘鲁返还了贫困群体购买食品承担的增值税，使得间接税呈中性（Lustig et al.，2013）。厄瓜多尔间接税收入的 87% 来自增值税，由于对食物、水电等满足基本生活的商品和服务免征增值税，厄瓜多尔的间接税不具有累退性（Pinto et al.，2015）。

在 CEQ 项目外，国外还有一些文献研究税收政策与贫困的关系。Williamson 等（2009）评估了美国低收入住房税收抵免政策（LIHTC）的贫困空间分布效应，该政策不仅未能实现贫困人口分散聚居，反而加强了集中程度。Mahadevan 等（2016）研究旅游国家如何征税有利于穷人，通过对印度尼西亚的数据进行分析，mahadevan 等发现，向旅游行业征税对穷人不利，即使将征缴得到的税收投入基础设施建设方面，所起到的减贫作用也有限。Ramírez 等（2017）认为征税能力强的地方政府在减贫方面会更加成功，比如美国哥伦比亚市的人均财产税收入与地区多维贫困显著负相关。

部分学者也关注中国各种税收工具的扶贫作用。取消农业税能够促进农民增收，刺激消费，其对农村发展的积极作用已有共识（王芳 等，2018）。Heerink 等（2006）对江西赣北两个村庄税费减免的收入效应进行评估，村庄内部收入不均程度降低，但是两个村庄之间的收入差距扩大。Li 等（2010）利用可计算一般均衡模型分析转移支付和税收对减贫的影响，发现虽然东部沿海地区的企业税收优惠政策能够影响家庭收入，在减贫方面比转移支付更为有效。解垩（2017）结合可计算一般均衡和微观模拟模型评估公共转移支付两种筹资方式对贫困发生率的影响，发现直接税筹资方式比间接税筹资方式的减贫效应强。

由此可见，目前尚未在公开文献中看到评估中国间接税减免对微观家庭住户的影响，本章通过构建一种识别和测度税收改革边际效应的数量方法来研究减税的共同富裕效应。

7.3 测度方法

7.3.1 税收益贫指数

借鉴 Ravallion 和 Chen（2003）衡量经济"涓滴效应"的益贫增长指数，我们构建一种识别和衡量税收"益贫性"的数量方法，对间接税减免是否有利于贫困人口进行定量测算。假设贫困标准不变，减贫依赖于两个因素：一是间接税负担，我们将间接税视为家庭"负收入"，间接税减少得越多，家庭实际收入减去间接税负后得到的"税后收入"低于贫困线的概率越低；二是收入不平等，税收政策调整会改变相对税后收入分布状况，如果减税伴随着不平等程度降低，那么穷人从减税中获得的收益大于富人。

假设社会贫困指数 θ 可以用贫困线水平、居民平均收入以及洛伦兹函数形式表示为：

$$\theta = \theta(z, \ \mu, \ L(p)) \tag{7-1}$$

公式（7-1）中的 z 是外生的贫困线，μ 是居民平均收入。$L(p)$ 是洛伦兹函数，反映不平等状况，表示当居民收入从低到高排序时，p 百分位点以下的人口收入占全部人口总收入的比重，p 的取值范围在 [0-1]。假设税前居民平均收入为 μ_1，洛伦兹函数为 $L_1(p)$。从收入构成上来看，间接税是一种"负收入"，税后居民平均收入是税前平均收入 μ_1 减去平均税负 t，我

们采用 μ_2 表示，即 $\mu_2 = \mu_1 - t$，此时居民收入不平等状况发生变化，采用 $L_2(p)$ 表示。因此，考虑间接税负担后，社会贫困指数变化值为 θ_{12}：

$$\theta_{12} = \theta(z, \mu_2, L_2(p)) - \theta(z, \mu_1, L_2(p)) \tag{7-2}$$

其中，θ_{12} 是总贫困效应，可以分解为净收入效应 G_{12} 和不平等效应 I_{12}，即 $\theta_{12} = G_{12} + I_{12}$。净收入效应是假设洛伦兹曲线不变，平均收入 μ 因税收 t 变化从而引起的贫困程度变化，不平等效应是假设平均收入不变，洛伦兹曲线 $L(p)$ 变化造成的贫困指数变动。根据 Kakwani（2000）的推论，总贫困效应 θ_{12}、净收入效应 G_{12} 和不平等效应 I_{12} 应满足三个定理。

定理 1：如果 $I_{12} = 0$，则 $\theta_{12} = G_{12}$；如果 $G_{12} = 0$，则 $\theta_{12} = I_{12}$。

定理 2：如果 $I_{12} \leqslant 0$，$G_{12} \leqslant 0$，则 $\theta_{12} \leqslant 0$；如果 $I_{12} \geqslant 0$，$G_{12} \geqslant 0$，则 $\theta_{12} \geqslant 0$。

定理 3：$I_{12} = -I_{21}$，$G_{12} = -G_{21}$。

定理 3 表明，无论是将税前还是税后作为基期，相应测算出的贫困指数变化额是一对相反数。如果要同时满足这三个定理，G_{12} 和 I_{12} 应该分别表示为：

$$G_{12} = \frac{1}{2}\begin{bmatrix} \theta(z, \mu_2, L_1(p)) - \theta(z, \mu_1, L_1(p)) + \\ \theta(z, \mu_2, L_2(p)) - \theta(z, \mu_1, L_2(p)) \end{bmatrix} \tag{7-3}$$

$$I_{12} = \frac{1}{2}\begin{bmatrix} \theta(z, \mu_1, L_2(p)) - \theta(z, \mu_1, L_1(p)) + \\ \theta(z, \mu_2, L_2(p)) - \theta(z, \mu_2, L_1(p)) \end{bmatrix} \tag{7-4}$$

采用 ω_{12} 表示税前税后社会贫困指数的变化率，由 $d\theta/\theta = d\ln\theta$ 可知，$\omega_{12} = \ln\theta_2 - \ln\theta_1$，$\omega_{12}$ 可以表示为：

$$\omega_{12} = \ln[\theta(z, \mu_2, L_2(p))] - \ln[\theta(z, \mu_1, L_1(p))] \tag{7-5}$$

借鉴总贫困效应 θ_{12} 可以表示为净收入效应 G_{12} 和不平等效应 I_{12}，我们将社会贫困指数变化率 ω_{12} 分解为平均收入变化带来的贫困程度变化率 g_{12} 和洛伦兹曲线改变引起的贫困程度变化率 i_{12}，即 $\omega_{12} = g_{12} + i_{12}$。根据公式（7-3）、公式（7-4）的推导原理，相应地写出 g_{12} 和 i_{12} 的表达公式：

$$g_{12} = \frac{1}{2}\left\{ \begin{array}{l} \ln[\theta(z, \mu_2, L_1(p))] - \ln[\theta(z, \mu_1, L_1(p))] + \\ \ln[\theta(z, \mu_2, L_2(p))] - \ln[\theta(z, \mu_1, L_2(p))] \end{array} \right\} \tag{7-6}$$

$$i_{12} = \frac{1}{2}\left\{ \begin{array}{l} \ln[\theta(z, \mu_1, L_2(p))] - \ln[\theta(z, \mu_1, L_1(p))] + \\ \ln[\theta(z, \mu_2, L_2(p))] - \ln[\theta(z, \mu_2, L_1(p))] \end{array} \right\} \tag{7-7}$$

假设间接税负变化率为 λ_{12}，贫困的税收弹性系数可以表示为：

$$\eta = \omega_{12} / \lambda_{12} \tag{7-8}$$

公式（7-8）表明，间接税负减少1%会使社会贫困程度降低 η 个百分点。同样，我们定义 η_g 与 η_i 为：

$$\eta_g = g_{12} / \lambda_{12} \tag{7-9}$$

$$\eta_i = i_{12} / \lambda_{12} \tag{7-10}$$

因此，公式（7-8）可以写为：

$$\eta = \eta_g + \eta_i \tag{7-11}$$

贫困的税收弹性系数 η 分解为 η_g 和 η_i 两种效应：在不平等状况不变条件下，间接税负担对贫困影响的收入效应（ η_g ），即每个人都从减税中降低了相同比例的税负率；减税规模不变条件下，税收政策调整的再分配效应（ η_i ），即减税改变了收入分布状况。通过再分配效应来识别间接税"益贫"还是"益富"。如果间接税是分配中性的，那么 $\eta_i = 0$ ，即 $\eta = \eta_g$ ；如果 $\eta_i > 0$ ，说明不平等状况会随着税负增加而上升，意味着间接税具有"益富性"；如果 $\eta_i < 0$ ，说明不平等状况会随着税负增加而降低，间接税具有"益贫性"。基于此，定义间接税的益贫指数 φ 为：

$$\varphi = \eta / \eta_g \tag{7-12}$$

由于间接税是"负收入"，减税必然导致贫困程度降低，因此 η_g 总是一个正数。当 $\eta_i < 0$ 时，由 $\eta < \eta_g$ 可得益贫指数 $\varphi < 1$ ，那么间接税就是益贫式税种，在政府增加间接税收入的情况下，富人增加的税负大于穷人；相反，当间接税益贫指数 $\varphi > 1$ 时，间接税更多地被穷人承担，减税政策将让富人获益更多。将公式（7-5）和公式（7-6）带入公式（7-12）：

$$\varphi = \frac{2\{\ln[\theta(z, \mu_2, L_2(p))] - \ln[\theta(z, \mu_1, L_1(p))]\}}{\left\{\begin{array}{l}\ln[\theta(z, \mu_2, L_1(p))] - \ln[\theta(z, \mu_1, L_1(p))] + \\ \ln[\theta(z, \mu_2, L_2(p))] - \ln[\theta(z, \mu_1, L_2(p))]\end{array}\right\}} \tag{7-13}$$

从公式（7-13）可知，如果得到社会贫困指数 θ 关于 z 、 μ 以及 $L(p)$ 的具体函数形式，就可以直接计算出税收益贫指数 φ 。接下来，我们推导 θ 的函数形式。

假设样本中某个个体的收入 x 是随机变量， $F(x)$ 是分布函数， $f(x)$ 是 x 的概率密度函数。当 x 小于贫困线 z 时，个体受到绝对剥夺；当 $x \geq z$ ，没有遭受剥夺。令 $H = F(z)$ ， H 表示全部人口中贫困人口的比例，即贫困发生率。定义收入为 x 的个体绝对剥夺为：

$$Dex(x) = \begin{cases} P(z, x) & x < z \\ 0 & x \geq z \end{cases} \tag{7-14}$$

$P(z, x)$ 是 z 和 x 的零次齐次函数，满足单调性公理：$\partial P(z, x) / \partial x < 0$，$\partial^2 P(z, x) / \partial x^2 > 0$，$P(z, z) = 0$。社会贫困程度由全部个体遭受的平均贫困剥夺表示：

$$\theta = \int_0^z P(z, x) f(x) \, dx \tag{7-15}$$

在收入离散分布下，Foster 等（1984）在给定 $P(x, z) = (z - x)^\alpha / z^\alpha$ 下得到一个具体形式的贫困度量指数（F-G-T 指数）：

$$\theta_\alpha = \int_0^z \left(\frac{z - x}{z} \right)^\alpha f(x) \, dx \tag{7-16}$$

α 是不平等厌恶系数，衡量赋予贫困人口中更穷的人口多大的权重。α 越大，表示该指标对贫困人口中更穷的人关注度更强。当 $\alpha = 0$ 时，即得到贫困发生率，H 反映贫困线以下人口占比，此时 θ 称为"贫困广度"。当 $\alpha = 1$ 时，反映贫困人口收入与贫困线之间的相对距离，θ 称为"贫困深度"。当 $\alpha = 2$ 时，以贫困人口收入距贫困线相对距离的平方赋予权重，表示给予更穷的贫困人口更大的权重，称为"贫困强度"。

Kakwani（1980）推导出个体收入 $x = \mu L'(p)$，因此 $z = \mu L'(H)$。由于收入密度函数 $f(x)$ 在区间 $[0, z]$ 上连续，函数 $x = \mu L'(p)$ 满足条件 $\mu L'^{(0)} = 0$ 和 $\mu L'^{(H)} = z$，可以通过定积分的换元公式改写公式（7-16）：

$$\theta = \int_0^H \left(\frac{L'^{(H)} - L'^{(p)}}{L'^{(p)}} \right) f(p) \, \mu L''^{(p)} \, dp \tag{7-17}$$

收入密度函数 $f(x)$ 与人口百分位点 p 的关系为 $dp = f(x) \, dx$，对 $x = \mu L'(p)$ 求微分可得 $dx = \mu L''(p) \, dp$，因此 $f(x) = 1/\mu L''(p)$，得到公式（7-18）：

$$\theta = \int_0^H \left(\frac{L'(H) - L'(p)}{L'(p)} \right)^\alpha dp \tag{7-18}$$

将公式（7-18）带入公式（7-13），税收益贫指数 φ 可以估计出来：

$$\varphi = 2 \left\{ \ln \left[\int_0^{H_2} \left(\frac{L_2'(H_2) - L_2'(p)}{L_2'(p)} \right)^\alpha dp \right] - \ln \left[\int_0^{H_1} \left(\frac{L_1'(H_1) - L_1'(p)}{L_1'(p)} \right)^\alpha dp \right] \right\} /$$

$$\left\{ \ln \left[\int_0^{H_2} \left(\frac{L_1'(H_2) - L_1'(p)}{L_1'(p)} \right)^\alpha dp \right] - \ln \left[\int_0^{H_1} \left(\frac{L_1'(H_1) - L_1'(p)}{L_1'(p)} \right)^\alpha dp \right] + \right.$$

$$\left. \ln \left[\int_0^{H_2} \left(\frac{L_2'(H_2) - L_2'(p)}{L_2'(p)} \right)^\alpha dp \right] - \ln \left[\int_0^{H_1} \left(\frac{L_2'(H_1) - L_2'(p)}{L_2'(p)} \right)^\alpha dp \right] \right\}$$

$$\tag{7-19}$$

结合样本中居民税前收入和给定的贫困线 z，计算相应的贫困发生率 H_1 与衡量收入分布的洛伦兹曲线 $L_1(p)$ 。根据间接税归宿测算方法估计居民间接税负 t 后，计算居民税后收入，得到此时的贫困发生率 H_2 与洛伦兹曲线 $L_2(p)$ ，最后利用公式（7-19）计算出税收益贫指数 φ 。

7.3.2 间接税归宿测算

一般均衡方法和微观模拟方法是研究间接税归宿的两种主要方法（汪昊和娄峰，2017）。本章采用微观模拟方法测算间接税，因为计算税收益贫指数需要每户家庭负担的间接税数据，同时微观模拟方法也与采用家庭支出测算间接税代内负担的思路一致。在税负转嫁假设上，采用前转假设，即消费者负担商品和服务中含有的所有间接税。Besley 和 Rosen（1999）研究了美国销售税负担状况，消费者承担了大多数商品的全部税负，这为税负全部前转提供了实证支持。在测算中国间接税归宿研究中，刘怡和聂海峰（2004）、聂海峰和岳希明（2012）均采用了税负完全向前转嫁的假设。混转假设与前转假设改变的是消费者与企业之间的税负分担，本章只考虑居民家庭之间的间接税负，选择混转假设或前转假设都不会影响本章的定性结论。

通过家庭支出测算间接税负担，考虑到税务机关征管能力和税收优惠政策的影响，我们采用增值税、营业税①和消费税的实际征收税率而非法定税率，利用投入产出模型计算部门实际税率。在三个假设的前提下，构建间接税的投入产出模型：第一，同一部门的商品或服务，对于间接税的同一个具体税种（如增值税）采用相同税率；第二，税收对价格的影响完全向前传导；第三，市场完全竞争且生产技术规模不变。根据 2012 年投入产出表分类，经济系统中存在 42 个部门，税收为 0 时，i 部门总产出等于中间投入产品价值加上增加值：

$$P_i = \sum_{j=1}^{42} a_{ji} P_j + v_i (i = 1, 2, 3, \cdots, 42) \tag{7-20}$$

其中，P_i 为 i 部门产品或服务的单位价格，a_{ji} 为 i 部门利用 j 部门产出的消耗系数，P_j 为中间 j 部门产品或服务的单位价格，v_i 为单位产出数量的增加值。假定增值税对产品增加值征收，消费税、营业税等其他间接税对总产

---

① 中国于 2016 年 5 月全面推开营改增试点，但在 2012 年仍存在营业税，因此书中计算了行业营业税税负。

出征收，部门总产出等于所有投入价值加上全部承担的间接税：

$$P_j = \sum_{j=1}^{42} a_{ji}P_j + \nu_i + (1+\tau_{1i}+\tau_{2i})\left(\tau_{3i}\nu_i + \sum_{j=1}^{42} \tau_{4j}a_{ji}P_j + \tau_{5i}P_j\right) (i=1, \cdots, 42)$$

$$(7\text{-}21)$$

公式（7-21）中，τ_{1i} 表示 i 部门城建税税率，τ_{2i} 表示 i 部门教育费附加税率，τ_{3i} 表示 i 部门增值税实际税率，τ_{4i} 为 j 部门消费税实际税率，τ_{5i} 表示 i 部门营业税实际税率[①]。

将城建税和教育费附加分摊到增值税、消费税和营业税。部门增值税=国内增值税+城建税中按增值税分拆的部分+教育附加费中按增值税分拆的部分+进口增值税-出口退增值税-免抵调减增值税；部门消费税=国内消费税+城建税中按消费税分拆的部分+教育附加费中按消费税分拆的部分+进口消费税-出口退消费税。部门营业税=国内营业税+城建税中按营业税分拆的部分+教育附加费中按营业税分拆的部分。将《中国税务年鉴2013》各行业实际税收对应到投入产出表的42个部门，得到各部门实际增值税税率、消费税税率和营业税税率。将家庭支出与投入产出表42个部门对应，利用部门实际税率计算家庭间接税负。

7.4 数据说明与描述

本章利用《中国投入产出表2012》和2013年《中国税务年鉴》估算42个部门实际增值税税率、消费税税率以及营业税税率[②]。计算家庭间接税负担需要运用2012年微观住户调查数据，本章使用北京大学中国社会科学调查中心发布的中国家庭追踪调查数据（CFPS2012）。

---

① 间接税中还包括资源税、关税和烟叶税，未考虑这三个税种的主要原因有两个：第一，增值税、消费税、营业税、城建税和教育费附加收入占到间接税收入的95%以上，这五个税种基本可以代表整个间接税；第二，如果要计算资源税、关税和烟叶税，资源税需要根据产品性质划分到采掘业的相关投入产出行业，关税需要区分家庭消费中的国外与国内商品，烟叶税需要家庭的烟类支出，这些数据在我们已有的资料中无法获得，用不完备的数据进行计算反而会造成结果偏误。

② 本章所使用的数据虽然略显陈旧，但对于研究间接税益贫性仍具备价值，数据陈旧并不会影响间接税益贫性的研究结果，本章的研究仍具有一定的理论意义和实践价值。

7.4.1　贫困线的设定

国务院扶贫办在 1985 年、2008 年、2009 年、2010 年和 2011 年调整国家扶贫标准。本章运用 2012 年数据，以 2 300 元为基准，根据消费物价指数（CPI）将国内贫困线调整到 2012 年。为了对益贫指数有一个更加全面的把握，本章采用世界银行 2008 年国际贫困标准每人每天 1.25 美元，以及更宽泛的国际贫困标准每人每天 3 美元。为了使三条贫困线可比，分别用消费物价指数（CPI）和购买力平价指数（PPP）将国际贫困线调整为以每人每年的人民币收入为单位。调整后，2012 年国内贫困线超过世界银行使用的贫困标准，但仍低于国际宽泛贫困线。

7.4.2　等值规模调整

采用 CFPS2012 家庭库中的数据信息，样本以家庭作为经济单元。贫困线以人均收入为衡量单位，计算家庭是否落入贫困，须将家庭总收入换算成家庭人均收入。不同家庭的人口规模与结构不同，为了使家庭人均收入可比，国际上通常使用等值规模调整方法调整家庭人均收入（Aaberge et al.，2010）。等值规模调整方法的基本原理是根据年龄差异对人口数量进行调整，赋予不同家庭成员不同权重。家庭规模和结构会影响收入分享，在家庭总收入相同的情况下，不同家庭规模结构具有不同的福利效果。为了结果更加稳健，采用"EU 等值规模"和"OECD 等值规模"两种调整方法对家庭收入进行重新计算，表 7-1 显示了等值规模调整简化算法。

表 7-1　等值规模调整的系数

类型	第一个成年人	额外的每一个成年人	14 岁以下的每一个儿童
EU 等值规模	1	0.5	0.3
OECD 等值规模	1	0.7	0.5

资料来源：作者根据相关文献对等值规模调整进行总结而得。

7.4.3　样本描述

在使用 CFPS 识别家庭支出对应的 42 个部门时，本章针对四个方面数据问题选择了一些策略性处理方法。第一，CFPS2012 只提供"建房住房贷款支出"数据，没有关于家庭购房更多细节，买房时间、购买二手房、按揭付款等因素都会导致买房承担的间接税存在较大差异，我们不考虑家庭购房缴纳的间接税，计算消费性支出负担的间接税。第二，家庭支出信息中的某些变量不是以年为单位，比如"过去一周您家消费的自产农产品的市值（元）"和"过去一个月您家文化娱乐支出"，对周度数据和月度数据分别乘以52和12，换算为年度数据。第三，CFPS2012支出信息比较复杂，为了便于与投入产出表42个部门匹配，将CFPS2012家庭支出按照购买类别进行合并，得到26项支出。第四，将26项支出与投入产出表42个部门匹配，存在一项支出对应多个部门时，以《2012年中国投入产出表编制方法》对部门划分的说明为依据，当说明不明确时，根据对应部门的税基比例来确定权重。根据以上计算方法，表7-2汇报了样本的描述性统计。

表 7-2　描述性统计

变量名	均值	标准差	最小值	最大值	样本量
2012 年家庭总收入/元	42 828.64	59 961.84	1	3 036 046	12 047
家庭成员数/人	3.9	1.75	1	17	12 047
家庭 14 岁以下儿童数/人	0.25	0.57	0	8	12 047
家庭成员 EU 等值规模/人	2.4	0.85	0.9	8.5	12 047
家庭成员 OECD 等值规模/人	2.98	1.2	1	11.6	12 047
家庭缴纳增值税/元	1 238.45	4 652.51	34.72	210 000	12 047
家庭缴纳消费税/元	98.94	442.78	0.05	20 761.59	12 047
家庭缴纳营业税/元	117.75	302.16	0.28	6 084.16	12 047
社区性质（0 为农村，1 为城镇）	0.47	0.5	0	1	12 047

数据来源：根据 2013 年《中国税务年鉴》《中国投入产出表 2012》和 CFPS2012 计算得到。

7.5 实证结果分析

7.5.1 间接税对贫困的影响

通过间接税归宿识别，计算出 CFPS2012 样本中居民的增值税负担、消费税负担以及营业税负担，在此基础上先对中国贫困状况进行呈现和剖析，以便更好地理解间接税减贫效应的形成机制。表 7-3 显示了三条贫困线水平和两种等值规模调整后的贫困状况，括号外数值是家庭实际收入按照公式（7-16）测算得到的贫困指标，展现了完整的贫困轮廓图；括号内数值是将间接税作为家庭"负收入"，以家庭实际收入减去间接税负后的税后收入测算得到的贫困指标，显示了间接税对贫困的影响，报告指标都在原始值基础上乘以 100。

表 7-3 括号外的贫困指标显示，在国内贫困线下（未经调整），贫困广度、贫困深度以及贫困强度分别为 16.51、8.57 和 5.7，说明 16.51%的样本人口处于贫困线以下，贫困人口的收入与贫困线仍然有很大距离。比较不同贫困标准下的贫困指标，贫困线越高，贫困广度、贫困深度以及贫困强度的数值也越大。经"EU 等值规模"和"OECD 等值规模"调整后，贫困指数均出现明显下降，可见未考虑家庭人口规模与结构会高估贫困水平。表 7-3 括号内的贫困指标均大于括号外数值，说明间接税作为一种"负收入"会加剧贫困。以世界银行贫困线下（经"EU 等值规模"调整）的贫困指标为例，括号内的贫困广度指标为 7.92，相较于括号外数值提高了 1.03，说明将间接税视为家庭"负收入"后，有 1.03%的人口从非贫困跌入贫困，贫困深度和贫困强度分别增加到 4.03 与 2.73。比较三个贫困指数的增长比重，排序为贫困强度>贫困深度>贫困广度，表明征收间接税对更穷的贫困人口更加不利，他们的贫困状况恶化程度更严重。

表 7-3 样本家庭贫困状况及间接税对贫困的影响

类型	未经调整		
	$\alpha = 0$	$\alpha = 1$	$\alpha = 2$
宽泛贫困线	26.75（27.92）	14.07（15.09）	9.63（10.61）

表7-3(续)

类型	未经调整		
	$\alpha = 0$	$\alpha = 1$	$\alpha = 2$
国内贫困线	16.51 (17.61)	8.57 (9.53)	5.70 (6.63)
世行贫困线	10.26 (11.21)	4.95 (5.89)	3.14 (4.03)
类型	EU 等值规模调整		
	$\alpha = 0$	$\alpha = 1$	$\alpha = 2$
宽泛贫困线	18.50 (19.45)	9.70 (10.66)	6.53 (7.46)
国内贫困线	11.51 (12.63)	5.76 (6.7)	3.70 (4.59)
世行贫困线	6.89 (7.92)	3.11 (4.03)	1.91 (2.73)
类型	OECD 等值规模调整		
	$\alpha = 0$	$\alpha = 1$	$\alpha = 2$
宽泛贫困线	21.45 (22.56)	11.41 (12.4)	7.76 (8.71)
国内贫困线	13.67 (14.64)	6.88 (7.83)	4.49 (5.41)
世行贫困线	8.29 (9.27)	3.85 (4.79)	2.39 (3.25)

将间接税进行细分，分别考察增值税、消费税和营业税对贫困的影响。表 7-4 显示，无论采用何种等值规模调整方法，无论使用哪一条贫困线水平，同一比较标准下增值税对贫困的影响都强于消费税和营业税，这说明贫困人口更多承担了间接税中的增值税。这是因为增值税主要课税对象为一般商品，穷人在购买生活必需品时间接负担了包含在价格中的增值税，而穷人消费能力较弱，对列入消费税和营业税征收范围的部分商品和服务购买力不足。

表 7-4 增值税、消费税和营业税对贫困的影响

类型	增值税								
	未经调整			EU 等值规模调整			OECD 等值规模调整		
	$\alpha = 0$	$\alpha = 1$	$\alpha = 2$	$\alpha = 0$	$\alpha = 1$	$\alpha = 2$	$\alpha = 0$	$\alpha = 1$	$\alpha = 2$
宽泛贫困线	27.73	14.92	10.43	19.26	10.49	7.29	22.44	12.23	8.53
国内贫困线	17.38	9.36	6.46	12.47	6.52	4.41	14.47	7.66	5.23
世行贫困线	11.08	5.72	3.85	7.72	3.85	2.56	9.07	4.59	3.06

表7-4(续)

类型	消费税								
	未经调整			EU 等值规模调整			OECD 等值规模调整		
	$\alpha=0$	$\alpha=1$	$\alpha=2$	$\alpha=0$	$\alpha=1$	$\alpha=2$	$\alpha=0$	$\alpha=1$	$\alpha=2$
宽泛贫困线	26.78	14.12	9.68	18.56	9.75	6.57	21.50	11.46	7.80
国内贫困线	16.56	8.62	5.75	11.62	5.81	3.74	13.74	6.93	4.54
世行贫困线	10.28	5.00	3.18	6.95	3.16	1.94	8.35	3.89	2.42

类型	营业税								
	未经调整			EU 等值规模调整			OECD 等值规模调整		
	$\alpha=0$	$\alpha=1$	$\alpha=2$	$\alpha=0$	$\alpha=1$	$\alpha=2$	$\alpha=0$	$\alpha=1$	$\alpha=2$
宽泛贫困线	26.80	14.14	9.70	18.59	9.76	6.59	21.57	11.48	7.82
国内贫困线	16.61	8.64	5.77	11.63	5.83	3.76	13.75	6.95	4.56
世行贫困线	10.34	5.02	3.20	6.95	3.18	1.95	8.37	3.91	2.44

7.5.2 间接税益贫指数分析

接下来我们通过间接税益贫指数的测算结果,评估减税是否使得穷人比富人获益更多。由表7-5可知,无论是全国、城镇还是农村样本,益贫指数均大于1,说明间接税具有"益富性",穷人承担着相对更高的税负,针对间接税的减税政策能让贫困人口获益更多。比较不同贫困标准下的益贫指数,在采用同样等值规模调整方法和权重 α 的情况下,益贫指数随贫困线下降而增加,从侧面再次证实了间接税的"非益贫性"。与单纯考虑人均收入相比,经"EU 等值规模"和"OECD 等值规模"调整后,益贫指数增加,说明未经等值规模调整测算出来的益贫指数低估了穷人承担的间接税负,降低居民间接税负实际上具有更强的减贫效果。

从区域分配效果来看,城镇样本的间接税益贫指数大于农村样本,城镇贫困人口承担着相对较多的间接税负,减税会使城镇贫困人口获益更多。随着赋予更穷的贫困人口更大权重,益贫指数基本呈现降低趋势,说明重度贫困者从减税中获得的收益会减少。这是因为间接税负担与家庭消费规模相关,难以解决温饱问题的重度贫困人口消费水平极低,其承担的间接税负相应较小,减少间接税对其造成的影响不大。

表 7-5　间接税益贫指数测算结果

类型		未经调整			EU 等值规模调整			OECD 等值规模调整		
		$\alpha=0$	$\alpha=1$	$\alpha=2$	$\alpha=0$	$\alpha=1$	$\alpha=2$	$\alpha=0$	$\alpha=1$	$\alpha=2$
全国	宽泛贫困线	1.60	1.17	1.04	2.31	1.60	1.45	1.73	1.41	1.25
	国内贫困线	2.01	1.77	1.64	2.71	2.48	2.34	2.90	2.14	2.00
	世行贫困线	3.31	2.82	2.69	2.95	4.09	3.97	4.24	3.45	3.34
城镇	宽泛贫困线	4.00	1.86	1.64	4.14	2.46	2.28	2.30	2.21	1.97
	国内贫困线	4.53	2.80	2.58	4.44	4.04	3.58	4.43	3.45	3.12
	世行贫困线	10.00	4.65	4.14	30.00	6.13	5.55	7.80	5.65	4.91
农村	宽泛贫困线	1.57	1.24	1.12	2.60	1.72	1.56	1.77	1.50	1.35
	国内贫困线	2.35	1.91	1.77	2.40	2.64	2.55	2.94	2.29	2.16
	世行贫困线	3.71	3.01	2.94	4.17	4.49	4.43	4.20	3.70	3.70

　　分别考察增值税、消费税和营业税的益贫指数。由表 7-6 可知,增值税益贫指数均大于 1,且在采用相同的贫困标准、等值规模调整方法以及贫困人口权重的情况下,其数值与间接税益贫指数相差不大,说明增值税很大程度决定了间接税的"益富性"。消费税的益贫指数低于增值税,在采用宽泛贫困线时,部分益贫指数甚至低于 1,呈现出一定的"益贫性",这是因为消费税征税范围包括一些高档奢侈品,使得消费税具有一定的收入再分配功能。大部分消费税益贫指数仍大于 1,因为农村低收入群体将部分支出用于购买消费税税目中的烟酒,在出行上也间接承担了燃料中的消费税。由消费税益贫指数的变化可知,消费税改革应该"有增有减",发挥好"抽肥补瘦"功能才有利于穷人。营业税益贫指数与消费税相近,大部分指标数值大于 1。随着"营改增"全面铺开,营业税退出历史舞台,"营改增"后税收负担率总体水平下降,贫困人口能够分享到"营改增"的减税收益。

表 7-6　增值税、消费税和营业税亲贫指数测算结果

类型		增值税								
		未经调整			EU 等值规模调整			OECD 等值规模调整		
		$\alpha = 0$	$\alpha = 1$	$\alpha = 2$	$\alpha = 0$	$\alpha = 1$	$\alpha = 2$	$\alpha = 0$	$\alpha = 1$	$\alpha = 2$
全国	宽泛贫困线	1.59	1.15	1.02	2.31	1.56	1.41	1.77	1.38	1.22
	国内贫困线	1.94	1.74	1.58	2.40	2.39	2.22	2.65	2.08	1.91
	世行贫困线	4.16	2.72	2.56	4.20	3.89	3.74	3.88	3.28	3.16
城镇	宽泛贫困线	3.75	1.74	1.51	2.42	2.26	2.08	2.29	2.02	1.80
	国内贫困线	1.84	2.59	2.35	4.25	3.62	3.18	3.57	3.18	2.81
	世行贫困线	8.33	4.18	3.69	19.99	5.40	4.96	6.00	4.95	4.36
农村	宽泛贫困线	1.66	1.21	1.09	2.43	1.67	1.50	2.12	1.47	1.31
	国内贫困线	2.29	1.86	1.70	2.09	2.54	2.41	2.92	2.21	2.06
	世行贫困线	3.95	2.88	2.77	4.47	4.23	4.13	3.94	3.50	3.46

类型		消费税								
		未经调整			EU 等值规模调整			OECD 等值规模调整		
		$\alpha = 0$	$\alpha = 1$	$\alpha = 2$	$\alpha = 0$	$\alpha = 1$	$\alpha = 2$	$\alpha = 0$	$\alpha = 1$	$\alpha = 2$
全国	宽泛贫困线	0.57	0.96	0.86	0.70	1.32	1.18	0.85	1.13	1.03
	国内贫困线	1.50	1.47	1.33	3.49	1.96	1.83	3.00	1.78	1.59
	世行贫困线	1.33	2.23	2.08	2.66	3.17	2.88	2.33	2.72	2.51
城镇	宽泛贫困线	0.50	1.14	1.08	1.00	1.74	1.52	0.89	1.39	1.32
	国内贫困线	2.21	2.02	1.70	2.02	2.43	2.18	3.00	2.35	1.94
	世行贫困线	2.26	2.77	2.48	2.68	3.65	3.34	2.85	3.31	2.91
农村	宽泛贫困线	0.60	1.06	0.95	0.62	1.43	1.30	0.83	1.25	1.13
	国内贫困线	1.25	1.58	1.46	3.00	2.16	2.04	2.99	1.93	1.76
	世行贫困线	1.33	2.46	2.31	2.66	3.55	3.22	2.50	3.03	2.81

类型		营业税								
		未经调整			EU 等值规模调整			OECD 等值规模调整		
		$\alpha = 0$	$\alpha = 1$	$\alpha = 2$	$\alpha = 0$	$\alpha = 1$	$\alpha = 2$	$\alpha = 0$	$\alpha = 1$	$\alpha = 2$
全国	宽泛贫困线	0.57	0.96	0.86	0.70	1.32	1.18	0.85	1.13	1.03
	国内贫困线	1.50	1.47	1.33	3.49	1.96	1.83	3.00	1.78	1.59
	世行贫困线	1.33	2.23	2.08	2.66	3.17	2.88	2.33	2.72	2.51
城镇	宽泛贫困线	0.50	1.14	1.08	1.00	1.74	1.52	0.89	1.39	1.32
	国内贫困线	2.21	2.02	1.70	2.02	2.43	2.18	3.00	2.35	1.94
	世行贫困线	2.26	2.77	2.48	2.68	3.65	3.34	2.85	3.31	2.91

表7-6(续)

农村	宽泛贫困线	0.60	1.06	0.95	0.62	1.43	1.30	0.83	1.25	1.13
	国内贫困线	1.25	1.58	1.46	3.00	2.16	2.04	2.99	1.93	1.76
	世行贫困线	1.33	2.46	2.31	2.66	3.55	3.22	2.50	3.03	2.81

7.6 本章小结

研究减税是否自发惠及穷人,有助于有效配置扶贫资源、完善财政帮扶机制。本章在利用微观模拟方法测度家庭间接税负担的基础上,通过税收益贫指数捕捉了间接税对贫困人口的影响,测算了税负在不同年龄层的分配状况。研究发现:第一,间接税是一种"负收入",征收间接税会增加贫困广度、贫困深度与贫困强度,增加值排序为贫困强度>贫困深度>贫困广度;第二,间接税不具有"益贫性",减税能让穷人比富人获益更多,其中城镇贫困户比农村贫困户获益更多,但对于难以解决温饱问题的重度贫困人口作用不大

本章的研究结论有以下几点启示:第一,继续推动大规模的间接税减税政策实现共同富裕,采取差别化的增值税和消费税调整策略,改变间接税的"益富性"。增值税的税目应该区分生活必需品与非生活必需品,对普通食品、衣服鞋饰和日常用品实行低税率,逐步降低农产品、自来水以及天然气的税率。"营改增"前贫困家庭间接承担着医疗保健方面的税负,在"营改增"大幅降低总体税负的背景下,还需进一步对普通药品减免增值税,同时将治疗儿童白血病、先天性心脏病、恶性肿瘤和老人高血压、冠心病等重大疾病的特殊药品也纳入减免范围。消费税实行"扩容""减负"与"整合"调整,"扩容"是将高档家具、私人飞机和昂贵的动物制品等高档消费品纳入征税范围,"减负"是将已成为普通消费品的税目移出,"整合"是适时增加卷烟、白酒级次之间的税率差,通过改变各收入阶层的消费结构促进消费税提高"益贫性"。第二,发挥直接税的辅助作用,与间接税的减税政策相配合,逐步形成多税种、立体式的税收减贫调节体系。明晰和完善企业扶贫的所得税优惠措施,以有针对性的所得税优惠政策引导企业进行定点扶贫、产业扶贫、吸纳就业扶贫和发展教育扶贫。例如鼓励民办机构去原贫困地区从事教育培训活动,对利用"互联网

+"平台在原贫困地区推广远程教育人员的劳务报酬免税。进一步配套实施个人所得税改革，加快推进房地产税，增加高收入人群税负，为间接税的减税预留空间，减轻财政压力。第三，从长期来看，中国税收体系的改革方向应是将现行以间接税为主体的税制逐步调整为以直接税为主体的税制，通过降低间接税比重增加税制的累进性，充分发挥税收制度的公平分配作用。当然，财政帮扶机制并不是只依靠税收工具，我们还需借助公共转移支付体系保障贫困人口的基本生活需求，以更完善的社会保障制度解决养老问题。

8 税负感知与家庭捐赠：
再分配与第三次分配的联动

8.1 引言

慈善事业已经成为现代社会最重要的人类价值之一，在缩小财富差距、提升社会责任感等方面具有无可替代的作用。近年来，中国个人慈善捐赠规模稳步扩大，2019年、2020年个人捐赠分别为398.45亿元、524.15亿元，同比增幅分别为10.54%、31.55%，后者大幅增长可能和2020年新冠疫情相关。但相比于英美等发达国家，中国个人捐赠占比仍处于较低水平：2020年，中国个人捐赠总额占慈善捐款总额的25.1%，企业仍然是慈善捐赠的主体；对比同时期的美国，其来自个人的慈善捐赠总额达3241亿美元，占所有慈善捐赠总额近70%。公众参与慈善的普遍程度可以衡量一个国家慈善事业的发展水平，并且与企业捐赠相比，依赖个人捐赠的慈善组织和慈善事业发展具有更大的稳定性。因此，如何激励个人捐赠、促进捐赠主体由企业向个人转变，是在推动慈善事业发展过程中必须加以重视的问题。

作为再分配方式，税收是由国家按照行政机制进行的强制性分配，与慈善捐赠之间可能存在"挤出效应"——税收在调节收入的同时可能会影响慈善捐赠。此外，相比于企业捐赠更加注重经济回报，个人捐赠主要产生于利他动机，这使得个人在捐赠表现上比较敏感，很容易受到各种因素影响。以税收优惠政策为例，中国的税收优惠政策仅适用于通过有受赠资格的公益性组织进行的、符合诸多条件的个人捐赠，而中国在传统上属于熟人文化，个人更倾向于直接资助有困难的亲戚、邻居，而非通过慈善组织帮助陌生人（窦磊，2010）。这类习惯传统捐赠方式的个人，由于其捐赠无法与他人享受同样的税收优惠，可能会减少捐赠甚至不参与捐赠，从而出现税收优惠政策降低个人捐赠积极性的情况。因此，国家在发挥税收作为再分配的调节作用时，不应该影响第三次分配，同时，鉴于慈善捐赠日益重要的社会地位，国家可以利用税收来促进慈善捐赠，从而更好地综合再分配与第三次分配，使其共同作用于相对贫困与不平等治理。

目前，中国实施税收优惠政策来鼓励个人捐赠，但从更普遍的税收因素——税收负担来看，同样有可能影响个人捐赠意愿或数额。本章基于再分配和三次分配的内在联系，利用中国家庭金融调查（CHFS）2017 年数据，选取了税负轻重感知、税负公平感知来衡量税收负担，多维度地分析税负感知对家庭捐赠的影响，同时，探讨了社会信任水平和生活幸福感在其中的中介作用。相较于既有研究，本章可能的边际贡献在于：第一，以个体在税负轻重和税负公平两个维度的感知来衡量其承担的税收负担，围绕税收负担、微观家庭捐赠两个方面展开，丰富了国内对税收负担的研究成果，同时扩展了税收影响捐赠的研究领域；第二，通过考察税负感知与家庭捐赠之间的关系，有助于从微观角度为完善相关制度、实施更有效的税收激励提供参考，促进再分配和第三次分配的协调联动，从而更好地发挥其调节分配作用，实现共同富裕。

8.2 文献回顾

8.2.1 个人捐赠的动机

个人捐赠主要受个体的利他主义、互惠原则以及同群效应等内在动机驱使。激励个人进行慈善捐赠的主要因素是利他动机，Andreoni（2008）发现个体基于利他主义进行慈善捐赠时，存在单纯的利他主义和不纯的利他主义，后者更能解释人们的捐赠行为，例如有的个体在参与慈善捐赠时会考虑捐赠带来的道德满足感。此外，个人捐赠动机具有互惠性和同群效应。周翠俭和刘一伟（2022）认为慈善捐赠是一种社会交换方式，体现互惠原则，即人们希望通过参与慈善活动获得某种回报，例如，个人会将捐赠行为作为积极承担社会责任的一种方式，可以因此获得正面的、积极的个人声誉或社会形象。而 List 和 Price（2007）、Kessler 和 Milkmanb（2016）发现社会关系同样对慈善捐赠具有积极的作用，体现为同群效应，即当个人所处群体（如社区居民、亲属）进行了慈善捐赠，个人进行捐赠的可能性将显著提高，并且社会关系网络越紧密、社区规模越小，个体捐赠的同群效应越显著。

由于个人参与捐赠更多是受情感驱使，因此在捐赠表现上比较敏感，很容易受到各种外部因素的影响，如个人对社会信任、社会阶层等的认知。普遍的社会信任可以提高个人捐赠金额（邓玮，2013），显著影响个人对于捐赠的认知，具体体现在捐赠是否出于自愿、是否会再次进行捐赠等方面（苏缓缓和石国亮，2014）。同时，个体所处的社会阶层也会影响慈善捐赠等亲社会行为。Durante 等（2017）发现，高社会阶层的群体比较冷漠，很少关注到他人的需求，而低社会阶层的群体会更加仁慈，更愿意帮助处于困境中的他人。而 Penner 等（2005）却认为，高社会阶层的群体在感知到自己在社会比较中的优势地位时，会做出更多亲社会行为，即"暖流效应"（Isen，1970；马凌远和李晓敏，2021）。

此外，慈善组织也试图利用一些外在的手段来刺激个体进行捐赠，比较典型的是捐赠匹配机制。通过引入第三方来匹配个人捐赠金额，提高个人的捐赠意愿和捐赠金额（罗俊 等，2021）。除此之外，捐赠信息公开可以通过提高个人声誉、鼓励他人捐赠以及形成捐赠金额的竞争比较等影响机理来促进个人捐赠。

8.2.2　个人捐赠的税收研究

从三次分配理论来说，税收是国家强制将私人财产向社会公共部门无偿转移的过程，是政府对国民财富的再分配，慈善捐赠则是基于对他人处境的关怀和同情，自愿将自己的财产无偿赠送他人的一种亲社会行为，是社会财富的第三次分配（周璐，2021）。因此，税收主要会从以下两个方面来影响捐赠。

首先，税收是调节人们收入差距的主要手段，其中，直接税主要适用的累进税率旨在提高财富累积成本，随着财富累积成本不断上升，人们会考虑做出适当的捐赠，减少自身的收入或财产总额，来降低实际承担的税负。目前，关于税收负担是否会影响捐赠以及如何影响捐赠的研究较少，且多针对企业捐赠。国外学者如 Schwartz（1968）、Levy 和 Shatto（1978）等基于利润最大化和效用最大化的研究指出，降低捐赠成本可以扩大企业慈善捐赠规模，而企业的捐赠成本与企业所得税税率正相关。在中国当前税收背景下，国内文献基于经济学中替代效应和收入效应的理论研究同样表明，企业税负与慈善捐赠有显著的正相关关系，企业税负越重，捐赠成本相对越低，企业慈善捐赠的意愿越强，数额越大，这在曹洪彬（2006）、朱迎春（2010）的实证研究中也得到了证实。

其次，捐赠金额允许税前扣除的税收优惠政策，减轻了个人和企业捐赠支出的税负压力，加上捐赠树立的积极社会形象，一定程度上可以激发企业和个人的捐赠意愿。国外对于慈善捐赠的税收优惠主要有以下四种策略：一是降低所得税税率，但大多文献研究的是企业所得税税率对企业捐赠的影响，且降低所得税税率能否促进企业捐赠尚存在争议（彭飞和范子英，2016）；二是向慈善组织提供政府补贴，但大多数研究认为政府补贴对私人捐赠有挤出效应（Kingma，1989；Payne，1998）；三是企业配套捐赠，可以同时影响个人捐赠与企业捐赠，但实施效果尚不明确；四是捐赠抵税，即政府让渡部分税收收入，允许个人或企业的部分捐赠金额进行税前扣除，学术界普遍认为这种方式可以刺激人们进行更多的慈善捐赠（Anderson & Beier，1999；McGregor et al.，2006；Bonke et al.，2013）。中国目前对个人捐赠实行的税收优惠策略主要是捐赠抵税，但就国内情况而言，捐赠抵税虽然能够提高人们慈善捐赠的可能性，但并不能激励人们自愿进行捐赠，特别是在现行的税收优惠力度下，甚至可能存在着一定程度的逆向激励效应，即"捐赠越多，纳税越多"（郭佩霞和梁倩，2015）。

税收可能会通过多种机理来影响个人捐赠，税收优惠对个人捐赠的激励是其中一个方面。税收负担作为一种重要的税收因素，所有个体或家庭都与其有一定程度的关联，以税收负担为指标研究税收与捐赠的关系，具有普遍性，有利于了解税收和慈善捐赠的内在联系，更好地发挥再分配和第三次分配对收入的调节作用。

8.3　理论基础与研究假说

8.3.1　理论基础

8.3.1.1　三次分配理论

第一次分配是市场主体按照市场机制进行的竞争性分配，注重效率原则；第二次分配是按照行政机制进行的强制性分配，注重公平原则，由政府主导分配，采用财政、税收、社会保障等经济、行政手段；第三次分配是通过慈善组织等社会主体，按照道德、文化、习惯等社会机制进行的自愿性分配，注重需要原则，更多地采用民间捐赠、慈善事业、志愿行动等社会手段。

第三次分配作为一种改善性分配，在一定程度上可以改善前两次分配之后的结果，充分发挥三次分配的调节作用。第一，高收入群体向低收入群体捐赠，前者财富减少，后者财富增多，有利于缩小群体之间的财富差距，同时可以弥补由于财政资金问题、转移支付不足等造成的收入差距；第二，第三次分配为低收入群体带来的社会资源，可以帮助他们获得提高自身收入水平的机会，如接受教育、技术培训、就业岗位等，弥补低收入群体的要素缺失，从而有利于改善他们当下或者未来的经济情况；第三，出于自愿原则、注重需求原则的慈善捐赠更具有广泛性和灵活性，能够有的放矢，填补前两次分配的空白，对缩小收入差距、实现共同富裕有着无法替代的作用。

8.3.1.2 个人捐赠机制

个人捐赠行为的过程复杂，受到多种内外部因素的影响，而 Sargeant 和 Woodliffe（2007）综合理论研究的结果，提出了较为全面的个人捐赠机制，具体模型如图 8-1 所示。

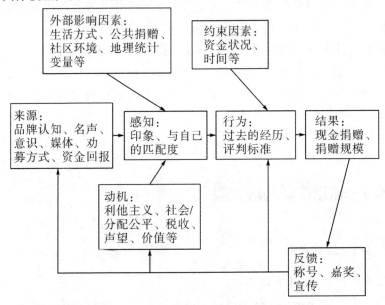

图 8-1 Sargeant 和 Woodliffe 的个人捐赠行为模型

作为个人捐赠的主要内在动机，学者大多认同将利他主义分为纯粹的利他主义和不纯粹的利他主义。纯粹的利他主义是指个体对他人做出不期望任何回报的帮助行为，是基于他人的处境和需求来考虑是否进行捐赠；不纯粹的利他主义是指个体捐赠不只考虑他人可以从捐赠中获得的利益，也期望自己能够从中获得积极的、自我感觉良好的情感体验，即道德满足感或温情效应。

此外，分配公平和税收也会影响个人对于捐赠的认知，如果个人从社会分配或税收中接收到的是积极的心理收益，个人会反馈更高的社会认可度，肯定了政府或有关部门在积极作为并取得良好的社会效益，不仅会增进自己的亲社会情感，同时也会强化其他捐赠动机，如利他主义的影响，从而更可能做出捐赠的决定。

8.3.1.3 税负公平原则

税负公平原则是指国家在制定税收制度、履行税收征管职责时，应考虑个人或单位实际的纳税能力，使得纳税人承担的税负与负税能力保持相对平衡。具体体现为纳税能力相同的人承担相等的税负，纳税能力不同的人承担不等的税负，即税负横向公平与纵向公平。

衡量税负公平原则的两个标准分别是受益原则和量能原则。受益原则是指根据纳税人从公共产品中受益的多少来确定其应该纳税的数额，受益多的人应多纳税，受益少的人少纳税；量能原则是指根据纳税人实际的负税能力来确定其应该缴纳的税额，负税能力强的人应多纳税，负税能力弱的人少纳税。从经济学视角来看，公平是指为获得不同物品所支付的资金要与从不同物品所获得的利益相等，因此税负公平要求个人承担的税负在用于公共产品与用于私人产品时，对个体需求的满足是相等的，即税负带来的边际收益相等。因此，税负是否公平，从宏观来看，主要指是否依据量能原则来进行税负分配，从微观来看，则是取决于纳税人是否感知到其从公共产品中获得的收益大于或等于其承担的税负。

8.3.1.4 税收"挤出效应"

税收是国家强制市场主体参与财富分配的一种形式，发挥着重要的调节作用。税收对收入水平产生影响的途径主要有两种。第一，对个人征收所得税、财产税等直接税，以及由于消费产品被迫缴纳的增值税、消费税等间接税，直接减少了居民的可支配收入；第二，对企业征收所得税、部分增值税等不能转嫁的各种税收，增加了企业运营成本，压缩了企业的利润空间，从而间接影响了居民从企业获得的收入。收入是支出的前提，居民收入水平的变动会通过改变居民的支出能力和支出意愿来影响居民支出水平，即税收负担对收入、支出有"挤出效应"。

基于上述四种理论，本章围绕税负感知和家庭捐赠，分别从税负轻重感知和税负公平感知展开分析。一方面，从捐赠能力来说，税负轻重程度会对家庭捐赠这一支出产生"挤出效应"，即税负感知较重会导致用于捐赠等方面的支出减少；另一方面，从捐赠意愿来说，税负公平程度会抑制家庭捐赠这类带有利他性质的行为，即税负感知公平会激发家庭的同理心和奉献意识。此外，由于核心变量税负感知本身具有的主观性以及家庭捐赠主要受利他动机等个人主观意识驱使，在税负公平原则和"挤出效应"的理论基础上，个人对外部环境的反馈或评价，如社会信任水平和生活幸福感，在一定程度上会通过传导机制来影响税负感知与家庭捐赠的关系。

8.3.2　研究假说

8.3.2.1　税负感知对家庭捐赠的作用

个体承担的税收负担对家庭捐赠的影响可以从两个角度进行分析：从收入来看，居民缴纳的个人所得税、财产税等税收直接减少了居民的可支配收入；从支出来看，由于增值税、消费税等附加在商品上的各种税收，居民在购买生活用品的同时额外负担了税收的成本，压缩了居民其他方面的支出空间。捐赠作为一项转移性支出，其捐赠意愿和捐赠额度直接受收入水平的影响，当税负感知较重时，个体或家庭会认为自己的可支配收入减少，必需的生活成本增加，家庭捐赠意愿和捐赠额度极有可能下降。因此，本章提出以下假说：

H1：税负感知越重，家庭捐赠越少。

从量能原则和受益原则来看，税负是否公平，既取决于个人承担的税负与实际收入是否匹配，也取决于个人对于自己从公共产品中获取的收益与承担的税负是否平衡的认知。从资金来源和用途上来说，税收和捐赠都是个体承担社会责任的表现，是收入分配的不同环节，前者是由相关部门强制征收，而后者是个体自愿参与。因此，税负公平感知对捐赠的影响就体现为个人如果感知到当前的税负是公平的，就会认为税收制度是公平合理的，或政府等相关部门在提供公共产品上是公平有效的，从而对社会发展持有积极态度。这种积极态度会激发个体的奉献意识和责任感，从而更加关注他人的需求或社会的困境，做出捐赠决策的可能性就会大大提高。因此，本章提出以下假说：

H2：税负感知越公平，家庭捐赠越多。

8.3.2.2 社会信任水平与生活幸福感的中介作用

①社会信任水平

社会信任是指公民对社会整体及社会内所有对象的普遍信任，是个人基于理性思考和情感认同形成的对于个体、群体或者组织（包括政府）的判断。个人感知到的税负轻重不仅反映了个人实际承担的一项生活成本，也涉及更多层面的、社会提供或呈现给个人的东西，如税务部门提供的纳税服务、缴纳的税收与享受公共服务的匹配情况等。个人对税负轻重程度的认知反映了他们对于当下税收制度的整体评价，这种评价的高低可能会反过来影响个人对社会的信任程度，比如，税负较重的个人可能会认为国家不关心他们的诉求与实际情况，或者他们难以享受到对等的公共服务，从而降低政府信任或是社会信任。因此，对税负轻重感知与社会信任水平的关系，本章提出以下假说：

H3a：税负感知越重，社会信任水平越低。

当公众拥有社会公平感的时候，更愿意相信他人或倾向于与他人合作。税负公平作为社会公平的一个维度，对社会信任的影响较为相似。一方面，个人对税负公平的感知能直接影响他们的人际信任程度，感知到税负公平的人更倾向于相信他人；另一方面，税负公平的社会通常具有公平的政治制度和收入分配制度，如公平合理的税收制度，这有助于公众对政府或慈善机构等组织产生信任。因此，对税负公平感知与社会信任水平的关系，本章提出以下假说：

H3b：税负感知越公平，社会信任水平越高。

当前各类虚假信息层出不穷，信息不对称使得个人难以准确识别各类信息背后的真实情况，较高的社会信任水平有利于捐赠涉及主体之间建立良好的联系，降低个体对于捐赠行为或结果的不确定性，从而促进个人捐赠。对于直接捐赠，如果捐赠者对于陌生人的信任水平越高，个人会更加信任受赠者的需求，从而更加看好自己捐赠所带来的积极结果；对于间接捐赠，如果个人与慈善组织在以往的捐赠活动中彼此建立了社会信任，或者个人认为在现有的捐赠体系下慈善组织值得信任，个人会更容易发生捐赠行为。因此，对社会信任水平与家庭捐赠的关系，本章提出以下假说：

H3c：社会信任水平越高，家庭捐赠越多。

②生活幸福感

生活幸福感是个人基于自身情感体验和认知标准对目前生活质量的认可程度或主观评价，取决于政治、经济等客观条件和信仰、性格等内在因素。主观幸福感受自身收入水平影响，随自身收入水平的提高而增加，而税负作为收入再分配的一种形式，对居民收入有"挤出效应"，实际上减少了居民的可支配收入。此外，陈池波和李成豪（2016）以对富人征收更多的税的同意程度来测度个人再分配偏好，发现再分配偏好越强，幸福感反而越低，其原因可能是，由于间接税的主体地位，当前的税制结构整体呈现累退性，收入水平相对低的人反而承担了较重的税负，再分配偏好强就体现出他们对自身承担的税负不满意，从而更可能认为自己生活不幸福。因此，对税负轻重感知与生活幸福感的关系，本章提出以下假说：

H4a：税负感知越重，生活幸福感越低。

国民幸福感的高低取决于分配体系构建的合理性，分配公平度对幸福感有显著的正向影响，孙计领（2016）、侯玉波和葛枭语（2020）发现，社会分配公平的居民更容易感到生活幸福。当前，中国经济高质量发展，尚未实现公共服务均等化，社会公平建设也面临着严峻挑战：收入、福利、保障等各种不平等，让人们产生了对市场经济发展的不信任和不安全感。税收作为再分配的重要形式，是调整收入差距、保障人们生活的稳定器，如果个人感知到税负不公平，就会对公共服务的非均衡化、分配制度的无效性产生极大的不满，导致其主观幸福感降低。因此，对税负公平感知与生活幸福感的关系，本章提出以下假说：

H4b：税负感知越公平，生活幸福感越高。

修宗峰和周泽将（2016）认为，生活幸福感对慈善捐赠的影响是多维度的。第一，生活幸福感是一种综合性质的社会资本，能够发挥激励社会个体互惠行为的积极作用，促进个体积极回馈公众利益，如慈善捐赠。从利他主义来看，个体如果具有更加丰富的社会资本，出于对他人或社会善意的回馈，更可能发生助人行为，来维护社会网络的存续。第二，生活幸福感是对生活质量的主观评价，主要来自个体的性格优势和美德，与仁爱和奉献等积极心理学品质密切相关，会在一定程度上影响个体的心理活动和经济行为，从而更可能表现出捐赠意愿。因此，对生活幸福感与家庭捐赠的关系，本章提出以下假说：

H4c：生活幸福感越强，家庭捐赠越多。

8.4 研究设计与变量说明

8.4.1 数据来源

本章数据来自西南财经大学 2017 年在全国范围内开展的中国家庭金融调查（CHFS）。样本来自全国 29 个省（市）、355 个区（县）、1 428 个社区或村，采集了 40 011 个家庭在人口统计特征、支出与收入、金融知识、主观态度等方面的详细信息，具有全国代表性和普遍性。

本章综合运用 CHFS 数据库中的个人数据库、家庭关系数据库以及家庭经济数据库，提取本章研究所需的家庭信息，包括个人特征、家庭经济、主观评价等，并利用个人代码、家庭代码和社区代码对相关数据进行匹配和筛选。除数据库已经进行的数据清理之外，本章还做了以下处理：一是剔除变量缺失样本，包括捐赠、税负感知等数值缺失的家庭；二是删除不合理数据，如捐赠支出小于 0、回答为"不清楚"等样本，最终得到 1 219 个数据样本，确定为本章的实证分析样本。

8.4.2 变量说明

8.4.2.1 家庭捐赠

家庭捐赠，作为家庭的一项转移性支出，是指家庭给了非家庭成员捐赠或资助的金额。对于家庭捐赠的界定，首先，在支出对象上，是向非家庭成员支出，包括除父母、子女、公婆/岳父母等重要家庭成员以外的其他亲属、非亲属以及机构；其次，在支出形式上，包括现金和非现金，前者主要有直接给钱、帮助付款（如看病费用、保险费用、上学费用）、帮助承担分期付款（如节假日礼金、生日礼金、压岁钱）等形式，后者主要是指实物帮助；最后，在支出性质上，捐赠或资助是指除春节等节假日费用（包括压岁钱、过节费等）、红白喜事费用、教育费、医疗费、生活费之外的家庭转移性支出。

本章将问卷中"去年，您家因捐赠或资助给非家庭成员现金金额或非现金金额是多少"这一问题的答案，作为本章的被解释变量家庭捐赠额度，并对其取自然对数处理。

8.4.2.2 税负感知

本章的核心解释变量为税负感知，包括税负轻重感知和税负公平感知两个维度。

税负轻重感知是指居民对个人所承担的税收负担程度的主观评价，个人感知到的税负程度的衡量，来自问卷中"您觉得目前您个人直接与间接缴纳的税款是否可以承受？"和涉及的五个选项，分别为"完全不能承受""不能承受""一般""较能承受""完全可以承受"。该指标所衡量的税负包括直接缴纳和间接缴纳的税款，其中，直接税为直接向个人或企业征收的税，包括所得税、财产税等；间接税是对商品、劳务和服务征收的税，间接地以消费者为征税对象，包括流转税等。本章将选项所衡量的税收负担赋值为 1~5，分别衡量税负很轻、税负较轻、税负一般、税负较重、税负很重这五种税负程度。

税负公平感知是指个人对社会中税收负担分配的公平程度的评价，个人感知到的税负公平程度的衡量，来自问卷中"您认为目前各项税费负担分配的公平度如何？"和涉及的六个选项，分别为"非常公平""比较公平""公平度一般""不太公平""非常不公平""不清楚"。在将"不清楚"这一选项设定为缺失值后，将选项所衡量的税负公平赋值为 1~5，分别衡量非常不公平、不太公平、一般公平、比较公平、非常公平这五种税负公平程度。

8.4.2.3 控制变量

本章将控制变量分为三类，分别衡量个人特征、家庭特征和地区特征。

①个人特征变量

性别：取值为 0 和 1 的虚拟变量，1 表示女性，0 表示男性。

年龄：样本取 2017 年的年龄，通过出生年至当年进行换算获得。个人层面的相关信息均为户主特征，考虑到户主是家庭经济来源的主要承担者或主事者，本章将样本年龄限制在 16 岁以上。

受教育程度：将样本"受教育程度"分类变量转换为连续变量，未上过学和小学学历的样本取值为 1，初中学历的样本取值为 2，中专/职高/高中学历的样本取值为 3，大专/高职学历的样本取值为 4，大学本科学历的样本取值为 5，硕士/博士及以上学历的样本取值为 6。

就业情况：取值为 0 和 1 的虚拟变量，1 表示就业，0 表示未就业。如果样本最近一周为取得收入工作了 1 小时以上，或者因特殊原因（如病假、事假、产假、休假、在职学习等）没有工作 1 小时以上，都视为样本处于就业状态，否则为未就业。

②家庭特征变量

家庭总收入：家庭成员 2017 年的各项收入加总，包括工资薪金、经营所得、财产分红、转移性收入等。

家庭总消费①：家庭成员 2017 年的各项消费支出加总，包括食品消费、居住消费、衣着消费、家庭设备服务消费、交通通信消费、教育文娱消费、医疗保健消费和其他消费。

家庭总资产：包括金融资产和非金融资产。金融资产主要包括现金、存款、股票、基金、债券、衍生品、非人民币资产②、黄金以及其他金融资产等。非金融资产主要包括农业资产、房屋资产、土地资产、车辆资产以及其他非金融资产。

③地区特征变量

人均生产总值：样本所在区县的人均生产总值，反映样本所在地的经济发展水平。

所在区域：取值为 0、1、2 的虚拟变量，若家庭所在地位于西部，变量赋值为 0，位于中部赋值为 1，位于东部则赋值为 2。

8.4.3　模型构建

为研究税负感知对家庭慈善捐赠的影响，本章构建如下模型，并采用 Logit 方法进行回归：

$$donation_i = \alpha_0 + \frac{\alpha_1\ taxburden_i}{taxequity_i} + \alpha_2\ X_i + \varepsilon_i \qquad (8\text{--}1)$$

其中，$donation$ 为被解释变量家庭捐赠额度，$taxburden/taxequity$ 分别为解释变量税负轻重感知和税负公平感知。模型中各变量的定义和设计如表 8-1 所示。

---

① 根据 CHFS 调查问卷，家庭支出包括消费性支出、财产性支出、经营性支出、社会保险支出、转移性支出。本章的家庭消费主要指消费性支出。

② 根据 CHFS 调查问卷，非人民币资产主要包括三类：海外股票、基金、债券、保险等，海外房产（包括住宅、商铺等），外汇等。

表 8-1　变量的定义与设计

变量	变量简称	具体含义	变量设计
慈善捐赠	donation	捐赠额度	对捐赠金额取自然对数
税负感知	taxburden	税负轻重感知	取值范围为 1～5，值越大，样本感知税负越重
	taxequity	税负公平感知	取值范围为 1～5，值越大，样本感知税负越公平
个人特征	gender	性别	样本为女性，则 gender 取值为 1，男性取值为 0
	age	年龄	样本在 2017 年的年龄
	edu	受教育程度	小学及以下 = 1，初中 = 2，中专/职高/高中 = 3，大专/高职 = 4，大学本科 = 5，研究生及以上 = 6
	employ	就业情况	样本就业，则 employ 取值为 1，未就业取值为 0
家庭特征	income	家庭总收入	对家庭总收入金额取自然对数
	consump	家庭总消费	对家庭总消费支出取自然对数
	asset	家庭总资产	对家庭总资产金额取自然对数
地区特征	GDP	人均生产总值	对地区人均生产总值取自然对数
	region	所在区域	家庭所在地位于西部 = 0，位于中部 = 1，位于东部 = 2

　　各变量的描述性统计结果如表 8-2 所示。首先是核心变量统计情况。家庭捐赠额度的均值为 3.777 2，即捐赠金额平均约为 2 189 元，说明 2017 年样本的整体捐赠金额较多，但从最小值、最大值以及标准差来看，不同样本在捐赠金额上存在较大的差异。观察税负感知的均值，税负轻重感知接近 3，说明样本对于税收负担的整体评价为一般；税负公平感知接近 2.5，说明整体对于税收负担分配公平度的感知处于不太公平与一般公平之间。

　　其次是控制变量统计情况。从均值来看，性别为 0.212 5，说明样本中户主为男性的数量更多；年龄为 46.028 7 岁，说明户主的年龄大多偏大；受教育程度为 3.361 8，说明户主的平均文化水平在中专/职高/高中学历与大专/高职学历之间；就业情况为 0.828 5，说明处于就业状态的样本较多。家庭总收入、家庭总消费、家庭总资产的均值均大于 11，实际平均金额分别为 194 697 元、112 033 元、271 466 元，大部分样本的家庭经济情况较好或者是样本中高收入群体相对更多，与样本所处区县的人均 GDP 反映的情况一致；所在区域为 1.416 7，说明位于中部和东部的样本数量相比西部样本数量更多。此外，从标准差、最小值和最大值来看，样本在年龄、家庭总收入、家庭总消费、家庭总资产上的差距也很大。

表 8-2　变量描述性统计情况

变量	样本数	均值	标准差	最小值	最大值
捐赠额度	1 219	3.777 2	3.246 7	0	13.910 8
税负轻重感知	1 219	2.981 9	1.282 6	1	5
税负公平感知	1 219	2.493 8	1.101 8	1	5
性别	1 219	0.212 5	0.409 2	0	1
年龄	1 219	46.028 7	11.642 0	20	93
受教育程度	1 219	3.361 8	1.436 5	1	6
就业情况	1 219	0.828 5	0.377 1	0	1
家庭总收入	1 219	11.134 2	3.345 5	−13.815 5	15.425 0
家庭总消费	1 219	11.341 5	0.744 5	8.187 0	13.815 5
家庭总资产	1 219	11.290 9	2.133 3	0	14.221 0
人均生产总值	1 219	8.697 2	1.042 1	6.597 3	10.498 9
所在区域	1 219	1.416 7	0.782 8	0	2

8.5　实证结果分析

8.5.1　基本回归

税负感知对家庭捐赠的基本回归结果如表 8-3 所示。需要说明的是，基于控制变量的不同，本章构建了 3 个回归模型，模型 1、模型 2、模型 3 分别为依次加入个人特征、家庭特征、地区特征三类控制变量的情况。

回归结果前三列解释变量为税负轻重感知，依次控制个人特征、家庭特征、地区特征，税负轻重感知的回归系数均在 1% 的水平上显著为负。

从系数大小来看，以模型 3 为例，税负程度每加重 1 个等级，家庭捐赠额度下降 1.739 8 个单位，即家庭捐赠金额缩小为原来的 17.56%。说明税负轻重感知对家庭捐赠有抑制作用，个人感知到的税负越重，所在家庭捐赠越少。

回归结果后三列解释变量为税负公平感知，依次控制个人特征、家庭特征、地区特征，税负公平感知的回归系数均在 1% 的水平上显著为正。从系数大小来看，以模型 3 为例，税负公平程度每提升 1 个等级，家庭捐赠额度上升 1.593 8 个单位，即家庭捐赠金额扩大为原来的 4.92 倍。说明税负公平感知对家庭捐赠有促进作用，个人感知到的税负越公平，所在家庭捐赠越多。

对于三类控制变量，个体特征中的受教育程度对捐赠额度具有显著的积极影响，户主的受教育程度越高，所在家庭的捐赠金额越多。家庭特征中的家庭总收入、家庭总消费、家庭总资产均对家庭捐赠有显著的促进作用：总收入越高、总资产越多，意味着家庭的实际可支配收入比较高或者经济实力比较强，越有能力向他人捐赠更多的金额；总消费支出可以体现家庭的消费水平和支出意愿，总消费越多，家庭越可能在慈善捐赠上有支出。除此之外，户主的性别、年龄、就业情况以及家庭所在地的人均 GDP、所在区域的回归系数均不显著或整体来看不显著。

表 8-3　税负感知对家庭捐赠的基本回归结果

变量	模型 1	模型 2	模型 3	模型 1	模型 2	模型 3
税负轻重感知	-1.786 3 *** (0.050 5)	-1.740 0 *** (0.050 7)	-1.739 8 *** (0.051 1)	—	—	—
税负公平感知	—	—	—	1.662 3 *** (0.068 2)	1.600 0 *** (0.067 2)	1.593 8 *** (0.067 6)
性别	0.029 4 (0.161 8)	0.037 8 (0.159 0)	0.048 2 (0.159 2)	-0.037 6 (0.188 8)	-0.022 1 (0.184 2)	-0.015 8 (0.184 5)
年龄	-0.007 2 (0.006 9)	-0.006 4 (0.006 9)	-0.005 7 (0.007 0)	0.010 4 (0.008 0)	0.007 6 (0.008 0)	0.008 5 (0.008 1)
受教育程度	0.264 7 *** (0.049 9)	0.114 6 ** (0.054 5)	0.114 1 ** (0.054 5)	0.445 9 *** (0.057 9)	0.217 5 *** (0.063 2)	0.218 2 *** (0.063 3)
就业情况	-0.336 5 * (0.202 7)	-0.310 0 (0.199 3)	-0.324 0 (0.199 8)	-0.079 7 (0.236 4)	-0.067 2 (0.230 7)	-0.081 5 (0.231 4)

表8-3(续)

变量	模型1	模型2	模型3	模型1	模型2	模型3
家庭总收入	—	0.036 7* (0.019 4)	0.035 4* (0.019 5)	—	0.052 2** (0.022 5)	0.052 3** (0.022 6)
家庭总消费	—	0.418 5*** (0.098 6)	0.420 3*** (0.099 5)	—	0.367 9*** (0.114 2)	0.379 2*** (0.115 3)
家庭总资产	—	0.100 6*** (0.036 0)	0.100 7*** (0.036 1)	—	0.208 1*** (0.041 3)	0.209 3*** (0.041 4)
人均生产总值	—	—	0.074 3 (0.063 2)	—	—	0.061 4 (0.073 3)
所在区域	—	—	0.067 3 (0.083 6)	—	—	−0.019 6 (0.096 7)
F 值	268.87	179.98	144.13	132.77	95.48	76.39
adj R^2	0.523 7	0.540 3	0.540 2	0.351 0	0.382 9	0.382 3
样本量	1 219	1 219	1 219	1 219	1 219	1 219

注:*、**、*** 分别表示在10%、5%和1%的水平上显著,括号内为稳健标准误。

8.5.2 稳健性检验

8.5.2.1 替换被解释变量为捐赠占比

家庭捐赠作为一项转移性支出,很大程度上受家庭收入影响。考虑到样本的家庭总收入水平差异,在剔除家庭总收入为0的样本后,将被解释变量由家庭捐赠金额取自然对数后的捐赠额度替换为家庭捐赠金额占家庭总收入的比重,重新进行回归。

回归结果如表8-4所示,第2至第4列解释变量为税负轻重感知,第5至第7列解释变量为税负公平感知。依次控制个人特征、家庭特征、地区特征,以税负轻重感知和税负公平感知为解释变量的回归系数分别在1%、5%水平上显著。以模型3为例,税负轻重感知每加重1个等级,家庭捐赠占收入比重下降5.935 9%;税负公平感知每提升1个等级,家庭捐赠占收入比重上升4.926 0%。这表明了税负感知越重、家庭捐赠越少,税负感知越公平,家庭捐赠越多,与基本回归结果一致。

表 8-4　替换被解释变量为捐赠占比的回归结果

变量	模型 1	模型 2	模型 3	模型 1	模型 2	模型 3
税负轻重感知	-5.164 8 *** (2.063 3)	-5.814 9 *** (2.005 2)	-5.935 9 *** (2.016 4)	—	—	—
税负公平感知	—	—	—	5.188 0 ** (2.392 3)	4.703 8 ** (2.304 1)	4.926 0 ** (2.316 2)
个人特征变量	控制	控制	控制	控制	控制	控制
家庭特征变量	—	控制	控制	—	控制	控制
地区特征变量	—	—	控制	—	—	控制
F 值	4.36	18.71	15.47	4.04	18.12	15.00
adj R²	0.013 6	0.106 3	0.115 8	0.012 6	0.103 1	0.105 2
样本量	1 192	1 192	1 192	1 192	1 192	1 192

注：*、**、*** 分别表示在 10%、5% 和 1% 的水平上显著，括号内为稳健标准误。

8.5.2.2　替换被解释变量为捐赠行为

在基本回归中，被解释变量家庭捐赠是一个连续变量，范围是大于等于 0 的，因此，在 0 附近存在数值突变的情况，可能会影响实证结果的准确性。因此，本章借鉴马凌远和李晓敏（2021）的研究，将家庭捐赠额度替换为捐赠行为，并采用 Probit 方法进行回归。

回归结果如表 8-5 所示，第 2 至第 4 列解释变量为税负轻重感知，第 5 至第 7 列解释变量为税负公平感知。依次控制个人特征、家庭特征、地区特征，以税负轻重感知和税负公平感知为解释变量的回归系数均在 1% 水平上显著，说明税负轻重感知对家庭捐赠行为有显著的消极影响，个人感知到的税负越重，所在家庭越可能不参与捐赠；而税负公平感知对家庭捐赠行为有显著的积极影响，个人感知到的税负越公平，所在家庭越可能参与捐赠。

表 8-5　替换被解释变量为捐赠行为的回归结果

变量	模型 1	模型 2	模型 3	模型 1	模型 2	模型 3
税负轻重感知	-1.472 3 *** (0.074 8)	-1.471 6 *** (0.076 4)	-1.486 6 *** (0.078 2)	—	—	—
税负公平感知	—	—	—	1.111 8 *** (0.059 0)	1.097 3 *** (0.059 7)	1.093 6 *** (0.059 9)

表8-5(续)

变量	模型 1	模型 2	模型 3	模型 1	模型 2	模型 3
个人特征变量	控制	控制	控制	控制	控制	控制
家庭特征变量	—	控制	控制	—	控制	控制
地区特征变量	—	—	控制	—	—	控制
LR chi2	942.62	959.80	962.86	613.75	648.29	649.81
Pseudo R^2	0.576 7	0.587 2	0.589 1	0.375 5	0.396 6	0.397 6
样本量	1 219	1 219	1 219	1 219	1 219	1 219

注：*、**、*** 分别表示在10%、5%和1%的水平上显著，括号内为稳健标准误。

8.5.2.3 内生性问题处理

①应对反向因果导致的内生性问题

由于存在个人捐赠的税收优惠政策等因素，慈善捐赠行为和金额带来的税收减免，可能会改善个人对税负轻重程度、税负公平程度的主观认知，从而影响税负感知对捐赠的因果效应。本章借鉴宋全云等（2017）、单德朋（2019）的研究方法，将"同一社区除自身以外其余家庭的平均税负感知"作为工具变量引入模型，第一阶段和第二阶段回归结果如表8-6、表8-7所示。其中，表8-6第2至第4列发被解释变量为税负轻重感知，第5至第7列的被解释变量为税负公平感知，表8-7第2至第4列的内生变量为税负轻重感知，第5至第7列的内生变量为税负公平感知。

税负感知是一种主观认知，对于处在社区关系网络中的个人或家庭来说，对税负轻重程度、税负公平程度的看法会受社区中其他人的观点影响，而捐赠是家庭内部的一项客观的支出项目，很难影响社区其他人对税收负担的主观态度。从第一阶段回归结果来看，作为工具变量的社区平均税负轻重感知、社会平均税负公平感知与个人实际的税负轻重感知、税负公平感知之间的回归系数均在1%的水平上显著正相关，且 F 统计值均大于10；从第二阶段回归结果来看，工具变量引入回归模型后，Wald 检验值也都在1%的水平上显著，表明不存在弱工具变量风险。因此，总体来看，工具变量的选取是合理的。

从工具变量引入模型进行回归的结果来看，在控制不同变量的模型中，作为工具变量的社区平均税负轻重感知和社区平均税负公平感知的回归系数均在1%的水平上显著。从影响方向来看，社区平均税负感知越重，家庭捐赠越少，而社区平均税负感知越公平，家庭捐赠越多，与基本回归结果一致；从影响程度来看，与基本回归结果相比，回归系数的绝对值也几乎相等，说明被解释变量家庭捐赠和解释变量税负感知之间不存在反向因果关系或者反向因果关系很弱，不会影响结论的准确性。

表8-6 工具变量第一阶段回归结果

变量	模型1	模型2	模型3	模型1	模型2	模型3
社区平均税负轻重感知	1.160 7*** (0.074 8)	1.095 5*** (0.075 0)	1.081 9*** (0.074 8)	—	—	—
社区平均税负公平感知	—	—	—	1.049 5*** (0.058 6)	1.032 1*** (0.058 5)	1.017 7*** (0.058 6)
个人特征变量	控制	控制	控制	控制	控制	控制
家庭特征变量	—	控制	控制	—	控制	控制
地区特征变量	—	—	控制	—	—	控制
F值	53.75	38.14	31.9	65.89	43.83	35.97
adj R^2	0.178 0	0.196 1	0.202 4	0.210 3	0.219 6	0.223 1
样本量	1 219	1 219	1 219	1 219	1 219	1 219

注：*、**、*** 分别表示在10%、5%和1%的水平上显著，括号内为稳健标准误。

表8-7 工具变量第二阶段回归结果

变量	模型1	模型2	模型3	模型1	模型2	模型3
社区平均税负轻重感知	−1.845 4*** (0.124 0)	−1.739 1*** (0.130 6)	−1.741 6*** (0.132 3)	—	—	—
社区平均税负公平感知	—	—	—	1.621 1*** (0.148 7)	1.565 2*** (0.147 9)	1.554 0*** (0.150 6)
个人特征变量	控制	控制	控制	控制	控制	控制
家庭特征变量	—	控制	控制	—	控制	控制
地区特征变量	—	—	控制	—	—	控制
Wald 检验	317.01***	443.05***	455.76***	188.91***	309.86***	316.69***
R^2	0.525 1	0.543 4	0.544 0	0.353 5	0.386 8	0.387 2
样本量	1 219	1 219	1 219	1 219	1 219	1 219

注：*、**、*** 分别表示在10%、5%和1%的水平上显著，括号内为稳健标准误。

②应对遗漏变量导致的内生性问题

慈善捐赠是复杂均衡的结果，税负感知作为主观认知，同样会受到经济敏感性等难以观测因素的影响。因此，对于这类未知的、既能够影响税负感知又能够影响慈善捐赠的因素，在分析税负感知与家庭捐赠的关系时，需要进行处理，来应对遗漏变量可能导致的内生性问题。

根据 Altonji 等（2005）的研究，通过引入有限控制变量和所有控制变量，构建一个反映参数估计值变动的指标，可以间接估算遗漏变量导致的参数估计偏误。该指标为变动系数，计算公式为 $\sigma = |\beta^F / (\beta^R - \beta^F)|$，其中，$\beta^R$ 为受约束模型中解释变量的参数估计值；β^F 为完整模型中解释变量的参数估计值。分母越小，说明在不同的模型中解释变量的参数估计值相对越稳定，遗漏变量的影响越小；分子越大，说明在完整模型中解释变量的影响依然非常显著。因此，σ 越大，可以间接表明遗漏变量对解释变量参数估计值的影响越小。

在具体的模型设定和变量引入方面，本章借鉴单德朋（2019）的研究，分别构建了两个受约束模型和两个完整模型。受约束模型 R1 只引入税负感知，受约束模型 R2 引入了税负感知和个人特征，包括性别、年龄、受教育程度和就业情况。两个完整模型则是基于两个受约束模型，引入了家庭特征和地区特征，包括家庭总收入、家庭总消费、家庭总资产、人均生产总值以及所在区域，即完整模型 F1 引入了税负感知、家庭特征和地区特征，完整模型 F2 引入了税负感知、个人特征、家庭特征和地区特征。

回归结果和指标测算结果如表8-8、表8-9所示，表8-8是以税负轻重感知为解释变量，表8-9是以税负公平感知为解释变量。以税负轻重感知或税负公平感知作为解释变量，根据两个受约束模型和两个完整模型的参数估计值分别测算出来的变动系数 σ 均大于10，这说明，相较于本章研究中可能存在的遗漏变量，分别以税负轻重感知和税负公平感知作为解释变量，对被解释变量家庭捐赠的影响是非常显著的，即遗漏变量对解释变量参数估计值的影响很小。上述结果证实了基本回归结果是稳健的。

表8-8　处理遗漏变量内生性偏误的回归结果 1

变量	R1	F1	R2	F2
税负轻重感知	−1.808 4 *** (0.050 8)	−1.734 3 *** (0.051 0)	−1.786 3 *** (0.050 5)	−1.739 8 *** (0.051 1)

表8-8（续）

变量	R1	F1	R2	F2
个人特征变量	—	—	控制	控制
家庭特征变量	—	控制	—	控制
地区特征变量	—	控制	—	控制
F 值	1 268.42	237.94	268.87	144.13
adj R^2	0.509 9	0.538 6	0.523 7	0.540 2
样本量	1 219	1 219	1 219	1 219
σ	23.404 9	37.415 1	—	—

注：R 和 F 分别表示受约束模型和完整模型，σ 为计算得到的参数估计值变动系数；*、**、***分别表示在 10%、5% 和 1% 的水平上显著，括号内为稳健标准误。

表 8-9　处理遗漏变量内生性偏误的回归结果 2

变量	R1	F1	R2	F2
税负公平感知	1.667 4 *** (0.069 6)	1.581 7 *** (0.067 6)	1.662 3 *** (0.068 2)	1.593 8 *** (0.067 6)
个人特征变量	—	—	控制	控制
家庭特征变量	—	控制	—	控制
地区特征变量	—	控制	—	控制
F 值	573.23	124.51	132.77	76.39
adj R^2	0.319 6	0.378 3	0.351 0	0.382 3
样本量	1 219	1 219	1 219	1 219
σ	18.456 2	23.267 2	—	—

注：R 和 F 分别表示受约束模型和完整模型，σ 为计算得到的参数估计值变动系数；*、**、***分别表示在 10%、5% 和 1% 的水平上显著，括号内为稳健标准误。

8.5.3　异质性分析

考虑到具有不同特征的样本在家庭捐赠上可能存在的差异，本章选取政治面貌、是否接受过高等教育以及户籍类型作为划分依据，将样本按个人特征分为两组，分别进行异质性分析。本章仅展示加入所有控制变量的模型 3 的回归结果，如表 8-10、表 8-11、表 8-12 所示。

表 8-10 结果显示，政治面貌为党员和非党员，解释变量的回归系数

都在1%的水平上显著，说明政治面貌不是影响家庭捐赠的关键因素。从数值来看，党员样本组的回归系数绝对值均更小，说明户主为党员的家庭在捐赠时，受税负轻重感知和税负公平感知的影响比非党员都更小。其原因可能是，单位在组织捐赠时，会更多考虑党员、团员这类具有相关政治身份的人，而党员身份要求自身具有的先进性，也可能更加关注慈善捐赠。因此，相比于同样情况的非党员来说，党员的捐赠意愿更不敏感，受税负轻重感知或税负公平感知这种主观认知的影响更小。

表 8-10　以政治面貌为依据分组回归

变量	党员	非党员	党员	非党员
税负轻重感知	−1.640 5*** (0.085 3)	−1.770 7*** (0.070 0)	——	——
税负公平感知	——	——	1.590 4*** (0.115 0)	1.612 4*** (0.090 2)
个人特征变量	控制	控制	控制	控制
家庭特征变量	控制	控制	控制	控制
地区特征变量	控制	控制	控制	控制
F 值	44.03	81.84	24.59	45.36
adj R²	0.498 4	0.551 3	0.352 7	0.402 7
样本量	434	659	434	659

注：*、**、*** 分别表示在10%、5%和1%的水平上显著，括号内为稳健标准误。

表 8-11 结果显示，无论是否接受过高等教育，解释变量的回归系数都在1%的水平上显著，说明高等教育不是影响家庭捐赠的关键因素。从数值来看，接受过高等教育的样本组的回归系数绝对值均更大，说明户主接受过高等教育的家庭在捐赠时，相比于户主没有接受过高等教育的家庭，受税负轻重感知和税负公平感知的影响都更大。其原因可能是，接受过高等教育的人，对税收负担和税负公平的认知程度更高，从而在税负感知上更敏感和精确；即使是相同的税负轻重感知，接受过高等教育的人会更清楚这种税负程度代表的意义，从而做出更符合当前税负程度的行为，如是否捐赠以及捐赠多少。

表 8-11　以是否接受过高等教育为依据分组回归

变量	接受过	未接受过	接受过	未接受过
税负轻重感知	-1.827 0*** (0.080 4)	-1.666 7*** (0.066 3)	—	—
税负公平感知	—	—	1.611 4*** (0.105 6)	1.563 9*** (0.087 7)
个人特征变量	控制	控制	控制	控制
家庭特征变量	控制	控制	控制	控制
地区特征变量	控制	控制	控制	控制
F 值	56.66	84.56	26.91	47.84
adj R²	0.496 3	0.561 7	0.314 4	0.418 1
样本量	566	653	566	653

注：*、**、*** 分别表示在 10%、5% 和 1% 的水平上显著，括号内为稳健标准误。

表 8-12 结果显示，无论户籍类型是否是农村，解释变量的回归系数都在 1% 的水平上显著，说明户籍类型不是影响家庭捐赠的关键因素。从数值来看，非农户口样本组的税负轻重感知对家庭捐赠的回归系数绝对值更大，而税负公平感知对家庭捐赠的回归系数绝对值更小，说明户主为非农户口的家庭在捐赠时，相较于户主为农村户口的家庭，受税负轻重感知的影响更大，而受税负公平感知的影响更小。本章认为原因可能是，户主为非农户口的家庭更加理性客观，税负轻重感知是把实际的税收负担进行主观化，本质上来说仍然是衡量客观情况的指标，因此，非农户口家庭会更多地根据自己感知到的税负程度来考虑捐赠；而对于户主是农村户口的家庭，农村的社会关系网络会更加紧密、更具依赖性，对于税负公平感知这种具有对比性质的指标，农村家庭会更敏感，即受税负公平感知的影响会更大。

表 8-12　以户籍类型为依据分组回归

变量	非农户籍	农村户籍	非农户籍	农村户籍
税负轻重感知	-1.820 9*** (0.062 5)	-1.567 9*** (0.089 4)	—	—
税负公平感知	—	—	1.602 9*** (0.085 7)	1.612 1*** (0.109 8)

表8-12(续)

变量	非农户籍	农村户籍	非农户籍	农村户籍
个人特征变量	控制	控制	控制	控制
家庭特征变量	控制	控制	控制	控制
地区特征变量	控制	控制	控制	控制
F 值	99.54	42.79	45.12	31.96
adj R2	0.544 3	0.516 0	0.348 5	0.441 3
样本量	826	393	826	393

注: *、**、*** 分别表示在 10%、5% 和 1% 的水平上显著,括号内为稳健标准误。

8.5.4 中介效应检验

本章借助中介效应模型,选取社会信任水平(trust)和生活幸福感(happiness)作为中介变量,进一步分析税负感知对慈善捐赠是否存在影响机制。关于社会信任水平,本章选取调查数据中个人对于陌生人的信任水平来衡量,具体为"您对不认识的人信任度如何?",涉及的五个选项为"非常不信任""不太信任""一般信任""比较信任""非常信任",对应的数值分别为1~5,即社会信任水平数值越大,代表其对于陌生人的社会信任度越高。关于生活幸福感(happiness),本章选取调查数据中个人的生活幸福水平来衡量,具体为"总的来说,您现在觉得幸福吗?",涉及的四个选项为"不幸福""一般幸福""幸福""非常幸福",对应的数值分别为1~4,即happiness数值越大,则代表其认为自己的生活越幸福。本章借鉴 Baron 和 Kenny(1986)的研究构建中介效应检验模型如下:

$$
\begin{cases}
donation_i = \alpha_0 + \dfrac{\alpha_1\, taxburden_i}{taxequity_i} + \alpha_2\, X_i + \varepsilon_{1i} \\[2mm]
\dfrac{trust_i}{happiness_i} = \beta_0 + \dfrac{\beta_1\, taxburden_i}{taxequity_i} + \beta_2\, X_i + \varepsilon_{2i} \\[2mm]
donation_i = \lambda_0 + \dfrac{\lambda_1\, taxburden_i}{taxequity_i} + \dfrac{\lambda_2\, trust_i}{happiness_i} + \lambda_3\, X_i + \varepsilon_{3i}
\end{cases}
\tag{8-2}
$$

其中,α_1 表示税负感知对家庭捐赠的总效应,λ_1 表示税负感知对家庭捐赠的直接效应,$\beta_1 \times \lambda_2$ 表示通过社会信任水平或生活幸福感传导的中介效应。

同时,参考温忠麟等(2004)的研究来检验变量之间是否存在中介效应。具体方法为：第一步，检验回归系数 α_1 ，若没有通过显著性检验，则结束，通过显著性检验则进入下一步；第二步，依次检验回归系数 β_1 和 λ_2 ，若两者同时通过显著性检验则进入下一步，否则对其进行 Sobel 检验；第三步，检验回归系数 λ_1 ，通过显著性检验，说明中介变量具有部分中介效应，不通过，说明中介变量具有完全中介效应。

Sobel 检验的检验统计量为

$$z = \hat{\beta_1} \times \frac{\hat{\lambda_2}}{se} \tag{8-3}$$

其中，$\hat{\beta_1}$ 和 $\hat{\lambda_2}$ 分别是中介效应模型中 β_1 和 λ_2 的估计值，se 为 $\hat{\beta_1} \times \hat{\lambda_2}$ 的标准误，计算公式为 $se = \sqrt{\hat{\beta_1}^2 se_{\beta_1}^2 + \hat{\lambda_2}^2 se_{\lambda_2}^2}$ ，se_{β_1} 和 se_{β_1} 分别是 $\hat{\beta_1}$ 和 $\hat{\lambda_2}$ 的标准误。如果中介效应检验进入到 Sobel 检验这一步，测算出的检验统计量 z 满足显著性要求，则存在中介效应，不显著则不存在中介效应。

接下来，本章将分别以社会信任水平和生活幸福感作为中介变量进行检验。需要说明的是，在前文的基本回归结果中已经验证了税负轻重感知和税负公平感知对家庭捐赠的总效应，α_1 在1%的水平上显著，因此，后面只展示中介效应检验模型中第二个和第三个方程的回归结果。

8.5.4.1 社会信任水平

表8-13、表8-14是分别以税负轻重感知和税负公平感知为解释变量、以社会信任水平为中介变量进行检验的实证结果。其中，表8-13与表8-14的第2列、第4列、第6列均以社会信任水平为解释变量，对应中介效应模型中的第二个方程；第3列、第5列、第7列均以捐赠额度为解释变量，对应中介效应模型的第三个方程。从模型1至模型3的结果来看，税负轻重感知、税负公平感知以及社会信任水平的系数均通过了显著性检验，在1%的水平上显著，意味着社会信任水平在税负轻重感知对家庭捐赠、税负公平感知对家庭捐赠的影响中均起到了部分中介效应，即社会信任水平在税负感知对家庭捐赠的影响中具有部分中介效应。

从表8-13的检验结果第5列的数值来看，税负轻重感知的系数为-0.080 8，由于税负轻重感知的数值越大代表税负感知越重，因此税负轻重感知对社会信任水平具有消极的影响。表8-14中第5列的数值，税负公平感知的系数为0.082 2，由于税负公平感知的数值越大代表税负感知越公平，因此税负公平感知对社会信任水平具有积极的影响。

从检验结果第6列来看，表8-13和表8-14中，社会信任水平对家庭捐赠的回归系数显著为正，由于社会信任水平的数值越大代表越相信陌生人，因此，检验结果表明社会信任水平会促进家庭捐赠。此外，对比基本回归结果中的回归系数，表8-13和表8-14中，税负轻重感知和税负公平感知对家庭捐赠的回归系数绝对值均有所下降，说明社会信任水平的中介效应会削弱税负轻重感知和税负公平感知对家庭捐赠的影响程度。

表8-13　基于社会信任水平的中介效应检验结果1

变量	模型1		模型2		模型3	
	社会信任水平	捐赠额度	社会信任水平	捐赠额度	社会信任水平	捐赠额度
税负轻重感知	−0.092 8*** (0.019 5)	−1.760 0*** (0.050 7)	−0.077 1*** (0.019 7)	−1.722 8*** (0.050 9)	−0.080 8*** (0.019 8)	−1.721 7*** (0.051 2)
社会信任水平	—	0.283 7*** (0.074 1)	—	0.223 1*** (0.073 7)	—	0.224 7*** (0.073 8)
个人特征变量	控制	控制	控制	控制	控制	控制
家庭特征变量	—	—	控制	控制	控制	控制
地区特征变量	—	—	—	—	控制	控制
F值	25.33	229.02	19.28	162.07	15.74	132.76
adj R^2	0.090 8	0.529 0	0.107 2	0.543 4	0.108	0.543 4
样本量	1 219	1 219	1 219	1 219	1 219	1 219

注：*、**、***分别表示在10%、5%和1%的水平上显著，括号内为稳健标准误。

表8-14　基于社会信任水平的中介效应检验结果2

变量	模型1		模型2		模型3	
	社会信任水平	捐赠额度	社会信任水平	捐赠额度	社会信任水平	捐赠额度
税负公平感知	0.091 0*** (0.022 6)	1.626 3*** (0.068 1)	0.077 9*** (0.022 6)	1.576 3*** (0.067 2)	0.082 2*** (0.022 7)	1.568 4*** (0.067 7)
社会信任水平	—	0.395 9*** (0.086 1)	—	0.304 5*** (0.085 2)	—	0.308 7*** (0.085 3)
个人特征变量	控制	控制	控制	控制	控制	控制
家庭特征变量	—	—	控制	控制	控制	控制
地区特征变量	—	—	—	—	控制	控制
F值	23.93	116.01	18.81	87.12	15.35	71.33

表8-14(续)

变量	模型1		模型2		模型3	
	社会信任水平	捐赠额度	社会信任水平	捐赠额度	社会信任水平	捐赠额度
adj R²	0.086 0	0.361 7	0.104 7	0.388 9	0.105 4	0.388 5
样本量	1 219	1 219	1 219	1 219	1 219	1 219

注：*、**、*** 分别表示在10%、5%和1%的水平上显著，括号内为稳健标准误。

8.5.4.2 生活幸福感

表8-15、8-16是分别以税负轻重感知和税负公平感知为解释变量、以生活幸福感为中介变量进行检验的实证结果。其中，表8-15与表8-16的第2列、第4列、第6列均以生活幸福感为解释变量，对应中介效应模型中的第二个方程；第3列、第5列、第7列均以捐赠额度为解释变量，对应中介效应模型的第三个方程。

根据表8-15，从模型1至模型3的结果来看，税负轻重感知对生活幸福感的回归系数β_1通过了显著性检验，但是生活幸福感对家庭捐赠的回归系数λ_2没有通过显著性检验，进入 Sobel 检验。在对三个模型的回归系数进行 Sobel 检验过程中，测算出税负轻重感知统计量z的绝对值分别为1.290 1、1.232 9、1.251 4，均大于显著性水平为5%时的临界值0.97[①]，表明在税负轻重感知对家庭捐赠的影响中，也存在以生活幸福感为中介变量的中介效应。

表8-15 基于生活幸福感的中介效应检验结果1

变量	模型1		模型2		模型3	
	生活幸福感	捐赠额度	生活幸福感	捐赠额度	生活幸福感	捐赠额度
税负轻重感知	-0.148 6 *** (0.018 1)	-1.770 7 *** (0.051 9)	-0.144 9 *** (0.018 5)	-1.725 7 *** (0.052 0)	-0.146 7 *** (0.018 6)	-1.725 1 *** (0.052 3)
生活幸福感	—	0.104 9 (0.080 3)		0.098 5 (0.078 9)	—	0.100 0 (0.078 9)
个人特征变量	控制	控制	控制	控制	控制	控制
家庭特征变量	—	—	控制	控制	控制	控制
地区特征变量	—	—	—	—	控制	控制

① 根据 Sobel（1982）提供的临界表值｜Z｜>0.97，表示在5%的水平上显著。

表8-15(续)

变量	模型1		模型2		模型3	
	生活幸福感	捐赠额度	生活幸福感	捐赠额度	生活幸福感	捐赠额度
F值	14.76	224.47	9.37	160.23	7.58	131.24
adj R2	0.053 5	0.524 0	0.052 1	0.540 6	0.051 2	0.540 5
样本量	1 219	1 219	1 219	1 219	1 219	1 219
sobel检验	−1.290 1		−1.232 9		−1.251 4	

注:*、**、***分别表示在10%、5%和1%的水平上显著,括号内为稳健标准误。

根据表8-16,从模型1至模型3的结果来看,税负公平感知和生活幸福感的系数均通过了显著性检验,在5%的水平上显著,意味着生活幸福感在税负公平感知对家庭捐赠的影响中起到了部分中介效应。从模型3数值来看,检验结果第5列显示,税负公平感知的系数为0.181 3,由于税负公平感知的数值越大代表税负分担越公平,因此税负公平感知对社会信任水平具有积极的影响;检验结果第6列显示,生活幸福感对家庭捐赠的回归系数显著为正,由于生活幸福感的数值越大代表生活越幸福,因此生活幸福感会促进家庭捐赠。综上分析,生活幸福感在税负感知对家庭捐赠的影响中具有部分中介效应。

此外,与社会信任水平相比,税负公平感知对生活幸福感的回归系数更大,说明税负公平感知对生活幸福感的积极影响大于社会信任水平;而在中介效应检验第三个方程的结果中,在税负公平感知对家庭捐赠的影响相似的情况下,生活幸福感对家庭捐赠的回归系数为0.182 6,小于社会信任水平对家庭捐赠的回归系数0.308 7,说明社会信任水平对家庭捐赠的积极影响大于生活幸福感。

表8-16 基于生活幸福感的中介效应检验结果2

变量	模型1		模型2		模型3	
	生活幸福感	捐赠额度	生活幸福感	捐赠额度	生活幸福感	捐赠额度
税负公平感知	0.183 2 *** (0.020 8)	1.625 4 *** (0.070 2)	0.178 9 *** (0.021 0)	1.567 9 *** (0.069 1)	0.181 3 *** (0.021 2)	1.560 7 *** (0.069 6)
生活幸福感	—	0.201 3 ** (0.093 9)	—	0.179 7 ** (0.091 7)	—	0.182 6 ** (0.091 8)
个人特征变量	控制	控制	控制	控制	控制	控制
家庭特征变量	—	—	控制	控制	控制	控制

表8-16(续)

变量	模型1		模型2		模型3	
	生活幸福感	捐赠额度	生活幸福感	捐赠额度	生活幸福感	捐赠额度
地区特征变量	—	—	—	—	控制	控制
F 值	16.73	111.74	10.75	85.50	8.71	69.98
adj R2	0.060 7	0.353 0	0.060 2	0.384 4	0.059 6	0.383 8
样本量	1 219	1 219	1 219	1 219	1 219	1 219

注:*、**、*** 分别表示在 10%、5% 和 1% 的水平上显著,括号内为稳健标准误。

8.6 本章小结

本章利用 CHFS2017 数据库,对税负感知与家庭捐赠之间的影响效应进行实证分析,通过一系列稳健性检验、异质性分析以及中介效应检验后,得出以下结论:一是税负感知越重,家庭捐赠越少,并且在户主为党员、户主未接受过高等教育、户主为农村户口的家庭中,税负轻重感知对家庭捐赠的消极影响相对更小;二是税负感知越公平,家庭捐赠越多,并且在户主为非党员、户主接受过高等教育、户主为农村户口的家庭中,税负公平感知对家庭捐赠的积极影响相对更大;三是社会信任水平、生活幸福感在税负感知对家庭捐赠的影响中均有部分中介效应。基于以上研究结论,本章提出相关政策建议:

第一,优化税制设计,激发社会捐赠意愿。健全综合与分类相结合的个人所得税制度,一方面,对劳动所得尤其是工资薪金所得给予特别扣除,降低工薪阶层的个人所得税税负,不仅可以缩小居民之间的收入差距,也有利于鼓励更多中低收入群体参与捐赠;另一方面,完善现有的专项附加扣除,考虑不同个体、家庭的税收负担,深入推进税收公平,如对不同教育阶段、不同孩次的扣除进行区分,建立与年龄、收入、人口数量、健康状况挂钩的赡养老人扣除机制,推动课税单位逐步由个人向家庭转变等。

第二,提升纳税服务,改善税负轻重感知。首先,优化线上线下办税操作流程,通过在线下的办税大厅设立详细流程图、安排专人引导办税等来帮助特殊群体或办理特殊业务；线上完善网上办税操作系统，简化操作页面，并安排专业人士在线答疑。其次，推进信息整合与共享，尽快建成全国统一的运行平台，推动全国纳税服务"一张网"，同时，积极与民政、教育、银行等部门合作交流，在纳税人办理业务时使用相关数据自动进行预填报，简化纳税申报的环节。最后，开发特色功能的纳税服务，为纳税人进行"标签"配对、政策详细解读、通知精准推送等信息匹配，同时提供预约办税、远程帮办、发票寄递等多种个性化服务。

第三，强化征税管理，促进税负分配公平。首先，建立健全覆盖全国的纳税人、征税方信息管理中心，在确保有关信息公开透明的同时，实现多主体、多部门信息共享，便于税务部门及时掌握准确、完整、可靠、真实的纳税人收入或财产信息并进行动态监管。其次，完善现有法律法规，加大对税务工作人员违法征税、纳税人偷逃税的处罚力度，建立更加严密规范的税收监管制度，加强对社会各界特别是高收入群体的税收监管，同时畅通群众举报投诉渠道，借助社会公众来督促其依法纳税、依法征税。最后，对社会各领域主体进行宣传引导，可以通过互联网、短信等形式告知依法纳税的必要性以及偷逃税的成本与后果，增强纳税人自觉依法纳税的意识和遵从度；加大对税务工作人员的培训，明确其征税的职责、权利与义务，提高业务能力，减少不必要的失误。

第四，加大税收优惠，激励个人参与捐赠。首先，合理增加更多的税前扣除比例，相较于现有的30%和100%两档扣除比例，可以合理增加更多档次的扣除比例，给予不同捐赠情形下的个人或企业差别化的减免。其次，对不同收入群体采取差别税前扣除比例，如收入水平高的群体捐赠支出的能力更强，可以采取累进扣除比例来激励他们进行捐赠或提高捐赠金额；对收入水平相对较低的人，采取更高的扣除比例或者全额扣除，在激发其捐赠积极性的同时，也能在一定程度上调节捐赠者之间的收入分配差距。最后，适当放宽慈善组织的受赠准入标准并定期公开名单，不仅可以有效扩大捐赠范围，也能很好地宣传个人慈善捐赠税收激励政策。

第五，完善捐赠制度，强化慈善组织管理。强化慈善组织信息公开，可以从国家层面建立统一的慈善组织信息公开渠道，官方发布所有可以接受捐款的公益慈善组织名单以及慈善组织登记、备案事项，以及对慈善组织开展检查、评估、奖励、处罚的结果。同时，制定并实施专门的管理办法，在行为规范、资金使用、信息披露、违法惩戒等方面对慈善组织进行明确规定。加强对慈善组织的监督管理，可以要求基金会等明确监事会有权对慈善组织的财务信息、经营状况进行查阅和审计；此外，可以设置相应的投诉举报渠道，鼓励社会公众参与监督，倒逼慈善组织落实公益主体责任。

9 个税和转移支付的综合作用：缓解同龄人收入不均等

9.1 引言

为巩固千禧年发展计划的减贫成果，2015 年 9 月，联合国 193 个成员国的元首们一致通过了《变革我们的世界：2030 年可持续发展议程》，将努力的方向确定为"在消除贫困、排斥和不平等的斗争中不让任何人落后"。技术进步和经济全球化有助于缩小各国发展鸿沟，却也导致了全球不平等加剧，数以百万计的人被边缘化。World Bank（2018）研究显示，40 年来亚洲经济取得了巨大发展，但与"亚洲经济奇迹"相伴而行的是社会不平等的迅速加剧。如果解决不了分配不公、伪中产和未富先老等问题，亚太地区近1/4的人口极有可能重新陷入贫困。中国一直高度重视贫富差距问题，稳步推进了精准扶贫、乡村振兴、统筹城乡发展等重大战略，通过夯实诸如公共开支、个税改革、社会保障以及公共教育、公共卫生、就业培训、住房改造等一系列协调配套的制度体系，扭转了居民收入分配差距不断扩大的趋势。

然而，"内卷"和"躺平"等社会议题频频出现，年轻人在与同龄人的生存状况的比较中产生了焦虑、消极等负面情绪，既对现状不满又缺乏改变动力，说明当前社会更需要关注的或许不是绝对意义上的不均，而是在同一个年龄段上的相对不均。关于"富二代""星二代"和"拆二代"轻松"躺赢"的报道不断成为舆论焦点，就是因为其他年轻人还在努力奋斗的时候，"二代"们已经获得远高于同龄人的收入和生活水平。收入分配中存在公平的不平等和不公平的不平等，而不同年龄层带来的收入差距可以认为是合理的（Almas et al., 2011）。在此背景下，本章通过捕捉同龄人收入差距有助于揭开中国社会不平等的另一层面纱。如果消除了年龄效应的收入不平等明显降低，说明传统基尼系数高估了不平等中的合理部分，年龄因素夸大了收入分配差距；如果消除了年龄效应的收入不平等仍然处于高水平，说明同龄人收入差距过大，容易让普通人失去努力向上的动力，从而引发青年一代的"躺平"情绪。

财政工具对调节收入分配起到了重要作用，党的十九届五中全会明确提出要"完善再分配机制，加大税收、社保、转移支付等调节力度和精准性，合理调节过高收入，取缔非法收入"。Piketty（2014）将税收和转移支付视为"纯粹再分配"，即不改变市场价格体系的自由运作，通过征税和转移支付的方式来纠正由初始财富的不平等以及市场力量所引起的收入不平等现象。就中国税收和转移支付再分配体系的分析内容而言，现有文献基本聚焦于作用方向及程度，关于再分配效率的研究却很缺乏。在关于财政工具收入调节作用不强的结论学者们已达成共识的情况下，效率研究的缺失导致我们难以厘清再分配绩效不彰的原因及环节。如果再分配效率较低，表明税收—转移支付体系在再分配靶向性上"瞄准失效"，不改进精准施策方式，只加大转移性支出只会带来"大水漫灌"的效果。如果再分配效率高，那么问题就是"覆盖不足"，需要调整财政支出结构，增加福利支出，扩大财政政策设计的覆盖人群。因此，要想有的放矢地推动财政分配机制持续改善，有必要研究中国税收和转移支付的收入再分配效率。

基于以上问题，本章在标准财政归宿分析框架下，基于2016年中国家庭追踪调查数据，采用传统基尼系数和基于年龄调整的基尼系数分别测算了居民整体收入不平等与同龄人收入不平等，利用匿名和非匿名评价指标测算了个税、社保缴费及转移支付的收入再分配效应，并通过支出效率和配置效率指标分别评估了个税和转移支付的再分配效率。本章可能的边际贡献在于以下三个方面：第一，构造了一种基于年龄调整的基尼系数，应用于考察中国的同龄人收入不平等，丰富和完善了不平等、收入再分配等领域的研究文献；第二，将财政再分配效应及效率纳入统一分析框架，使用服从匿名原理的 RE 指标、反事实分解和流动剖面、流动矩阵等非匿名评价方法测度了个税—转移支付体系的垂直效应、再排序效应以及收入变动轨迹，并模拟最优分配方式测算个税和转移支付的支出效率与配置效率；第三，对比分析了新旧个税的再分配效应及效率，为税收再分配机制优化提供了微观证据。

9.2　文献回顾

近年来，我国政府坚持和完善民生保障制度，着力健全基本公共服务制度体系，力图通过以税收、社会保障、转移支付等为主要手段的再分配调节机制，使改革发展成果更多、更公平地惠及全体人民。在实证研究方面，虽然关于不平等测度、财政再分配效应的研究已受到学者重视，但直接关注再分配效率的研究并不多见。

9.2.1　收入不平等的年龄效应

收入不平等中年龄效应的研究主要沿着两条路线发展。Paglin（1975）最先试图量化人口年龄结构对收入不平等的影响，认为个体年龄增长带来的劳动者收入能力提高可能夸大收入不平等程度，由此提出了 Paglin 基尼系数（PG 指数）以消除年龄效应。Mookherjee 和 Shorrocks（1982）基于英国居民收入调查数据的研究同样发现，剔除年龄因素后收入不平等程度有所下降。也有研究指出，年龄效应对收入不平等的影响具有不确定性，甚至可能加剧不平等程度。年龄对不平等的作用方向取决于社会人口特征（Davies & Shorrocks，2000）。Pudney（1993）基于非参数方法研究发现，年龄因素对中国居民的收入与财富不平等几乎没有影响。而 Almas 等（2011）发现年龄因素对挪威收入不平等的贡献率在 30% 以上。

另一条研究路线源于 Deaton 和 Paxson（1994），他们基于生命周期假说，提出收入会随着年龄增长呈现倒 U 形变化，年龄组内收入不平等的提高来自人口结构的老龄化。Ohtake 和 Saito（1998）拓展了人口年龄结构变化影响收入不平等的研究方法，引入方差分解思想估计出人口效应和年龄效应。由此，学者们把不同年龄间个体收入差异与人口老龄化结合起来，将这种年龄效应命名为老龄化效应（Storesletten et al.，2004）。在针对中国的研究中，在宏观层面，董志强等（2012）、王笛旭等（2017）基于省级面板数据，发现人口老龄化加剧了收入不平等；在微观层面，曲兆鹏和赵忠（2008）以及刘华（2014）利用方差分解和回归分解方法，将农村收入不平等分解为出生组间不平等、出生组内不平等和老龄化效应。郭继强等（2014）基于中国城镇住户调查数据，利用改进后的 O-S 分解方法研究了城镇居民人口老龄化对收入不平等的影响。

9.2.2 财政再分配理论与效应测度

现代财政职能理论指出，政府财政具有三项职能，分别是资源配置、经济稳定与收入再分配（Musgrave & Musgrave，1976）。Kakwani（1986）认为政府对收入分配的影响可以分为直接影响和间接影响，直接影响是通过直接税、间接税和转移支付政策调节居民收入，间接影响是通过最低工资制度、财政贴息政策干预商品和服务价格。个税、社保缴费以及转移支付是财政调节收入分配的主要工具（Fuest et al.，2010），累进性较强的个税和转移支付具有减少不平等和增进社会福利的效果（Pigou，1947），但实际再分配效应取决于各个项目的规模与结构（Joumard et al.，2012）。

目前，由政府、国际组织或者学界开展的财政再分配效应测算已经相当普遍。杜兰大学的 CEQ 项目考察了巴西、智利、哥伦比亚、印度尼西亚、墨西哥、秘鲁6个美洲发展中国家（Lustig，2016）和美国（Higgins et al.，2016）的财政再分配效应，智利、哥伦比亚、印度尼西亚、墨西哥的财政政策均有改善收入不平等问题的作用，但巴西和秘鲁的财政再分配手段增加了贫困。Piketty 等（2018）发现自20世纪60年代以来，美国中等收入群体的平均税率一直保持在30%，转移支付对中等收入群体的收入增长效应持续增加。

随着中国家庭调查追踪数据可用性的增强，国内也涌现出许多该领域的研究成果。关于单一财政工具再分配效应的测算，有学者研究了税收（聂海峰和刘怡，2010；岳希明 等，2014）、转移支付（卢盛峰 等，2018）、社会保障（张川川 等，2015）的收入分配效应。对财政再分配效应的综合测算，解垩（2018）基于2013年中国健康与养老追踪调查（China health and retirement longitudinal study，CHARLS）数据分析了个税和转移支付对再分配的贡献，发现90%以上的再分配效应通过公共转移支付实现，而税收和社保缴费的作用不到10%。汪昊和娄峰（2017）通过构建可计算一般均衡模型测算了包括税收、社会保障和转移支付在内的财政再分配效应，发现其整体上起到了逆向调节作用。卢洪友和杜亦譞（2019）进一步将公共服务纳入测算范围，发现财政体系整体使全国基尼系数下降了4.06%。

9.2.3　关于财政再分配效率的研究

从效率的角度评估财政再分配的文献较少，Enami（2017）首次采用"最优标准"思想构建了两种效率指标，测算了伊朗财政体系在减少收入不平等方面的效率。苏春红和解垩（2015）借鉴 Beckerman（1979）基于"有效资金"的思想构建了贫困效率指数，计算了中国农村转移支付的减贫效率，发现随着贫困线标准的提高，政府转移支付的减贫效率指数逐步下降。徐静等（2018）结合基尼系数路径曲线和最小基尼系数曲线，考察了中国社会保障支出的再分配效率，发现社会保障支出在缩小收入差距方面效率较低。

由此可见，目前我们尚未在公开文献上看到关于剔除年龄因素的不平等测算以及个税和转移支付再分配效率评估的研究，本章拟基于年龄调整的基尼系数测算收入不平等，利用匿名和非匿名指标评估再分配效应，并采用支出效率与配置效率两种指标测度再分配效率。

9.3　模型与测度方法

9.3.1　不平等与再分配匿名指标

再分配效应（redistribution effect，RE）是衡量税收-转移支付体系再分配力度最常用的方法（Urban，2009），本章借鉴卢洪友和杜亦謜（2019）的做法，采用反事实分解法测算个税、转移支付等财政工具的边际再分配效应，财政工具的边际再分配效应通常用财政再分配前后收入基尼系数之差表示。为了解财政工具引起基尼系数变化的原因，本章采用APK 分解法（Atkinson，1979；Plotnick，1981；Kakwani，1984）将再分配效应分解为垂直效应与再排序效应之差：

$$RE = G_x - G_y = V^K - R^{AP} \tag{9-1}$$

其中，G_x、G_y 分别表示财政再分配前、后收入的基尼系数。RE 的绝对值越大，财政调节收入分配的作用越大。若财政再分配对收入分配起正向调节作用，则 RE 为正，反之亦然。V^K 为实现垂直公平原则的垂直效应，R^{AP} 为衡量水平不平等的再排序效应，垂直公平原则是指经济能力不同的人应当缴纳（获得）数额不同的税收（转移支付），水平公平原则是指政府干预不应逆转个人在福利分配中的排名。因此，垂直效应可以理解为在没有再排序的情况下达到的最大再分配效应，垂直效应和再排序效应的计算公式如下：

$$V^K = \frac{t}{1-t}K = \frac{t}{1-t}(D_T^x - G_x) \tag{9-2}$$

$$R^{AP} = G_y - D_y^x \tag{9-3}$$

其中，t 为税收（转移支付）总额与干预前收入总额之比，K 代表 Kakwani 累进性指数，等于税收（转移支付）以干预前收入排序的集中系数 D_T^x 与干预前收入基尼系数 G_x 之差，D_y^x 为干预后收入以干预前收入排序的集中系数。

9.3.2　基于年龄调整的基尼系数

传统基尼系数通过某一时点或较短时间内收集的样本数据测算收入差距，并没有考虑个体特征的年龄差异，而是将不同年龄的个体按照相同的权重在同一个截面进行收入不平等测度，忽视了不平等中年龄效应的合理部分。Wertz（1979）对 Paglin（1975）提出的 PG 指数进行改进，构造了消除年龄效应的 WG 指数（Wertz-Gini）：

$$WG = \frac{1}{2N^2\mu}\sum_i\sum_j |(w_i - \mu_i) - (w_j - \mu_j)| \tag{9-4}$$

其中，μ_i 与 μ_j 分别表示个体 i 和 j 所属年龄组的全部个体的平均收入。当 $\mu_i = \mu_j$ 时，基尼系数与 WG 指数相等，基尼系数可以视为将所有个体划分为同一个年龄组。Angrist 和 Pischke（2009）认为 WG 指数存在缺陷，在消除年龄效应时也将教育、健康、婚姻等既与年龄相关也会影响收入的因素排除。因此，Almas 和 Mogstad（2012）提出了一种新的基于年龄调整的基尼系数测度方法，即 AG（Age-adjusted Gini）指数，将年龄因素与受年龄影响的其他因素分离，得到消除了净年龄效应的基尼系数。

AG 指数计算方法可以分为三个步骤：第一，设定 AG 指数一般化计算公式及理论条件；第二，建立收入决定方程，通过回归方法在控制个体收入相关影响因素的条件下分离出净年龄效应；第三，通过各年龄组的均等收入计算出 AG 指数。假设样本量为 N，个体收入特征用 $(w_i, \widetilde{w_i})$ 识别，其中 w_i 仍为个体实际收入，$\widetilde{w_i}$ 为个体 i 所属年龄组的均等收入。$\widetilde{w_i}$ 由年龄的收入方程决定，与其他因素不相关，同一年龄组的每位个体具有相同的均等收入。整个样本的收入分布 Y 可以表示为 $[(w_1, \widetilde{w_1}), (w_2, \widetilde{w_2}), \cdots, (w_n, \widetilde{w_n})]$，在标准福利主义假设下，Y 满足社会福利函数的比例不变性、匿名性、不平等性和庇古—达尔顿转移原则。采用 AG 指数测算 Y 的不平等，计算公式为：

$$AG = \frac{1}{2N^2\mu} \sum_i \sum_j |(w_i - \widetilde{w_i}) - (w_j - \widetilde{w_j})| \qquad (9\text{-}5)$$

比较 AG 指数与 WG 指数，我们发现，如果其他收入影响因素与年龄不相关，那么各年龄组的均等收入 $\widetilde{w_i}$ 与平均收入 μ_i 一致，只要采取同样的年龄分组方法，AG 指数与 WG 指数相等。换言之，假设不存在年龄效应，均等收入与样本的平均收入相等，则 AG 指数等于基尼系数。为了计算 $\widetilde{w_i}$，我们建立收入决定模型，设定个体 i 的收入由所在年龄组以及个体相关特征变量 X_i 决定：

$$w_i = f(a_i) h(X_i) \qquad (9\text{-}6)$$

函数 f 取决于年龄的收入增长模型，在退休年龄前，f 为递增函数，越过退休年龄后，f 为递减函数。考虑到函数 f 在理论上并无统一的具体形式，这里对公式（9-6）取对数并进行简化：

$$\ln w_i = \ln f(a_i) + \ln h(X_i) = \delta_i + X_i'B \qquad (9\text{-}7)$$

其中，δ_i 表示个体 i 所属年龄组相较于其他年龄组的收入百分比差异，也就是净年龄效应。公式（9-7）的关键并非解释所有可能因素对收入的影响，而是估计年龄的收入效应，需要尽可能将既影响收入又受年龄影响的控制变量纳入模型。净年龄效应需要消除年龄对收入的影响，同时也要保留其他因素的收入不平等效应，需满足 Bossert（1995）和 Konow（1996）提出的一般比例原则，即同一年龄组的个体具有相同的均等收入。接下来，定义均等收入 $\widetilde{w_i}$ 为个体 i 的年龄和样本中所有个体收入影响因素的函数，计算公式为：

$$\widetilde{w_i} = \frac{\mu N \sum_j f(a_i) h(X_j)}{\sum_k \sum_j f(a_k) h(X_j)} = \frac{\mu N e^{\delta_i}}{\sum_k e^{\delta_k}} \qquad (9\text{-}8)$$

其中，e^{δ_k} 表示消除与年龄相关的因素对收入的影响后，个体 k 所属年龄组的净年龄效应。根据公式（9-8），通过计算得到 $\widetilde{w_i}$ 估计值，测算 AG 指数。比较基尼系数、WG 指数和 AG 指数的计算公式发现，AG 指数不仅克服了传统基尼系数对年龄效应的忽视，也弥补了 WG 指数无法剔除净年龄效应的缺陷，能够反映收入分配中同龄人收入不平等问题（Almas et al.，2012）。

9.3.3　财政流动非匿名指标

匿名再分配分析工具很好地度量了财政对收入不平等的整体影响，但忽略了财政再分配后个体收入的排序变动对不平等的影响，本章进一步采用财政流动剖面（fiscal profiles）和财政流动矩阵（fiscal mobility）两种非匿名方法评估财政工具的再分配效应。财政流动剖面借鉴 Van Kerm（2009）提出的收入流动剖面图形法，用于描述财政干预前收入状态与财政干预后收入变化之间的关系，直观反映财政引起的收入变动轨迹。财政流动剖面按财政分配前收入排序将居民分成不同等份，考察各等份居民在财政再分配中是净支付者还是净获得者。财政流动矩阵由 Lustig 和 Higgins（2012）提出，用来识别财政再分配过程中的受益人群和受损人群，呈现了财政工具在改善整体不平等的同时导致居民在不同收入分组间的具体流动状况。

9.3.4　再分配效率指标

再分配效率指标用以评估财政工具在减少不平等方面的有效性，其思路是衡量财政政策在特定条件下的潜在再分配效应，即财政政策改善收入不平等的最大潜力（maximum potential），进而评估政策工具对收入再分配的实际效果。最大潜力可以从两个不同的角度进行定义：从再分配效应来看，最大潜力是指在再分配资金规模不变的情况下，采用最优分配方式所达到的最大再分配效应，称为"再分配效应最大化"的最大潜力[①]；从再分配资金总额来看，最大潜力是指在再分配效应不变的情况下，采用最优分配方式所需的最小再分配资金规模，称为"再分配资金最小化"的最大潜力。根据以上两个定义，Fellman 等（1999）以及 Enami（2017）分别提

---

① 这里的最优分配方式是指以最大限度减少收入不平等的方式来运用财政工具。对于税收工具来说，需要先对最富有者征税，使其税后收入等于第二富有者的税前收入，然后继续对这两个人征税，使他们的税后收入等于第三富有者的税前收入，依此类推，直到筹集到的税收等于实际税收。对于转移支付工具来说，程序是类似的，从最贫穷者开始分配转移支付，使其收入等于第二贫穷者的转移前收入；然后继续对这两个人进行转移，使他们的收入等于第三贫穷者的转移前收入，依此类推，直到分配的转移支付等于实际转移支付。

出了配置效率（impact effectiveness）和支出效率（spending effectiveness），
公式如下：

$$ImpactEffectiveness = \frac{RE}{RE^*} \qquad (9-9)$$

其中，RE 是指实际再分配效应，RE^* 是指再分配资金规模不变的潜在最大再分配效应，配置效率指标 IE 则定义为实际再分配效应与潜在最大再分配效应之比。

$$SpendingEffectiveness = \frac{T^*(B^*)}{T(B)} \qquad (9-10)$$

其中，$T^*(B^*)$ 是再分配效应不变的潜在最小税收（转移支付）资金规模，$T(B)$ 是指实际税收（转移支付）资金规模，支出效率指标则定义为潜在最小财政资金规模与实际财政资金规模之比。

9.4　数据说明

9.4.1　数据来源及处理

本章使用 2016 年 CFPS 数据，该数据库由北京大学中国社会科学调查中心（ISSS）采用多阶段分层 PPS 抽样创建，样本覆盖中国 31 个省（自治区、直辖市）的 847 个区县、2 900 个村居、约 1.4 万户家庭中的 4.5 万人。2016 年 CFPS 问卷内容包括个人基本信息、家庭结构、收入和资产、成员受教育情况、所获转移支付和社会保险缴费等信息，本章能够较为精准地识别和计算家庭个税负担额、基本社会保险缴费额和转移支付获得额，从而较准确地测算个税和转移支付体系的再分配状况。相关变量说明如下。

9.4.1.1　家户市场收入

家户市场收入包括工资性收入（主要工作、实习和兼职工资，养老金）、经营性收入（农林牧渔业和商业收入）、财产性收入（住房、土地、其他资产出租收入）和转移性收入（私人性经济支持和社会捐赠）。家户最终收入为家户市场收入减去社保缴费和 2016 年个税（或模拟的 2019 年个税），再加上政府性转移支付收入。

9.4.1.2　家户成员人口特征

家户成员人口特征包括家户规模、家庭结构、户主基本情况，具体包括家庭总人数、家庭成年人数、家庭未成年人数、居住地区、户主年龄、性别、户口类型、健康状况、社会地位、受教育程度、婚姻状态和工作情况等。

9.4.1.3　家户等值人口规模

为了避免人口规模及结构差异造成的家户收入不可比的问题，本章的再分配指标均基于家户等值人口规模计算的人均收入构建。本章选取了现有文献中常见的 4 种度量方式对家户等值人口规模进行计算，基准分析采用 Piketty 等值规模，敏感性分析分别采用 EU 等值规模、OECD 等值规模和 KL 等值规模①。

9.4.1.4　空间价格指数

考虑到中国不同区域的经济社会发展水平存在差异，本章对所有收入和财政受益或受损变量进行地区间空间价格指数调整。本章使用陈梦根和胡雪梅（2019）利用改进的 CPD-EKS 两步法测算的 2016 年四大区域购买力平价（PPP）指数，该指数同时考虑了价格空间相关性和价格结构空间差异性，具有科学性和稳健性。

9.4.2　个税和转移支付体系的归宿识别

9.4.2.1　个税

2016 年个税采用分类征收制，应税收入包括工资薪金所得、劳务报酬所得、个体工商户生产经营所得、财产租赁所得。根据 2016 年 CFPS 问卷，首先识别出工资税后收入，外出打工、兼职或实习税后收入，个体或企业经营净利润以及财产租赁收入，然后按照 2016 年税法规定计算个税和税前收入。

第一，工资薪金所得税。根据相关问卷问题识别出年税后工资，同时用第一份兼职年税后收入或者外出打工年税后收入补全未汇报工资的情

---

① Piketty 等值规模的计算公式为 $m = n_a$，EU 等值规模的计算公式为 $m = 1 + 0.5(n_a - 1) + 0.3n_c$，OECD 等值规模的计算公式为 $m = 1 + 0.7(n_a - 1) + 0.5n_c$，KL 等值规模计算公式为 $m = n_a + 0.2n_{c1} + 0.4n_{c2} + 0.7n_{c3} + 0.1n_w$。其中，$m$ 为等值成年人数，n_a 为成年人数，n_c 为小孩人数，n_{c1}、n_{c2}、n_{c3} 分别表示年龄为 0~5 岁、6~14 岁、15~17 岁小孩人数，n_w 为在工作的成年人数。

形。假定月工资收入是年工资收入按 12 个月计算的平均值（岳希明 等，2012），将月工资收入扣除 3 500 元免征额得到月应纳税所得额（不含税），然后依据 2016 年工资薪金所得税七级累进税率表中的不含税级距、税率和速算扣除数，按照公式"税前收入 =（税后收入 − 3 500 × 适用税率 − 速算扣除数）/（1 − 适用税率）"计算全年税前工资和工资薪金所得税[①]。

第二，劳务报酬所得税。劳务报酬所得的个人所得税和税前收入的推算较为复杂，因为其应纳税所得额的计算与工资薪金所得统一扣除 3 500 元不同，劳务报酬所得的应纳税所得额的计算规则是当每次收入额不超过 4 000 元时，每次应纳税所得额等于每次收入额减除费用 800 元；当每次收入额超过 4 000 元，每次应纳税所得额等于每次收入额的 80%。2016 年劳务报酬所得个人所得税税率表中的级距为应纳税所得额的级距，需换算成税后收入的级距，从而推算出劳务报酬的税前收入和个税税额[②]。具体推算过程如下：

已知税前收入 I_X，求个税 T 和税后收入 I_Y	已知税后收入 I_Y，求税前收入 I_X 和个税 T
当 $I_X \leq 4\,000$ 时，$T = (I_X - 800) \times 20\% = I_X - I_Y$	$I_X = (I_Y - 160)/0.8,\ I_Y \leq 3\,360$（$4\,000 - (4\,000 - 800) \times 0.2 = 3\,360$）
当 $4\,000 < I_X \leq 25\,000$ 时（即应纳税所得额 $0.8\,I_X \leq 20\,000$ 时），$T = 0.8\,I_X \times 20\% = I_X - I_Y$	$I = I_Y/0.84,\ 3\,360 < I_Y \leq 21\,000$（$25\,000 - 25\,000 \times 0.8 \times 0.2 = 21\,000$）
当 $25\,000 < I_X \leq 62\,500$ 时（即应纳税所得额 $0.8\,I_X \leq 50\,000$ 时），$T = 0.8\,I_X \times 30\% - 2\,000 = I_X - I_Y$	$I_X = (I_Y - 2\,000)/0.76,\ 21\,000 < I_Y \leq 49\,500$（$62\,500 - (62\,500 \times 0.8 \times 0.3 - 2\,000) = 49\,500$）
当 $I_X > 62\,500$ 时（即应纳税所得额 $0.8\,I_X > 50\,000$ 时），$T = 0.8\,I_X \times 40\% - 7\,000 = I_X - I_Y$	$I_X = (I_Y - 7\,000)/0.68,\ I_Y > 49\,500$

第三，个体工商户的生产经营所得税。2016 年《中华人民共和国税法》规定，个体工商户的生产、经营所得适用 5%~35% 的五级超额累进税

---

① 2016 年工资薪金所得个人所得税税率表详见附表 4。
② 2016 年劳务报酬所得个人所得税税率表详见附表 5。

率①。调查问卷和税法关于经营性收入的定义都使用了纯收入的概念，即总收入减去成本，住户调查中经营性所得与税法中的个体工商户的生产、经营所得基本可以对应，因此本章采用问卷中的经营净利润减去 42 000 元/年的费用扣除标准后的余额作为个体工商户的生产、经营所得应纳税所得额，按照税法规则推算税前收入和个人所得税。

第四，财产租赁所得税。2016 年《中华人民共和国税法》规定，财产租赁所得一般以个人每次取得的收入，定额或定率减除规定费用后的余额为应纳税所得额。每次收入不超过 4 000 元，定额扣除费用 800 元；每次收入超过 4 000 元以上，定率减除 20% 的费用。财产租赁所得以 1 个月内取得的收入为一次。在确定财产租赁所得的应纳税所得额时，纳税人在出租财产过程中缴纳的税金和教育费附加，可持完税凭证从其财产租赁收入中扣除。另外，还准予扣除能够提供有效、准确凭证，证明由纳税人负担的该出租财产实际开支的修缮费用，该修缮费用以每次 800 元为限。一次扣除不完的，准予下一次继续扣除，直到扣完为止。CFPS2016 调查了出租房屋的租金收入、出租土地的收入以及出租其他资产收入的信息，由于调查数据无财产租赁过程中缴纳的税费和实际开支的修缮费用等相关信息，同时考虑到修缮费用为一次性或偶然性开支，如果每个月均扣除修缮费用，可能会低估居民缴纳的税费，因此本章暂不考虑财产租赁过程中缴纳的税费和修缮费用，按照税法规则推算个人所得税，其中房租收入按 10% 的优惠税率计算，其他按 20% 税率计算。

2018 年 8 月修订的《中华人民共和国个人所得税法》建立了综合与分类相结合的个税制度，对部分劳动所得实行综合征税，提高了综合所得基本减除费用标准，设立了专项附加扣除项目。结合 2019 年新税法规定，2016 年 CFPS 中应税收入的主要变化在于工资薪金所得与劳务报酬所得合并为综合所得，并按年收入额减除费用 6 万元以及社保缴费等专项扣除、6 项专项附加扣除和依法确定的其他扣除后的余额作为应纳税所得额。根据数据库中的家庭人口特征、资产、医疗支出和工作、婚姻、受教育等情况，识别出子女教育、继续教育、房贷利息、房屋租金、大病医疗和赡养老人专项扣除项目的扣除资格和数额。假定 2016 年旧税法推算出的税前收入不变，情景模拟 2019 年新税法下的个税。

---

① 2016 年个体工商户生产经营所得税率表详见附表 6。

9.4.2.2　基本社会保障缴费

社会保险制度主要包括基本养老保险、基本医疗保险、失业保险、工伤保险和生育保险等。其中，基本养老保险、基本医疗保险和失业保险由用人单位和职工共同缴纳，工伤保险和生育保险由用人单位缴纳。2016年社会保险由职工个人以当地上一年度在职人员月平均工资的 60%~300% 为基数按比例缴纳。另外，住房公积金是一种长期性的带有强制储蓄计划的社会保障制度，其缴费额度按职工本人上一年度月平均工资的一定比例计算。2016年 CFPS 统计了个人每月5项社会保险的缴费总额和公积金缴纳数额。

9.4.2.3　转移支付

2016年 CFPS 直接调查了家庭获得的政府补助总额，包括低保、退耕还林补助、农业补助（包括粮食直补、农机补助等）、五保户补助、特困户补助、工伤人员供养直系亲属抚恤金、救济金、赈灾款等。

9.5　个税和转移支付的再分配效应及效率测算结果

9.5.1　年龄分组与家庭收入

考虑到个体在不同阶段的财富积累和收入获得存在年龄效应，不同年龄段群体的收入不具有可比性（龚锋 等，2017），本章以基于年龄调整的基尼系数测算同龄收入差距，较好地估计了合意的收入不平等。第一，对收入决定方程进行估计，测度年龄分组与相应控制变量对家庭人均收入的影响，选取户主年龄、个人特征与家庭特征作为解释变量。第二，根据基于年龄调整的基尼系数的计算方法，对年龄进行分组，将同一年龄区间的个体视为同龄人。中国传统社会特别重视整十岁，习惯将每个整十岁作为新阶段的生活起点，《论语》也提到"三十而立，四十而不惑，五十而知天命，六十而耳顺，七十而从心所欲"。因此，本章按照中国传统文化习惯，以每个整数年龄作为一组，年龄分组为29岁及以下、30~39岁、40~49岁、50~59岁、60~69岁和70岁及以上。此外，Almas 和 Mogstad（2012）在运用 AG 指数时，将年龄组分为24岁及以下、25~34岁、35~44岁、45~54岁、55~64岁以及65岁及以上6个组别，本章也按此分类作为第二种年龄分组方法。

收入决定方程的估计结果显示，无论采用哪种年龄分组方法，年龄对收入的估计系数均在1%的水平显著为正，说明收入存在年龄效应。加入控制变量的结果显示，受教育程度和社会地位显著增加了收入，6岁以下小孩数量增加和健康状况变坏会造成收入下降。单身者收入显著低于非单身者；男性户主的家庭收入显著高于女性户主；城镇居民收入显著高于农村居民；东部地区居民收入显著高于中部和西部地区。与就业状态为"无业"的个体相比，"务农"显著减少了收入，而"非正式就业"和"全职就业"显著增加了收入[①]。通过对收入决定方程的估计，测算出公式（9-8）的年龄分组均等收入，为下一步测度 AG 指数奠定基础。

9.5.2　匿名评价方法测算结果

表9-1汇报了个税—转移支付体系的累进性和以传统基尼系数衡量的再分配效应。总体而言，再分配前居民收入的基尼系数为0.5193，再分配后居民收入的基尼系数为0.4936，基尼系数下降了4.95%，表明个税—转移支付体系对收入不平等起到了正向调节作用。为剔除政策顺序的影响，本章采用反事实分解得到各项财政工具的再分配效应。其中，转移支付再分配效应的边际贡献为1.65%，且具有较强的累进性；而个人税费的边际贡献率为3.46%，且累进性相对较低。与旧税制相比，各财政工具的累进性不变，总体再分配效应的边际贡献率为4.12%，下降了0.84个百分点，新个税再分配边际贡献下降了0.86个百分点，说明新个税对收入差距的正向调节作用减弱。究其原因，新个税对部分劳动所得进行综合征收，提高费用扣除标准，使得个税的缴纳门槛上升，更多的居民被排除在个税纳税人行列之外；同时，增加专项附加扣除项目，使得个税对中高收入群体的调节力度减弱，从而导致新个税对总体收入差距的调节能力下降。

进一步将再分配效应分解为垂直效应与再排序效应。从总体净受益来看，4.96%的总体再分配效应可以分解为5.31%的垂直效应和0.36%的再排序效应，意味着如果财政干预能够满足水平公平原则，即无再排序效应，总体再分配效应可增加至5.31%。在各项财政工具中，个税的垂直效应边际贡献最高（2.97%），其次是转移支付（1.79%），社保缴费最低；再排序效应边际贡献较高的为转移支付和社保缴费，个税再排序效应最

---

① AG 指数测度中的收入决定方程估计结果详见附表7。

低。相比之下，个税在调节收入分配的过程中能够更好地满足垂直和水平公平原则，而社保缴费和转移支付的再排序损失较大。这说明个人所得税税制的累进性较强，较好地满足"相同经济状况的人应该承担相同的税负"的横向公平原则和"不同经济状况的人应该承担不同的税负"的纵向公平原则。

表 9-2 汇报了基于年龄调整的基尼系数测算的再分配效应。两种年龄分组方法的测算结果基本一致，重点分析按照中国传统年龄分组方法计算的再分配效应。再分配前的总体 WG 指数为 0.510 8，再分配后的 WG 指数为 0.484 4，WG 指数下降了 5.17%；而再分配前 AG1 指数为 0.508 6，再分配后的 AG1 指数为 0.484 3，基于 AG1 指数的再分配效应为 4.78%。基于 AG 指数再次考察各财政工具的边际贡献，个人税费的边际贡献最高，AG1 再分配效应达到了 3.36%，其中个税的边际贡献为 2.89%，而转移支付为 1.56%。再分配前的 AG 指数比传统基尼系数下降 2%，年龄因素解释了这 2% 的收入不平等。虽然 AG 指数相对于 Gini 系数有所下降，但绝对值仍然较高，说明消除年龄效应后，同龄收入差距依然较大，中国的收入不平等状况仍处于一个令人担忧的水平。

表 9-1　基于传统基尼系数测算的累进性和再分配效应

财政工具	累进性			再分配效应				
	K	DL	DD	G_x	G_y	RE/%	VE/%	RR/%
个人税费	0.292 6	–	–	0.519 3	0.493 6	3.46	3.67	0.21
	(0.229 6)	(–)	(–)	(0.511 3)	(0.497 9)	(2.62)	(2.77)	(0.16)
个税	0.351 4	–	–	0.508 3	0.493 6	2.90	2.97	0.08
	(0.257 3)	(–)	(–)	(0.508 3)	(0.497 9)	(2.04)	(2.06)	(0.01)
社保缴费	0.199 9	–	–	0.497 1	0.493 6	0.70	0.84	0.14
	(0.193 0)	(–)	(–)	(0.501 2)	(0.497 9)	(0.66)	(0.81)	(0.14)
转移支付	0.714 6	+	+	0.501 9	0.493 6	1.65	1.79	0.14
	(0.718 2)	(+)	(+)	(0.506 2)	(0.497 9)	(1.64)	(1.78)	(0.14)
总体净受益	0.527 9	+	+	0.519 3	0.493 6	4.96	5.31	0.36
	(0.530 4)	(+)	(+)	(0.519 3)	(0.497 9)	(4.12)	(4.43)	(0.31)

注：DL 指占优洛伦兹，DD 指占优 45 度线，反映财政工具的累进性；G_x 指财政前基尼系数，G_y 指财政后基尼系数，RE 指再分配效应，以财政干预前后基尼系数的变动百分比表示（$RE = (G_x - G_y) / G_x$），VE 指垂直效应（$VE = V^K / G_x$），RR 指再排序效应（$RR = R^{AP} / G_x$）；括号中数据表示模拟 2019 年个人所得税制度下的财政工具累进性和再分配效应测算结果。

表 9-2　基于年龄调整的基尼系数测算的再分配效应

财政工具	WG			AG1			AG2		
	WG$_x$	WG$_y$	RE/%	AG1$_x$	AG1$_y$	RE/%	AG2$_x$	AG2$_y$	RE/%
个人税费	0.503 3	0.484 4	3.76	0.501 1	0.484 3	3.36	0.500 8	0.483 9	3.38
	(0.503 3)	(0.489 3)	(2.77)	(0.501 1)	(0.488 6)	(2.49)	(0.500 8)	(0.488 3)	(2.50)
个税	0.500 5	0.484 4	3.23	0.498 7	0.484 3	2.89	0.498 3	0.483 9	2.90
	(0.500 5)	(0.489 3)	(2.24)	(0.498 7)	(0.488 6)	(2.01)	(0.498 3)	(0.488 3)	(2.02)
社保缴费	0.487 6	0.484 4	0.66	0.487 2	0.484 3	0.60	0.486 8	0.483 9	0.60
	(0.492 4)	(0.489 3)	(0.62)	(0.491 4)	(0.488 6)	(0.56)	(0.491 0)	(0.488 3)	(0.56)
转移支付	0.492 1	0.484 4	1.57	0.492 0	0.484 3	1.56	0.491 5	0.483 9	1.55
	(0.497 1)	(0.489 3)	(1.56)	(0.496 4)	(0.488 6)	(1.56)	(0.495 9)	(0.488 3)	(1.54)
总体净受益	0.510 8	0.484 4	5.17	0.508 6	0.484 3	4.78	0.508 2	0.483 9	4.78
	(0.510 8)	(0.489 3)	(4.20)	(0.508 6)	(0.488 6)	(3.92)	(0.508 2)	(0.488 3)	(3.92)

注：WG、AG1 指按中国传统年龄分组进行计算的 Wertz 基尼系数和 Age-adjusted 基尼系数，AG2 指按文献常用年龄分组进行计算的 Age-adjusted 基尼系数；括号中数据表示模拟 2019 年个人所得税制度下根据年龄调整的基尼系数和再分配效应测算结果。

9.5.3　非匿名评价方法测算结果

为直观呈现财政工具对居民收入再分配的影响，本章采用按从小到大排列的市场收入一百等份组对财政引起的居民收入流动分布进行刻画。图 9-1 汇报了个税—转移支付体系的财政流动剖面，个税—转移支付体系总体上具有益贫性，初始市场收入越低，再分配后的收入增长率越高。具体来看，个税—转移支付体系对收入分配的调节作用较大，财政流动轨迹呈现明显的倒 S 形：全体居民收入平均增长 2.49%，底层约 50% 的人获益；前 25% 的家庭在再分配后收入增长较明显，收入增长率大于平均增长率；中间 50% 的家庭收入变动率较小，后 25% 的家庭市场收入越高，收入下降比例越大，基本符合个税—转移支付体系"增低、扩中、调高，缩小收入差距"的政策目标。

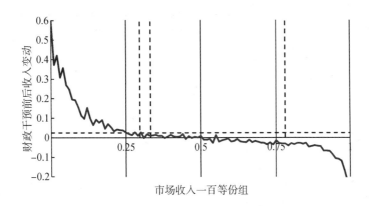

图 9-1　个税—转移支付体系的财政流动剖面

注：纵坐标表示再分配后的收入变动，即再分配前后的收入对数
值之差。横坐标表示市场收入一百等份组，横向虚线表示再分配后与
再分配前的收入对数值之差的均值，纵向虚线从左往右分别表示市场
收入中位数的 50%、60%、200% 所在收入组。

　　这里进一步采用流动矩阵方法考察个税—转移支付体系对不同群体收
入流动的影响①。如表 9-3 所示，个税—转移支付体系使得 1.02% 的低收
入人口和 0.04% 的中等偏下收入人口落入相对贫困；在相对贫困和非相对
贫困群体内部，1.10% 和 0.11% 的轻度相对贫困人口向下滑入中度和重度
相对贫困组，0.44% 的中度相对贫困人群落入重度相对贫困。与此同时，
个税—转移支付体系也让 13.39% 的轻度相对贫困人口、2.43% 的中度相对
贫困人口以及 0.98% 的重度相对贫困人口脱离贫困。比较再分配前后各收
入组的人口占比，重度相对贫困、中等偏上和高收入组人口减少，中度、
轻度相对贫困和其余非相对贫困组人口增加，表明个税—转移支付体系总
体上有利于扩大中间收入阶层，但是"降两端"的力度还有待加大。

---

　　① 依据世界银行＄1.25PPP 和＄2.5PPP 的标准以及《中国统计年鉴》2016 年全国居民人均
可支配收入分组数据均值划分收入组，人均年市场收入分组标准从低依次为 1 734 元、3 468
元、5 529 元、12 899 元、20 924 元、31 990 元和 59 260 元。

表 9-3　个税和转移支付体系的财政流动矩阵　　　单位:%

项目		再分配后							
		重度相对贫困	中度相对贫困	轻度相对贫困	低收入组	中等偏下收入组	中等收入组	中上偏上收入组	高收入组	人口占比
再分配前	重度相对贫困	80.39	15.24	3.39	0.98	—				8.65
	中度相对贫困	0.44	81.22	15.91	2.43	—				6.97
	轻度相对贫困	0.11	1.10	85.40	13.17	0.22				7.02
	低收入组	—	0.24	0.78	95.61	3.30	0.07			22.64
	中等偏下收入组	—		0.04	3.55	94.63	1.78			18.21
	中等收入组	—			0.24	6.81	92.47	0.48		16.06
	中等偏上收入组	—					8.19	91.81	—	14.49
	高收入组	—					—	16.30	83.70	5.96
	人口占比	6.99	7.11	7.58	23.51	19.09	16.38	14.35	4.99	100

注:表中最后一列和最后一行分别是再分配前后各收入组人口占比,对角线上的数字表示再分配后未流动(仍位于分配前收入分组)的人口比重,矩阵的下三角和上三角分别表示再分配以后向下流动和向上流动的人口比重。

9.5.4　个税和转移支付的再分配效率

表 9-4 汇报了个税和转移支付的再分配效率。个税和转移支付的支出效率分别为 71.27% 和 45.55%,说明如果采用最优分配方式,以目前个税收入的 72% 和转移支付总额的 46% 则可达到当前的再分配效果。从再分配效应最大化的配置效率来看,目前的个税和转移支付分别实现了其潜在再分配能力的 70.45% 和 46.84%,两种效率测度指标的计算值基本一致。在模拟 2019 年新个税的情景分析中,个税的支出效率和配置效率均减少至53% 左右。主要原因在于新个税的免征额从 3 500 元提高至 5 000 元,同时增加专项附加扣除项目,极大地减少了中等收入群体的纳税人数,同时高收入者的纳税数额也减少,从而个税对中高收入人群的瞄准范围缩小、力度减弱,累进性降低,导致个税的再分配效率下降。另外,本次税制改革主要对劳动所得进行合并和减征,而非劳动所得的个税累进性相对较低,因此与劳动所得对应的个税占比下降,也使得新个税的再分配效率降低。

表 9-4　个税和转移支付的再分配效率

财政工具		支出效率 （再分配资金最小化）/%	配置效率 （再分配效应最大化）/%
事实分析	个税（旧）	71.27	70.45
	转移支付	45.55	46.84
情景分析	个税（新）	53.79	52.49
	转移支付	45.86	46.94

注：事实分析表示 2016 年个税税制下的再分配效率情况，情景分析表示模拟的 2019 年新个税税制下的再分配效率情况。

　　综上所述，本章发现个税和转移支付的再分配效应较低，但再分配效率较高。从理论上讲，财政的再分配效应受到财政工具的资金规模、累进性、政策瞄准以及个体行为等因素的影响（都阳和 Park，2007），而中国个税—转移支付体系再分配效应小的主要原因是财政工具的资金规模较小。对于个税而言，2016 年全国个人所得税收入仅占税收总收入的 7.2%，显著低于美国、英国、日本、法国等发达国家（张斌，2019）；直接面向个人或家庭的公共转移支付规模也较小，2016 年公共转移支付中占最大比例的城乡居民社会救助支出仅占个税收入的 25%。从具体的制度设计来看，个人所得税的税收抵免、税率结构、免征额和费用扣除是影响个人所得税规模的重要因素。当前个税制度仍然具有较强的分类课征色彩（刘维彬和黄凤羽，2020），由于综合所得适用七级超额累进税率，包括工资薪金、劳务报酬、稿酬和特许权使用费等劳动所得的最高边际税率为 45%，而对于高收入人群收入占比较高的财产性所得，其最高边际税率仅为 20%，这导致中产阶级和高收入劳动者承担了较高税负。未来个税改革应更多关注劳动收入和非劳动收入的税负公平问题，积极推进分类课征向综合课征转变。

　　政策瞄准度和累进性是影响再分配效率的两大重要因素。个税的目标群体是中高收入人群，而转移支付的目标群体为相对贫困家庭，目前两类财政工具的总体瞄准度较高，累进性也较强。得益于精准扶贫战略的有效实施，在建档立卡的过程中，贫困的识别基本实现了精准到户，通过低保、特困户和五保户补助等转移支付对深度相对贫困进行全覆盖，同时辅助退耕还林补贴、农业补贴、救济金、赈灾款等增加困难家庭的收入，使得转移支付的贫困瞄准度较高。而对于个税来说，个税的制度设计具有较强的累进性，同时执行环节的代扣代缴制度也保证了个税对中高收入群体的瞄准精度。

9.5.5 敏感性分析

本章进行了三类敏感性分析①。具体介绍如下：

一是等值规模调整，分别使用 EU、OECD 和 KL 等值规模调整方法进行分析。结果显示，不同等值规模调整方法下的测算结果变化不大，就再分配效应的测度而言，EU、OECD 和 KL 等值规模下基于传统基尼系数计算的总体再分配效应和基于年龄调整的基尼系数计算的 AG 指数变动幅度均在 0.3% 以内，其余结论与基准分析一致；对再分配效率来说，以 EU 等值规模为例，其结果与基准分析相差 1% 左右，其余等值规模下的测算结果也基本一致。

二是养老金调整，将养老金从市场收入调整为政府转移支付。将养老金作为转移支付时，由于再分配资金规模扩大，总体再分配效应从 4.96% 增加至 15.92%，其中转移支付基于传统基尼系数计算的再分配边际贡献从 1.65% 上升至 13.30%，而垂直效应和再排序效应分别上升至 30.32% 和 17.02%，再排序效应达到垂直效应的一半以上，说明养老金的分配存在严重的不平等，造成了较大的再排序损失。由于养老金与年龄因素密切相关，转移支付基于 AG1 指数计算的再分配效应从 1.56% 仅增长至 10.83%，其余财政工具的边际贡献基本不变。虽然将养老金视为转移支付的一部分，转移支付的再分配效应得到较大的提升，但其支出效率和配置效率却从 45.55% 和 46.84% 分别下降至 26.35% 和 34.26%，这说明与低保、退耕还林、五保户等专门针对低收入群体的政府补助相比，养老金的再分配效率更低，这也进一步说明了养老金分配的不平等，贫困家庭获得的养老金相对较少。

三是 AG 指数控制条件调整，这里将年龄分组变量改为连续变量（以一年为组距）或以出生年代进行分组（以十年为组距），重新计算 AG 指数，或者仅控制户主特征或家庭特征重新计算 AG 指数。结果表明，调整控制条件前的 AG 指数均小于传统基尼系数，说明消除年龄因素后的不平等程度降低。

---

① 敏感性分析结果详见附表 8。

9.6 本章小结

个税和转移支付在缩小居民收入分配差距、增进社会公平中具有不可替代的作用。本章构造了一种基于年龄调整的基尼系数测度同龄人收入不平等，通过匿名的基尼系数再分配指标和非匿名的财政流动剖面与流动矩阵测度了个税—转移支付体系的再分配效应及边际贡献，并通过支出效率和配置效率指标测算了二者的再分配效率。结果显示：相较于传统基尼系数测算的收入不平等，年龄调整基尼系数测算的同龄人收入不均等程度下降；个税和转移支付体系对收入分配整体呈正向调节作用，具有较强累进性；转移支付对相对贫困人口的向上流动具有积极影响，让13.39%的轻度相对贫困人口、18.34%的中度相对贫困人口、19.61%的重度相对贫困人口发生向上流动，同时个人税费也导致1.02%的低收入人口、1.21%的轻度相对贫困人口、0.44%的中度相对贫困人群发生了向下流动；个税的支出效率和配置效率分别达到71.27%和70.45%，转移支付再分配效率分别为45.55%和46.84%。因此，本章建议：

第一，重视同龄人收入差距过大问题，弱化外部环境的不利影响。即使消除了合理的年龄因素，基于年龄调整的基尼系数测算的同龄人收入不均等程度绝对值依然处于较高水平，表明同龄人之间的收入差距已经达到了令人担忧的水平，会给正在奋斗的年轻人带来消极影响。因此，政府首先应该完善初次分配环节，打造运作良好、公平公正的市场机制，促进分配规则的机会平等，维持社会流动畅通的外部环境，缓解"拼爹"的负面效应。

第二，完善个人所得税制度，充分发挥直接税强累进性的再分配优势。目前新个人所得税法的实施标志着中国从分类税制转为分类与综合相结合的税制，未来应继续完善费用扣除、累进税率和纳税单位等方面的制度设计，逐步实现综合税制的转变；同时加强财产和资本收入的征管，建立个人纳税信用管理机制，从而逐步提高直接税比重，从覆盖率和累进性两方面提升个税的再分配效应，形成更为公平的税收再分配调节机制。

第三，优化财政支出结构，加大面向居民或家庭的转移支付力度，增强转移支付的精度。得益于精准扶贫战略的有力推进，中国转移性支出对相对贫困人群的增收效应明显，政府未来应继续加大转移支付的比重，提高优抚、低保和特困救助标准，扩大社会保障政策的覆盖面，提高转移支付的再分配能力；同时，建立完善的救助信息系统，提高相对贫困识别的精准度，健全低保等制度的动态监测与退出机制，防止"精英俘获"现象，进一步提升转移支付的再分配效率。

第四，提高社会保障再分配的公平性，关注老年相对贫困人口的养老问题。在建成全覆盖、保基本的社会保障体系的基础上，落实相对贫困人口参保优惠及代缴补贴政策，逐步提高农村养老保险的待遇水平，缩小城乡及不同地区间的差距，实现老年居民的生存公平。在养老参保、养老缴费、养老待遇等环节的制度设计上，注重机会公平、过程公平和结果公平，积极推进基础养老保险全国统筹，有效发挥养老保险的再分配作用。

10 财政综合工具优化：
农村相对贫困治理

10.1 引言

中国如此巨大的减贫成就归功于制度优势，大量的财政投入为脱贫攻坚工作提供了保障（燕继荣，2020）。为践行共享发展理念，中国政府构建了包含专项扶贫、行业扶贫、社会扶贫在内的"大扶贫"格局（汪三贵，2018）。专项扶贫依靠发展资金、以工代赈资金、扶贫贷款贴息资金等财政专项扶贫资金，支持贫困地区经济和社会事业的发展；行业扶贫通过水利、交通、教育、卫生等行政部门实施农村饮水安全工程、道路建设、教育扶贫、健康扶贫等措施，改善贫困群众的生产生活条件；社会扶贫也离不开财政协助，政府通过税收激励引导社会组织、企业和个人参与扶贫减贫以及公益慈善事业。近年来，中央和地方各级政府不断增加扶贫资金，全口径财政扶贫支出从 2010 年的 2 426.84 亿元增长至 2018 年的9 038.65亿元，年平均增长 17.86%（见图 10-1）[①]。因此，构建相对贫困治理机制仍离不开提高"三保障"质量、加强社会保障兜底和创造就业岗位等公共服务，财政还会在缓解相对贫困中发挥重大作用。

[①] 目前关于中国财政扶贫支出的统计口径不一，已有研究通常只关注农业类扶贫支出。这里采用的全口径财政扶贫支出包括农林水事务支出中的扶贫支出、社会保障支出中的城乡救济与低保支出、教育支出中的助学金支出、医疗卫生支出中的医疗救助支出以及住房保障支出中的农村危房改造支出。

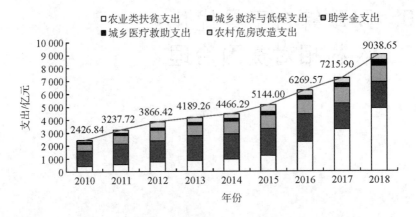

图 10-1　中国财政扶贫支出情况

数据来源：根据财政部预算司网站公布的公共财政支出决算数（2010—2018年）、《中国教育经费统计年鉴》（2010—2018 年）整理。

对于中国 2020 年后该提高绝对贫困标准还是采用相对贫困标准，学术界还没有形成统一认识，争论的焦点是相对贫困标准是否意味着过高的减贫目标（孙久文、夏添，2019；汪晨 等，2020）。本章旨在进行一个前瞻式研究，基于不同的相对贫困线，测算农村相对贫困规模，以期回答中国减贫转型后能否采用相对贫困标准的问题。此外，建立健全适应包容性增长的财政扶贫机制，是 2020 年后中国扶贫战略可持续的重要保障[①]。作为 2016 年 G20 杭州峰会的主题之一，包容性增长是关于经济发展模式的一个创新概念，其核心涵盖发展经济学的公平和效率两个维度。因此，财政扶贫机制的包容性既要达到显著的财政减贫效果，又要有较好的减贫效率。遗憾的是，目前评估一个财政工具减贫效应的文献很多，但综合测算一揽子财政工具减贫效应及效率的规范研究却较为缺乏，更不要说关注整个财政体系对农村相对贫困的影响了。

基于以上背景，本章采用综合贫困线、国际相对贫困线和脆弱性调整贫困线三个相对贫困标准，综合测度所得税、间接税、社会保险费、转移支付、基本社会保险以及教育医疗等公共服务在农村相对贫困治理中的作用。相较于既有研究，本章可能的贡献在于以下三个方面：第一，运用三个相对贫困标准和三种测量贫困的方法，完整展现农村相对贫困的轮廓；

---

① 人民网. 大国扶贫展现大国担当［EB/OL］.（2020-05-06）［2024-04-20］. http://theory.people.com.cn/n1/2020/0506/c40531-1697632. html? from=timeline&isappinstalled=0.

第二，使用服从匿名原理的 FGT 指数和配置效率指标，以及财政致贫、财政增益和 FI/FGP 减贫效率等非匿名评价方法，综合测算一揽子财政工具的减贫效应和效率；第三，丰富和完善相对贫困、财政减贫等领域研究，为财政机制优化提供微观证据。

10.2　模型与测度方法

本章下面将设定相对贫困识别标准，构建财政减贫效应与效率数量测度方法，通过识别财政支出端的转移支付、基本社会保险、基本公共服务与收入端的税收和社保缴费等财政工具的受益归宿，检验整个财政系统在缓解农村相对贫困中的实际效果。

10.2.1　相对贫困的衡量

10.2.1.1　综合贫困线

偏好绝对贫困线还是相对贫困线取决于社会准则规范的认知，如果政府认为个人福利取决于自我消费，会倾向于绝对测量方法；如果相信个人福利会受到参照群体的影响，政府则会使用与消费或收入空间相关的贫困线。本章综合考虑这两种方式，借鉴 Chakravarty 等（2015）提出的一种公理化方法确定"综合贫困线"，将现有绝对贫困线和参照群体收入进行加权平均，其具体公式如下：

$$z_1 = (1 - G) \times z_0 + G \times r \tag{10-1}$$

公式（10-1）中，z_1 为综合贫困线，z_0 为绝对贫困线，r 表示参照收入，G 表示以基尼系数度量的权重。由此可知，社会不平等程度越高，参照收入的权重越大。在本章研究中，绝对贫困线 z_0 为利用食物价格指数调整 2011 年农村扶贫标准每人每年 2 300 元至 2016 年的数值，r 为样本中农村居民可支配收入中位数的 60%，G 用农村居民收入的基尼系数来度量。经计算，中国农村综合贫困线 z_1 为每人每年 3 110 元。

10.2.1.2　国际相对贫困线

社会心理学研究强调参照群体对于衡量自身幸福感的重要性，个人会选择与其类似阶层的人群进行比较（Davis，1959）。因此，收入均值和中位数都不适合作为参照收入，原因是均值受超高收入的影响过大，而中位数又无法捕捉超高收入和超低收入的变化。Ravallion 和 Chen（2019）在弱相对贫困线的基础上，提出了能反映各国贫困现实的国际相对贫困线，重新定义了参照收入的计算方法：

$$m_j^* = [1 - (1 - 2\delta) G_j] m_j \qquad (10\text{-}2)$$

公式（10-2）中，m_j^* 表示 j 国居民的参照收入，G_j 表示 j 国居民收入的基尼系数，m_j 表示 j 国居民的收入均值。参数 $\delta \in [0, 1]$，当 δ 小于 0.5 时，参照收入方程是一个递减函数；当 δ 大于 0.5 时，参照收入方程是一个递增函数。δ 极端值为 1，此时参照收入为 $(1 + G_j) m_j$，对超高收入人群赋予了最大权重，其经济含义是个人评估自身幸福感时会受富人阶层的极大影响。在公式（10-2）的基础上，通过各国政府公布的绝对贫困线构造国际相对贫困线如下：

$$z_j = \alpha + \beta[1 - (1 - 2\delta) G_j] m_j + \varepsilon_j \qquad (10\text{-}3)$$

公式（10-3）中，z_j 为 j 国官方设定的国家贫困线，α、β 和 δ 为估计参数，ε_j 为误差项。若 α 和 δ 分别取 0 和 0.5，z_j 为强相对贫困线；若 $\alpha > 0$ 且 δ 取值 0.5，则 z_j 为弱相对贫困线。Ravallion 和 Chen（2019）采用 1990—2013 年全球 150 个国家的家户调查数据和贫困线标准对公式（10-2）进行估计，发现能够拒绝假设 $\delta = 0.5$ 和 $\delta = 1$，但不能在 5% 的显著性水平上拒绝假设 $\delta = 0$。因此，公式（10-3）可以进一步优化为：

$$z_j = \alpha + \beta(1 - G_j) m_j + \varepsilon_j \qquad (10\text{-}4)$$

Ravallion 和 Chen（2019）重新估计了公式（10-4）的参数，并通过一系列校准和设定每天最低 1.9 美元的标准，构造了国际相对贫困线的数量测度方法：

$$z_2 = 1.90 + \max[0.7(1 - G_j) m - 1.00, 0] \qquad (10\text{-}5)$$

公式（10-5）中，1.90 和 1.00 的单位均为美元。本章用样本农村居民可支配收入平均值和基尼系数分别衡量公式（10-5）中的 m 和 G_j，运用购买力平价指数（PPP）进行调整，最终计算出适合中国农村的国际相对贫困线 z_2 为每人每年 3 880 元。

10.2.1.3 脆弱性调整贫困线

应对相对贫困的挑战不仅要根绝特定的贫困，而且要消除突发的贫困脆弱性。贫困脆弱性是个人可能经历跨期贫困阶段的风险，会造成个体长期贫困。Silber 和 Wan（2016）认为需要根据脆弱性调整贫困阈值，调整后的贫困线可以代表脆弱环境下的最低生活标准。本章借鉴 Dang 和

Lanjouw（2014）确定贫困脆弱性标准的规范方法，根据贫困脆弱性将面临贫困风险的群体组成一个亚群，其消费的平均数作为脆弱性调整贫困线。

本章基于 Chaudhuri 等（2002）提出的 VEP 方法，使用截面数据测算家庭在未来陷入贫困的概率。该方法将贫困脆弱性定义为当前具有一系列可观察家庭特征 X_i 的家庭 i 人均消费 c_i 低于贫困线 z 的概率，测量贫困脆弱性 v_i 的基本方程为：

$$v_i = Pr(c_i < z \mid X_i) \qquad (10\text{-}6)$$

Chaudhur 等（2002）提出三阶段可行广义最小二乘法（FGLS）求解方程（10-6）。第一步，对家庭人均消费取对数，估计消费方程，并将回归后得到的残差平方作为消费波动进行 OLS 估计，即：

$$\ln c_i = X_i \beta + e_i \qquad (10\text{-}7)$$

$$\hat{e}_i^2 = X_i \theta + \eta_i \qquad (10\text{-}8)$$

其中，X_i 是影响家庭消费的相关变量，本章纳入了家庭净资产、家庭纯收入、基本养老保险参与、基本医疗保险参与、商业保险参与、家庭人口规模等家庭特征变量和户主年龄、性别、受教育程度、婚姻状况、健康状况等个体特征变量。第二步，对拟合值构建权重进行 FGLS 估计，得到估计量 $\hat{\beta}_{FGLS}$ 和 $\hat{\theta}_{FGLS}$，估计未来对数消费的期望值和方差。第三步，假设消费服从对数正态分布，选择绝对贫困线 z_0，计算家庭 i 的贫困脆弱性：

$$v_i = \varphi \big[(\ln z_0 - X_i \hat{\beta}_{FGLS}) / \sqrt{X_i \hat{\theta}_{FGLS}} \big] \qquad (10\text{-}9)$$

在公式（10-9）中，φ 是标准正态分布的累积分布函数。贫困脆弱性门槛值比较常见的设定是 50% 的概率值，但 50% 的概率值难以识别暂时贫困的农村家庭。有鉴于此，Günther 和 Harttgen（2009）在设定家庭在未来两年内可能陷入贫困时，将 50% 折算为 29%。因此，本章设定 29% 的概率值为贫困脆弱线，v_i 大于 29% 的家庭即具有贫困脆弱性。本章研究中，脆弱性贫困群体的人均消费为 4 120 元，由此设定农村脆弱性调整贫困线 z_3 为每人每年 4 120 元。考虑经济含义，z_3 可以视为 z_0 的正平移，表示为 $z_3 = z_0 + \gamma$，其中 γ 可被看作贫困脆弱性的补偿因子，即在维持基本需求 z_0 的基础上，收入进一步提高 γ 才能抗风险干扰，避免未来再次陷入贫困。

10.2.2　财政工具的减贫效应测度

10.2.2.1　贫困的测度
研究财政工具的减贫效应离不开对贫困的测度，目前贫困的识别和测度仍沿用 Foster 等（1984）提出的方法体系，即采用 FGT 指数来识别相对贫困的广度、深度和强度。FGT 指数由人口的有序收入向量 $y = (y_1, \cdots, y_n)$ 和相对贫困线 z（z_1、z_2 或 z_3）组成，其函数形式如下：

$$P_\alpha(y; z) = \frac{1}{n} \sum_{i=1}^{q} \left[\frac{(z - y_i)}{z} \right]^\alpha \qquad (10\text{-}10)$$

公式（10-10）中，α 为贫困厌恶指数，n 为总人数，q 为贫困人数，$(z - y_i)/z$ 为贫困缺口率，即个体收入到贫困线的相对距离。当 α 取不同数值时，FGT 指数可度量贫困的不同方面。具体来说，当 $\alpha = 0$ 时，$P_0(y; z)$ 被称作"贫困广度"或"贫困发生率"，即收入低于相对贫困线 z 的人数占比，表示赋予相对贫困线下不同贫困程度的人口相同的权重；当 $\alpha = 1$ 时，意味着以个体收入到贫困线的相对距离（即贫困缺口率）作为权重计算贫困指数，$P_1(y; z)$ 表示"贫困深度"；当 $\alpha = 2$ 时，以贫困缺口率的平方作为权重，此时 $P_2(y; z)$ 为"贫困强度"。当 $\alpha \geq 0$ 时，FGT 指数满足单调性公理；当 $\alpha > 1$ 时，FGT 指数满足转移性公理；当 $\alpha \geq 2$ 时，FGT 指数满足转移敏感性公理（刘轶芳和罗文博，2013）。同时，α 越大，对穷人赋予的权重越高，表示贫困厌恶指数越强。

10.2.2.2　匿名评价指标

基于以上相对贫困的识别，本章首先采用 FGT 指标来衡量财政的减贫效应。FGT 指数服从匿名原则，这里的匿名评价指标采用财政干预前后 FGT 指数的差值来表示，反映财政干预前后相对贫困的 FGT 指数的变动情况：

$$\mathrm{PR} = P_\alpha^0(y; z) - P_\alpha^1(y; z) \qquad (10\text{-}11)$$

公式（10-11）中，P_α^0 为财政再分配前的 FGT 指数，P_α^1 为财政再分配后的 FGT 指数。不同财政工具的减贫效应采用反事实分解法计算，即将某项财政受益数额（或税费负担数额）从居民最终收入中扣除（或加回）得到反事实干预前收入，反事实干预前收入的 FGT 指数与最终收入的 FGT 指数之差即为该类财政工具减贫效应的边际贡献。

10.2.2.3　非匿名评价指标

FGT 指数服从匿名原则，其变化率无法反映财政干预前后的人口流动，忽略了财政可能在减少贫困的同时使贫困人口更贫困或非贫困人口落入贫困的情形。因此，本章进一步采用 FI 和 FGP 非匿名指标来研究财政如何影响相对贫困人口的收入问题。财政再分配后，居民贫困加深或落入贫困称为财政致贫，而居民贫困得到缓解或居民脱离贫困则称为财政增益。财政致贫和财政增益有两种衡量方式，即发生率指标（Lustig，2018）和公理化指标（Higgins & Lustig，2016）。发生率指标以人数为衡量维度，计算发生财政致贫或财政增益情形的人数占比。公理化指标以贫困深度为衡量维度，计算财政致贫或财政增益的程度。假定相对贫困线为 z，y_i^0 和 y_i^1 分别为财政干预前后的居民收入，财政致贫或财政增益发生率指标公式如下：

$$FI = \frac{1}{n} \sum_{i=1}^{n} 1(y_i^1 < y_i^0) * 1(y_i^1 < z) \tag{10-12}$$

$$FGP = \frac{1}{n} \sum_{i=1}^{n} 1(y_i^1 > y_i^0) * 1(y_i^0 < z) \tag{10-13}$$

其中，n 为居民总人口数。$1(\cdot)$ 为指示函数，如果它的参数为真，取值为1；反之，则取值为0。财政致贫发生率的公式含义为财政干预后，相对贫困人口且收入减少的人数占总人数的比重；财政增益发生率是指财政干预前，相对贫困人口且收入增加的人数占总人数的比重。财政致贫和财政增益公理化指标的计算公式分别为：

$$f(y^0,\ y^1;\ z) = \kappa \sum_{i \in S} (\min\{y_i^0,\ z\} - \min\{y_i^0,\ y_i^1,\ z\}) \tag{10-14}$$

$$g(y^0,\ y^1;\ z) = \kappa \sum_{i \in S} (\min\{y_i^1,\ z\} - \min\{y_i^0,\ y_i^1,\ z\}) \tag{10-15}$$

其中，S 为集合 $[1,\ 2,\ \cdots,\ n]$，κ 为参数。当 $\kappa = 1$ 时，公理化指标为财政致贫或财政增益总额，即图10-2中相应的阴影部分，直观反映财政致贫和财政增益的含义；当 $\kappa = 1/n$ 时，公理化指标为财政致贫或财政增益人均额，即财政致贫或财政增益总额除以总人口；当 $\kappa = 1/nz$ 时，公理化指标为财政致贫或财政增益人均标准化额，表示财政致贫或财政增益人均额占相对贫困线标准的比重。考虑到不同相对贫困线下财政增益和财政致贫指标应具有可比性，本章选择财政致贫或财政增益人均额和人均标准额两个公理化指标进行分析。

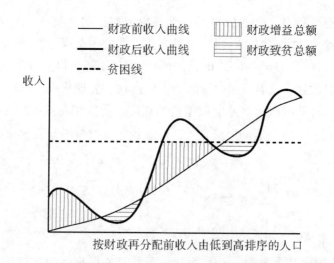

图 10-2　财政致贫与财政增益说明

资料来源：HIGGINS S，LUSTIG N. Can a poverty-reducing and progressive tax and transfer system hurt the poor？［J］. Journal of Development Economics，2016，122（9）：63-75.

10.2.3　财政工具的减贫效率测度

对应上文的 FGT 匿名指标和 FI/FGP 非匿名指标，本章分别借鉴 Fellma 等（1999）"最优标准"理念下的配置效率和 Enami 等（2018）提出的 FI/FGP 减贫效率指标，测度各项财政工具在相对贫困治理中的减贫效率。

10.2.3.1　基于 FGT 指标计算的配置效率

配置效率指标的构建思想是假定减贫是财政工具的主要目标，在其他条件不变的情况下，该工具达到的最大减贫效应为最优标准，将实际效应与最优标准相比，计算出政策工具的减贫效率。Lustig（2018）认为该指标不适用于税收工具，税收会增加贫困，其配置效率的分母总为零。因此，本章采用配置效率指标测度财政支出端的减贫效率，财政支出工具的潜在最大减贫效应的实现路径是将既定的财政支出重新分配给贫困人口，从而使脱贫人数达到最大。分配方式是将财政资源优先分配给最靠近贫困线的贫困人口，即以贫困缺口为依据从小到大依次让贫困人口脱贫，从而达到脱贫人数最大化的目标，其计算公式如下：

$$ImactEffectiveness = \frac{\mathrm{PR}}{\mathrm{PR}^*} = \frac{P_\alpha^0(y;\ z) - P_\alpha^1(y;\ z)}{P_\alpha^0(y;\ z) - P_\alpha^1(y;\ z)^{\ *}} \qquad (10\text{-}16)$$

公式（10-16）中，$P_\alpha^0(y;\ z)$ 为财政再分配前的 FGT 指数，$P_\alpha^1(y;\ z)$ 为财政再分配后的 FGT 指数，$P_\alpha^1(y;\ z)^*$ 为财政重新再分配后的 FGT 指数。配置效率指标的定义为实际减贫效应 PR 与潜在最大减贫效应 PR^* 之比，表示财政支出工具实际减贫效应占潜在最大减贫效应的百分比。

10.2.3.2　FI/FGP 减贫效率

为了评估财政的总体减贫效率，Enami 等（2018）基于减贫效应的非匿名指标（FI 和 FGP）构建了一个兼顾财政收入和支出的综合减贫效率指标，具体形式如下：

$$Effectiveness_{FI/FGP} = \left[\left(\frac{B}{T+B}\right)\left(\frac{\mathrm{FGP\_MC}_{T\&B}}{B}\right)\right] + \left[\left(\frac{T}{T+B}\right)\left(1 - \frac{\mathrm{FI\_MC}_{T\&B}}{T}\right)\right]$$

$$(10\text{-}17)$$

公式（10-17）中，T 为居民承受税收、社保缴费等财政收入端的负担总额，B 表示居民获得转移支付、公共服务等财政支出端的受益总额，$\mathrm{FGP\_MC}_{T\&B}$ 表示居民没有财政受益（B）和负担（T）的反事实收入与最终收入比较计算出的财政增益总额；$\mathrm{FI\_MC}_{T\&B}$ 为居民没有财政受益和负担的反事实收入与最终收入比较计算出的财政致贫总额。$\mathrm{FGP\_MC}_{T\&B}/B$ 和 $(1 - \mathrm{FI\_MC}_{T\&B}/T)$ 的值均介于 0 和 1 之间，财政综合减贫效率指标是将这两部分赋予权重后加总得到，该值越大，说明财政总体减贫效率越高。如果只分析单个财政工具的减贫效率，公式可简化为：

$$Effectiveness_{FGP} = \mathrm{FGP\_MC}_b/b \qquad (10\text{-}18)$$

$$Effectiveness_{FI} = \mathrm{FI\_MC}_t/t \qquad (10\text{-}19)$$

其中，$\mathrm{FGP\_MC}_b$ 为某项财政支出工具导致的财政增益总额，即居民没有获得某项财政支出端受益的反事实收入与最终收入比较计算出的财政增益总额，b 为居民获得该项财政支出工具的受益总额；$\mathrm{FI\_MC}_t$ 为某项财政收入工具导致的财政致贫总额，即居民没有承受某项财政收入端负担的反事实收入与最终收入比较计算出的财政致贫总额，t 为居民承担的该项财政收入工具的负担总额。FGP 减贫效率指标衡量的是财政支出工具的财政增益总额占该工具的居民受益总额的比重，该比重越大，表明财政支出工具减少相对贫困情形越多，资金使用的有效性越强。而致贫效率指标为财政致贫总额占居民负担总额的比重，该比重越小，说明财政收入工具的致贫情形越少。"1-致贫效率"为财政收入工具的 FI 减贫效率。

10.3 财政归宿识别与数据说明

10.3.1 家户收入核算

家户收入核算是财政减贫效应的分析基础，图 10-3 展示了家户收入的概念及其核算过程。参照 Lustig（2018）的做法，本章将家户收入定义为市场收入、净市场收入、可支配收入、可消费收入和最终收入 5 个核心收入。市场收入指居民参与市场初次分配所取得的全部货币性和非货币性收入。根据调查数据中的信息，本章将家户市场收入的范围界定为工资性收入、投资性收入、经营性收入、财产性收入和私人转移性收入 5 类。其中，经营性收入包含农业净收入和商业净收入，投资性收入包括债券、股票、基金等金融资产收益，财产性收入包含房屋、土地和其他资产出租收入，私人转移性收入包括捐赠、礼金等收入。

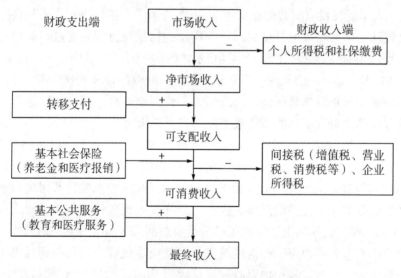

图 10-3　家户收入概念及其核算过程

资料来源：LUSTIG N. Commitment to equity handbook：estimating the impact of fiscal policy on inequality and poverty ［M］. Washington. D.C.：Brookings Institution Press，2018.

家庭作为经济单元存在规模经济效应，个体福利水平会受到家庭总收入、家庭人口规模及其结构的影响，本章基准分析采用 EU 等值规模对与收入相关的变量进行调整，同时采用 OECD、KL 等值规模作为敏感性分析。此外，本章也会呈现不经过等值规模调整的人均值的测度结果，进而对比贫困测量和减贫效果的差异。具体计算方法如下：

EU 等值规模 $m_{EU} = 1 + 0.5(n_a - 1) + 0.3n_c$，OECD 等值规模 $m_{OECD} = 1 + 0.7(n_a - 1) + 0.5n_c$，KL 等值规模 $m_{KL} = n_a + 0.2n_{c1} + 0.4_{c2} + 0.7n_{c3} + 0.1n_w$。其中，$m$ 表示等值成年人数，n_a 为成年人数，n_c 为未成年人数，n_{c1}、n_{c2}、n_{c3} 分别为年龄在 0~5 岁、6~14 岁、15~17 岁的未成年人数，n_w 为已经工作的成年人数。

10.3.2　财政归宿识别

依据上文收入核算过程，本章以中国家庭金融调查（CHFS2017）数据库为基础，结合宏观数据，依次识别财政收入端的个人所得税、社保缴费、企业所得税、间接税负担归宿以及支出端的转移支付、基本社会保险和基本公共服务受益归宿情况。具体识别方法如下：

10.3.2.1　个人所得税

农村居民仅部分企业务工人员和个体工商户需要缴纳个税。经计算，CHFS2017 样本中 2.8% 的农村人口达到了个税缴纳门槛，纳税人数较少，总的来说，个税对财政减贫的结果影响不大。具体计算方法是：①工资薪金所得税。假定月工资收入由年工资收入除以 12 得到，根据相关问卷问题识别出年度税后工资、税后奖金和补贴，按照工资薪金所得税七级累进税率表推算年工资薪金所得税。②个体工商户生产经营所得税。问卷调查了个体经营或私营企业的年税后净利润，根据税法规定推算出年个体工商户生产经营所得税及其年税前收入。③财产租赁所得税。问卷调查了家庭住房和商铺出租缴纳的个税。

10.3.2.2　社保缴费

CHFS2017 包括农村家庭成员参加新型农村合作医疗保险、新型农村社会养老保险等的缴费信息，本章将家庭成员养老保险和医疗保险缴费金额加总得到家庭年度社保缴费总额。

10.3.2.3　企业所得税

企业所得税归宿理论一般假设税负由资本要素和劳动要素共同承担，即企业会将一部分税负转嫁给员工。本章的基准分析假设企业所得税一半由资本要素承担，另一半通过降低工资的方式转嫁给在企业务工的农民，资本要素承担的税负最终会传导到家庭资本所得（Feldstein，1988）。根据CHFS2017，家庭资本所得来自股票、基金、金融理财、互联网理财、黄金、债券、租金等收入。家庭资本所得承担的企业所得税 =（家庭资本所得/税后资本要素分配额）×政府企业所得税收入×50%，劳动所得承担的企业所得税 =（工资收入/税后劳动要素分配额）×政府企业所得税收入×50%。税后资本要素分配额和税后劳动要素分配额的计算方法借鉴吕冰洋和郭庆旺（2012）的研究。

10.3.2.4　间接税

本章采用微观模拟方法测算间接税，基于税负前转假设计算家庭负担的增值税、消费税、营业税及城建税。根据《中国统计年鉴》的标准，本章将食品、衣着、居住、家庭设备用品及服务、医疗保健、交通通信、文教娱乐和其他8类作为农村居民实际承担间接税税负过程中的主要消费行为，并将 CHFS 调查的农村家庭消费项目归为以上8类支出，记为 c_k；同时，依据《国民经济行业分类标准》将这8种分类所涉行业进行归集，利用《中国税务年鉴2017》中各行业的间接税收入和《中国统计年鉴2017》的行业增加值，计算出 k 类支出的实际间接税税率 t_k。根据家庭 k 类支出的消费金额 c_k 和对应实际税率 t_k，计算家庭实际间接税负担[1]。

10.3.2.5　转移支付

CHFS2017 直接调查了家庭从政府获得的特困户补助金、独生子女补助、五保户补助金、抚恤金、救济金、赈灾款、食物补贴、低保、退耕还林补助、教育补贴、住房补助、农业补助、购车补贴等，将以上补贴汇总后得到家庭获得的转移支付总额。

10.3.2.6　基本社会保险

CHFS2017 包含了家庭成员平均每个月领取的养老金以及家庭获得的医保支付或报销金额，据此可计算得到家庭获得的养老保险受益和医疗保险报销金额。

10.3.2.7　基本公共服务

基本公共服务主要涉及保障基本民生所需的医疗卫生、教育、文化、社会保障、环境和基础设施等方面。考虑到宏微观数据匹配的精准度，本章选取教育和医疗这两类社会公众最为关心的公共服务，计算农村家庭医

---

[1]　行业与家庭消费支出归集表和测算的8类支出实际间接税税率表详见附表1。

疗服务和公共教育的受益额。

①公共医疗服务。本章在公共医疗服务受益归宿识别上，采用受益归宿分析法（BIA），通过公共医疗服务的政府投入和全体居民使用量计算公共医疗服务单位成本，用其乘以个人使用量获得公共医疗服务受益额。

$$b_i = \sum_k \left[h_i\, q_{ki} \left(S_{kj} / \sum_{i \in j} q_{ki} \right) - f_{ki} \right] \qquad (10\text{-}20)$$

公式（10-20）中，b_i 表示第 i 个人公共医疗服务受益额，q_{ki} 表示第 i 个人接受 k 类医疗服务的次数，S_{kj} 是 j 地区 k 类医疗服务的政府投入，h_i 是根据个体 i 所处省份和城乡调整医疗服务受益程度的因子，f_{ki} 是个人医疗花费的自付部分。

首先，本章使用住院天数作为公共医疗服务使用量，并通过公立与民营住院人数比重划分在不同医院的相应住院天数。其中，住院天数通过 CHFS2017 调查的住院费用依据各省住院病人每人每天的医药费进行折算。本章采用 Heckman 两步法修正个体选择医疗服务存在的内生性和样本选择问题，得到修正后的个人医疗公共服务使用量 q_{ki}。其次，本章采用《中国卫生健康统计年鉴 2017》中公立医院和民营医院收入来源的财政补助收入作为各省（自治区、直辖市）政府对医疗服务的投入，并根据两类医院的住院人数和病人平均住院日，获得公立医院和民营医院住院服务单位成本 $S_k i$。最后，本章利用 h_i 调整省份、城乡医疗服务差异，再减去个人自付部分 f_{ki}，加总得到农村家庭公共医疗服务受益总额①。

根据 CHFS2017 数据信息，采用一些策略性处理方法识别家庭公共医疗服务实际使用量 q_{ki}。第一，用住院天数作为公共医疗服务使用量。CHFS2017 询问了"住院费用"，首先将每个省、自治区、直辖市住院病人人均医药费除以平均住院日，得到住院病人每人每天医药费，其次将住院费用除以住院病人每人每天医药费，得到住院天数。第二，住院服务需要区分公立医院还是民营医院，通过公立医院与民营医院住院人数比重划分在不同医院的相应住院天数。公立医院和民营医院获得的财政补助差异较大，如果不区分医疗服务来源，受益程度会出现严重偏误。由于 CHFS2017 没有询问个人在哪类医院接受医疗服务，本章根据个人是否拥有商业医疗保险判断其是否享受过民营医院提供的医疗服务。如果个人未购买商业医疗保险，那么假设其全在公立医院接受服务。如果个人购买了

---

① Heckman 两步法实证结果详见附表 2。

商业医疗服务，则假设其同时享受了公立医院和民营医院的服务，把各省
（区、市）公立医院住院人数与民营医院住院人数的比重作为调整因子，
将住院天数拆分为两类医院相应的住院天数。

由于医疗服务的特殊性，医疗服务利用会与个人的人口学和社会经济
特征相关，因此个体选择医疗服务存在内生性和样本选择问题。此外，即
使个人住院天数为 0，也能从政府疾病控制、卫生监督和公共卫生信息发
布中享受医疗卫生服务受益。因此，本章采用 Heckman 两步法修正个人公
共医疗服务实际使用量来解决上述两个问题：

$$Prob(Z_i = 1 \mid X_i) = \Phi(\alpha' X_i) \tag{10-21}$$

$$q_i = \beta_0 + \beta_1 X_i + \lambda \, IMR_i + \varepsilon_i \tag{10-22}$$

公式（10-21）为第一步选择方程，$Prob(Z_i = 1)$ 为个体选择是否住院的概
率，X_i 是影响医疗服务使用的因素，分为需求类因素与非需求类因素，其
中需求类因素包括健康水平、年龄、性别、婚姻状况等，非需求类因素包
括收入、受教育程度、职业、医疗保险等。第二步建立支出方程，在获得
公式（10-22）估计结果后，加入逆米尔斯比（Inverse Mills Ratio，
IMR）$\varphi(\alpha' X_i) / \Phi(\alpha' X_i)$，得到拟合值 $\hat{q_i}$（Heckman 两步法结果）。利用式
$\hat{q_i} - \bar{q_i} + \bar{q_i}$ 获得标准化后的个人公共服务实际使用量，其中 $\bar{q_i}$ 为样本医疗服
务使用均值。

②基础教育服务。采用成本供给法测算家庭享受的基础教育服务（At-
kinson，2005），考虑政府提供公共教育服务的成本，并将其平均分配给公
共教育体系中有孩子的家庭。具体做法是先确定家庭成员所处教育阶段，
然后计算相应教育阶段每个学生的平均公共投入，最后汇总计算家庭受益
总额。本章将 2016 年各省各教育阶段生均一般公共预算教育事业费作为各
省城镇的生均公共教育投入，将各教育阶段农村教师与城镇教师人数之比
作为调整系数，计算各省农村生均公共教育投入[①]，并根据家庭中每个子
女是否正在上公立学校以及所处教育阶段，计算农村家庭公共教育服务受
益总额。

10.3.3 数据来源和描述性统计

本章采用宏微观匹配数据进行分析。微观数据采用"中国家庭金融调

---

① 农村居民生均公共教育投入的调整方法为，某省农村居民某阶段生均公共教育投入＝某省
城镇居民某阶段生均公共教育投入×（某省某阶段农村教师人数/某省某阶段城镇教师人数）。

查（CHFS）"2017年的调查数据，该数据由西南财经大学中国家庭金融调查与研究中心创建，样本覆盖了全国29个省（区、市），355个县（区、县级市），1 428个村（居）委会，样本规模为40 011户。该数据提供了家庭收入结构、税费缴纳、政府转移支付以及家庭成员就学、住院或门诊等方面的信息，为研究财政收支归宿提供了较完整的基础数据。本章涉及的家庭收入和支出、个人所得税及其相关信息、社保缴费、转移支付、基本社会保险、公共服务使用量，以及家庭人口统计学特征等信息均来自CHFS2017。

宏观数据主要涉及企业所得税、增值税及公共服务的政府投入数据，具体数据来源如下：测算企业所得税税负归宿所需的政府企业所得税收入数据来自《中国税务年鉴2017》；计算税后资本要素分配额和税后劳动要素分配额的相关数据来自《中国税务年鉴2017》和《中国统计年鉴2016》的资金流量表；测算间接税所需的行业增加值来自《中国统计年鉴2017》；分行业的增值税、消费税和营业税以及城建税等间接税数据来自《中国税务年鉴2017》；计算公共服务受益所需的各省公立和民营医院的财政补助、住院人数数据来自《中国卫生健康统计年鉴2017》；2016年各省、各教育阶段生均一般公共预算教育事业费来自教育部网站《关于2017年全国教育经费执行情况统计公告》，城乡教师人数来自《中国教育统计年鉴2017》。

本章保留样本中的农村家庭，在剔除数据缺失值和非正常观察值之后，最终得到10 485个农村家庭样本信息，其描述性统计见表10-1。

表10-1　农村家庭收入、财政工具与等值规模的统计描述

类型	变量	均值	标准差	最小值	最大值	样本量
家庭收入	市场收入	17 201.01	18 693.85	128	209 520.5	10 485
	最终收入	17 000.17	15 194.42	1 103	167 496.5	10 485
财政收入工具	个人所得税	260.79	1 961.10	0	48 454	10 485
	社保缴费	688.77	1 565.46	0	31 560	10 485
	企业所得税	919.17	1 268.69	0	11 923.6	10 485
	间接税	1 428.98	1 400.08	79.13	17 680.56	10 485

表10-1(续)

类型	变量	均值	标准差	最小值	最大值	样本量
财政支出工具	转移支付	584.79	1 278.87	0	20 000	10 485
	基本养老保险	1 656.43	4 664.29	0	106 400	10 485
	基本医疗保险	658.20	1 289.15	0	8 000	10 485
	教育公共服务	49.91	159.10	0	2 974.62	10 485
	医疗公共服务	147.55	400.92	0	11 102	10 485
家户规模	EU 等值规模	2.17	0.75	1	7.6	10 485
	OECD 等值规模	2.69	1.09	1	10.4	10 485
	KL 等值规模	3.41	1.45	1	15.1	10 485
	未经等值规模调整	3.59	1.75	1	15	10 485

注：表中家庭收入与财政受益（负担）额均为 EU 等值规模下的人均值，单位为元。

10.4　财政工具的农村减贫效应

10.4.1　农村相对贫困状况

本章首先测度了中国农村的相对贫困现状，结果如表 10-2 第 2 行所示。虽然改革开放以来，反贫困工作在消除绝对贫困方面取得了举世瞩目的成就，但农村相对贫困状况不容乐观，未来可持续的长期减贫面临新的挑战。在综合贫困线、国际相对贫困线和脆弱性调整贫困线下，中国农村相对贫困广度分别为 8.31、12.68 和 14.12，相对贫困深度分别为 1.97、3.56 和 4.13，相对贫困强度分别为 0.66、1.38 和 1.66。换言之，在中国农村范围内，至少有 8.31% 的人口处于相对贫困状态。根据相对贫困深度公式，三条相对贫困线下相对贫困人群的人均贫困缺口依次为一年 737 元、1 089 元和 1 205 元[①]，说明贫困人群的收入离相对贫困线仍有较大差距，要使他们脱离贫困或返贫边缘的资金需求总量仍然较大，农村相对贫困现状较为严峻。三条相对贫困线从低到高排序，相应的贫困广度、贫困深度和贫困强度也依次增加，说明相对贫困线越高，农村生活在贫困线以下的

---

① 设贫困线为 z，根据公式（10-10），可以推导出相对贫困人群的人均贫困缺口，即（p_1/p_0）z。

人口越多，所需的扶持资源也越多。

表 10-2 不同相对贫困线下财政工具的减贫效应

类型	贫困线指标	综合贫困线			国际相对贫困线			脆弱性调整贫困线		
		贫困广度	贫困深度	贫困强度	贫困广度	贫困深度	贫困强度	贫困广度	贫困深度	贫困强度
贫困测度	市场收入	19.47	9.08	5.66	23.63	11.42	7.23	25.12	12.18	7.75
	最终收入	8.31	1.97	0.66	12.68	3.56	1.38	14.12	4.13	1.66
减贫效应	财政总体	11.16	7.11	5.00	10.96	7.86	5.85	11.00	8.04	6.09
	支出端	16.60	12.27	10.57	16.28	13.05	11.29	15.94	13.23	11.50
	转移支付	3.71	1.98	1.26	3.47	2.28	1.56	3.72	2.36	1.64
	基本社会保险	11.46	7.61	6.26	11.50	8.34	6.85	11.48	8.52	7.03
	养老保险	6.90	4.91	4.08	7.14	5.31	4.43	7.18	5.42	4.54
	医疗保险	3.22	0.88	0.32	3.63	1.36	0.59	3.78	1.50	0.69
	基本公共服务	0.47	0.17	0.07	0.52	0.24	0.12	0.55	0.25	0.13
	教育服务	0.03	0.01	0.00	0.07	0.02	0.01	0.08	0.02	0.01
	医疗服务	0.41	0.16	0.06	0.44	0.21	0.11	0.47	0.23	0.12
	收入端	-2.96	-0.93	-0.36	-3.65	-1.38	-0.63	-3.72	-1.52	-0.73
	个人所得税	0.00	0.00	0.00	0.00	0.00	0.00	0.00	0.00	0.00
	社保缴费	-1.74	-0.55	-0.22	-1.87	-0.79	-0.38	-1.91	-0.86	-0.43
	企业所得税	-0.21	-0.04	-0.01	-0.31	-0.08	-0.03	-0.43	-0.10	-0.04
	增值税	-1.55	-0.47	-0.19	-1.67	-0.68	-0.32	-1.82	-0.74	-0.37

注：表中贫困测度和减贫效应数据均乘以100。

10.4.2 减贫效应的匿名评价结果

表 10-2 其余部分报告了财政减贫效应的测度结果。财政工具总体使得三种相对贫困线下的贫困广度分别下降了11.16%、10.96%和11.00%，贫困深度分别下降了7.11%、7.86%和8.04%，贫困强度分别下降了5%、5.85%和6.09%，说明整个财政体系的减贫效应较为显著。财政减贫效应可以进一步分解为支出端和收入端的减贫效应，其中支出端导致贫困广度分别减少16.60%、16.28%和15.94%，收入端导致贫困广度分别增加了2.96%、3.65%和3.72%。对比各财政工具的分效应，从贫困广度来看，不论是哪种相对贫困线标准，基本社会保险的减贫作用最大，其次是转移支付，说明目前缓解农村相对贫困主要依靠基本社会保险和转移支付这两类财政工具；而从贫困深度和贫困强度来看，基本社会保险中的养老保险减贫效应最大。同时，个人所得税对相对贫困基本无影响，而社保缴费的

减贫负效应较大。这是因为对于在企业就业的农村人口来说,主要收入来源为工资,只有工资收入超过税法规定的费用扣除总额时才会缴纳个税,但社保缴费是按照工资缴费基数的一定比例计算的,所以社保缴费负担较重。与所得税不同,以增值税、消费税为主的间接税会直接作用于贫困人口,不论穷人还是富人都是间接税的负担者,间接税的减贫负效应较大。

10.4.3 财政致贫与财政增益非匿名评价结果

前文分析了 FGT 指数测算的减贫效应,由于该指标的匿名性,即不关注居民在财政干预前的初始贫困状态,忽略了财政再分配使得一部分相对贫困家庭向上流动的同时也会让一部分贫困家庭收入减损这一客观现实。为此,本章利用财政流动剖面、财政致贫和财政增益指标,以求更全面展现财政对农村居民的减贫贡献。图 10-4 财政流动剖面中的曲线表明了财政再分配前后居民收入变动与市场收入的关系。由图 10-4 可以看出,市场收入越低,财政再分配后的收入增长率越高。市场收入排在 50% 以下的家庭,其收入增长率为正;位于 50% 以上的家庭,其收入增长率为负,整个财政体系具有益贫性。

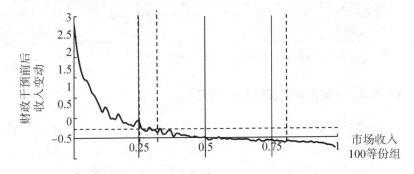

图 10-4 财政流动剖面

注:图中数据根据 CHFS2017 整理得到。纵坐标表示财政再分配后的收入变动,即财政再分配前后的收入对数值之差;横坐标表示由小到大排列的市场收入的一百等份组。横向虚线表示财政再分配后与再分配前的收入对数值之差的均值,纵向虚线从左往右分别表示市场收入中位数的 50%、60%、200% 所在收入组。

表 10-3 为不同相对贫困标准下非匿名评价指标财政致贫与财政增益的结果。在综合贫困线下,总体财政增益发生率为 18.12%,财政增益人均额和人均标准化额分别为 230.82 元和 7.43%。总体财政致贫发生率为

2.05%，财政致贫人均额和人均标准化额分别为 6.11 元和 0.20%。财政增益人均额远高于财政致贫人均额，说明 18.12% 的家庭获得的财政受益总额远高于 2.05% 的家庭承担的财政致贫总额。尽管如此，财政致贫现象仍然不能忽视，个人所得税和企业所得税的致贫发生率均较低，分别仅有 0.01% 和 1.51% 的家庭发生了财政致贫；而间接税和社保缴费的致贫发生率较高，在综合贫困标准下，分别导致 8.31% 和 7.47% 的家庭发生财政致贫，对应的财政致贫人均额分别为 14.89 元和 17.48 元，相比之下，社保缴费的财政致贫发生率较小，但致贫程度更深。从财政增益方面来看，养老保险的增益发生率最大、增益人均额也最高，分别达到 12.31% 和 155.14 元，其次是转移支付的 8.96% 和 62.58 元，最低的是基本公共服务的 4.50% 和 5.47 元。这说明养老保险和转移支付的减贫效应较强，而基本公共服务的减贫效应较弱。这与两类财政工具的政策目标相关，养老保险和转移支付主要针对退休人口和贫困人口，能够更好地瞄准经济困难人群，且家庭受益金额较大，而基本公共服务面向所有居民提供有条件的社会福利，不同人群的贫富差距可能会导致公共服务利用的不平等。此外，医疗保险的减贫效应位于中等位置，其在三种相对贫困线下的增益发生率分别达到 5.75%、8.21% 和 8.98%，财政增益人均额分别为 27.72 元、52.80 元和 61.68 元，其在防范因病致贫、因病返贫方面发挥了较大作用，说明医疗保险对于相对贫困家庭来说是一项提供经济补偿的重要保障。

表 10-3　不同贫困标准下的财政致贫与财政增益

指标		综合贫困线			国际相对贫困线			脆弱性调整贫困线		
		FI/FGP 发生率 /%	公理化指标		FI/FGP 发生率 /%	公理化指标		FI/FGP 发生率 /%	公理化指标	
			人均额 /元	人均标准化额 /%		人均额 /元	人均标准化额 /%		人均额 /元	人均标准化额 /%
财政增益	支出端	24.69	387.59	12.48	28.68	506.84	13.05	29.79	545.60	13.23
	转移支付	8.96	62.58	2.01	11.77	88.35	2.28	12.95	97.15	2.36
	基本社会保险	17.66	240.60	7.75	20.97	323.66	8.34	22.05	351.43	8.52
	养老保险	12.31	155.14	4.99	15.15	206.09	5.31	16.03	223.40	5.42
	医疗保险	5.75	27.72	0.89	8.21	52.80	1.36	8.98	61.68	1.50
	基本公共服务	4.50	5.47	0.18	6.99	9.21	0.24	7.91	10.49	0.25
	教育服务	1.01	0.33	0.01	1.95	0.78	0.02	2.29	0.98	0.02
	医疗服务	4.38	5.07	0.16	6.77	8.32	0.21	7.67	9.42	0.23

表10-3(续)

指标		综合贫困线			国际相对贫困线			脆弱性调整贫困线		
		FI/FGP发生率/%	公理化指标		FI/FGP发生率/%	公理化指标		FI/FGP发生率/%	公理化指标	
			人均额/元	人均标准化额/%		人均额/元	人均标准化额/%		人均额/元	人均标准化额/%
财政致贫	收入端	8.31	29.37	0.95	12.68	53.77	1.38	14.12	62.60	1.52
	个人所得税	0.01	0.00	0.00	0.03	0.01	0.00	0.03	0.01	0.00
	社保缴费	7.47	17.48	0.56	11.53	30.82	0.79	12.90	35.28	0.86
	企业所得税	1.51	1.28	0.05	2.85	3.08	0.10	3.45	3.95	0.10
	间接税	8.31	14.89	0.48	12.68	26.24	0.68	14.12	30.51	0.74
总体财政增益		18.12	230.82	7.43	21.33	317.06	8.17	22.40	345.74	8.38
总体财政致贫		2.05	6.11	0.20	3.24	11.84	0.30	3.66	14.05	0.34

10.5 财政工具的农村减贫效率

10.5.1 基于 FGT 指数的配置效率

表 10-4 是基于 FGT 指数计算的配置效率，如果将财政支出优先分配给贫困家庭以便使尽可能多的家庭脱贫，则可测算出财政支出的潜在最优减贫效应，实际减贫效应与潜在减贫效应相比得到财政支出工具的 FGT 减贫效率，反映出财政支出工具实现潜在最大减贫效应的百分比。

表 10-4 基于 FGT 指标的配置效率　　　单位:%

指标	综合贫困线			国际相对贫困线			脆弱性调整贫困线		
	贫困广度	贫困深度	贫困强度	贫困广度	贫困深度	贫困强度	贫困广度	贫困深度	贫困强度
支出端	66.64	86.16	94.09	56.23	78.58	89.14	53.01	76.20	87.42
转移支付	30.87	50.12	65.41	36.69	45.05	55.35	65.77	57.03	60.72
基本社会保险	57.98	79.44	90.41	47.57	70.09	83.28	44.84	67.34	80.94
养老保险	45.36	71.36	86.01	36.04	59.87	76.33	33.71	56.73	73.27
医疗保险	27.96	30.81	32.26	22.28	27.66	30.15	21.10	26.58	29.37
基本公共服务	5.33	8.08	9.19	3.90	6.25	7.72	3.77	5.80	7.28
教育服务	0.65	0.67	0.44	2.80	1.56	1.02	3.64	1.97	1.25
医疗服务	4.70	7.52	8.73	3.35	5.68	7.19	5.61	6.39	7.27

总体来看，财政支出在综合贫困线标准下的减贫效率最高，以相对贫困广度、贫困深度、贫困强度衡量的配置效率分别达到66.64%、86.16%和94.09%；而财政支出在脆弱性调整贫困线下的减贫效率最低，三种FGT指数衡量的配置效率分别为53.01%、76.20%和87.42%。这说明相对贫困线越低，财政支出总体配置效率越高。得益于精准扶贫战略的有效实施，财政支出政策更多地向低收入人群倾斜，其贫困瞄准精度较高。对比不同财政支出工具的配置效率，我们发现，养老保险和转移支付的配置效率较高，其次是医疗保险，最后是基本公共服务中的医疗服务和教育服务。以综合贫困标准为例，养老保险、转移支付和医疗保险在贫困广度上实现了潜在最大减贫效应的45.36%、30.87%和27.96%，而医疗服务和教育服务分别实现了潜在最大减贫效应的4.70%和0.65%。由于基本公共服务面向所有居民提供，相对贫困家庭的基本公共服务受益人数和额度相对较小，而基本社会保险和转移支付在贫困瞄准率和受益额度两方面均较高，因此，基本社会保险和转移支付的配置效率也较高。

10.5.2　FI/FGP减贫效率

　　FI/FGP减贫效率指标衡量的是财政工具用于减少贫困的有效资金占比。对于财政支出来说，财政工具的增益总额占该工具的资金总额比重越高，该工具的减贫效率越高；而对于财政收入来说，财政工具的致贫总额占资金总额的比重越低，该工具的减贫效率越高。如果相对贫困人群基本没有缴纳税费，那么税费的FI/FGP减贫效率接近100%（见表10-5）。

表10-5　FI/FGP减贫效率　　　　　　单位:%

财政工具	综合贫困线	国际相对贫困线	脆弱性调整贫困线
总体减贫效率	56.12	57.35	57.75
支出端	12.52	16.37	17.62
转移支付	10.70	15.11	16.61
基本养老保险	9.37	12.44	13.49
基本医疗保险	4.21	8.02	9.37
教育公共服务	0.67	1.56	1.97
医疗公共服务	3.43	5.64	6.39
收入端	99.15	98.44	98.18

表10-5(续)

财政工具	综合贫困线	国际相对贫困线	脆弱性调整贫困线
个人所得税	100.00	99.99	99.99
社保缴费	98.78	97.84	97.53
企业所得税	99.85	99.63	99.53
间接税	98.38	97.14	96.68

由表 10-5 的测算结果可知,在三种相对贫困线下,财政总体 FI/FGP 减贫效率在 57% 左右,其中财政支出端的减贫效率在 12%~18%,财政收入端的减贫效率在 98% 以上。随着相对贫困线的提高,缴纳税费的贫困人口增多,财政致贫总额增加,收入端的 FI 减贫效率减少,而同时获得财政支出受益的相对贫困人口也增多,财政增益总额增加,支出端的 FGP 减贫效率增加。总体来看,财政收入端的税费在不增加贫困的情况下都能有效筹集收入,而支出端的转移支付、基本公共服务和基本社会保险的 FGP 减贫效率均有提升空间。

10.5.3 敏感性分析

本章共进行了三类敏感性分析[①]。①等值规模调整。本章分别使用 OECD 和 KL 等值规模调整方法进行了敏感性分析,结果显示,不论在哪条相对贫困线下,3 种 FGT 指数测算的总体减贫效应数值相近,以 FI/FGP 指数测算的总体减贫效应和效率差距不大,各项财政工具的相对贡献与基准分析一致。基于未经等值规模调整的人均收入测度的相对贫困发生率最高,与 KL 等值规模调整的结果相近,约为 EU 等值规模调整的相对贫困发生率的两倍,说明规模经济效应的假设对贫困的测度影响很大,但不影响各类财政工具减贫效应的相对贡献大小。②企业所得税税负归宿假设。不论企业所得税的 3/4 还是 1/4 由资本所有者承担,测算结果与基准分析基本一致,各指标变动幅度不超过 2%。③养老金归宿假设。当养老金归入市场收入时,样本中的老年贫困人口减少,在综合贫困线下,以贫困广度测度的财政总体减贫效应减小至 3.67%,总体财政增益率和致贫率分别为 8% 和 5.26%,其余财政工具的减贫效应不变,支出端的配置效率降低至 50.11%,财政总体 FI/FGP 减贫效率增加到 71.56%。其中,财政总体减

---

① 敏感性分析结果详见附表 3。

贫效率增加的原因在于养老金归入市场收入后，财政支出端的效率降低且权重变小，而收入端的效率不变、权重增加，故两者加权相加后的总体减贫效率增加。总体而言，敏感性分析的结论与基准分析的结论基本一致，说明本章结论具有一定的稳健性。

10.6　本章小结

20世纪80年代，"华盛顿共识"将"滴漏式增长"作为减贫的重要基础理论，然而发展中国家的经济社会发展历程表明，穷人不一定能分享到经济增长带来的收益。那么，如何才能在持续稳定增长中有效减贫？中国的扶贫主张以及脱贫攻坚举措，支持和丰富了发展中国家反贫困理论和实践。在2020年之后的"后精准扶贫"时代，中国不仅要巩固脱贫成果，还需重新定义贫困问题，建立解决相对贫困的长效机制。为此，本章设定了相对贫困标准，并评估了财政工具在减贫中的贡献，以期为反贫困战略转型提供经验。

本章研究表明，中国财政再分配体系实现了精准扶贫，各种财政工具的综合作用显著降低了农村相对贫困的广度、深度和强度。财政增益远大于财政致贫，表现为财政总体的增益发生率为18%~23%，而财政致贫发生率为2%~4%，其中养老保险和转移支付的财政增益较多，社保缴费的财政致贫人均额最大，间接税的财政致贫发生率最高。从减贫效率来看，转移支付和基本社会保险对农村相对贫困的瞄准较好，配置效率相对较高，而整个财政系统的FI/FGP减贫效率在57%左右，仍有一定的提升空间。基于以上结论，本章得出以下启示：

第一，以居民收入为测算基础，分地区设定相对贫困标准。从本章测算结果来看，逐步采用相对贫困标准是可行的，并不会造成大量农村人口处于相对贫困线以下。欠发达地区可考虑运用综合贫困线的方法来设定相对贫困标准，该方法简单易行且政府扶贫救助的财政负担较小，同时可覆盖易返贫的边缘贫困人口，有助于巩固脱贫成果；而发达地区可采用基于参照收入设定的国际相对贫困线或考虑了返贫风险的脆弱性调整贫困线对相对贫困人口进行监测。与此同时，在收入脱贫和"两不愁、三保障"多维脱贫并举的实践经验基础上，建立包括健康、教育、住房等在内的多维贫困指数，对特定贫困人群进行识别与瞄准，以便采取更具针对性的扶贫政策。

第二，建立科学的扶贫瞄准机制，提高转移支付的减贫效率。提高低保户、五保户补助等转移支付的瞄准精度，完善保障性救助体系的动态调整机制，防止"漏保""错保"现象，实现深度贫困全覆盖。同时，探索在转移支付制度中引入竞争激励机制，对具有劳动能力的相对贫困家庭采取"以奖代补"的扶助形式，避免转移支付政策落入福利陷阱。加强农村扶贫政策宣讲和信息公示，提高各项转移支付资金的透明度，确保资金分配的公平合理。此外，发展和规范慈善事业，拓宽社会救助渠道，鼓励引导个人、企业和社会团体对贫困儿童、残疾人等能力受限贫困人群提供救助，使社会扶贫成为政府扶贫的补充力量。

第三，提高基本公共服务可及性，更好发挥基本社会保险的扶贫作用。加大农村教育、医疗等公共服务的财政投入，完善农村学校、医院设施设备，提高教育和医疗服务水平，增强农村基本公共服务的便捷性。结合社会资源，对贫困家庭受教育子女提供资助，提升其升学机会。建立教育减贫基金，鼓励农村贫困劳动力接受教育或技术培训，提高贫困人口自我发展能力，增加就业和增收机会。扩大农村贫困人口的医疗救助范围，加大对大病保险的支持力度，减少因病致贫、返贫。完善农村基本社会保险制度，缩小城乡之间社会保障水平差距，特别是提高农民工社保参保率和保障水平。

第四，加快建立以直接税为主的税制体系，减少间接税对贫困人口的致贫效应。进一步推进结构性减税，简化增值税税率结构，有助于降低增值税占比、减少税负不公；适时推出房地产税、遗产税等财产税，重点培育直接税税种，有利于保护低收入群体，缩小收入分配差距；建立个人收入和财产信息系统，提高税收征管的信息化水平，为所得税、房地产税等直接税的改革提供技术支撑。

11　扶贫改革制度创新：巩固脱贫成果

11.1　提出问题

对于未来长期减贫面临的新困难和新挑战，中国政府未雨绸缪地在东部地区进行了扶贫创新改革，以期为下一步建立高质量减贫标准体系、兼顾农村贫困和城市贫困、防范深度贫困地区返贫、增强内生发展动力等扶贫开发工作提供经验证据。由于区域发展阶段不同，在中西部地区着力解决绝对贫困时，东部地区已经于2013年基本消除了绝对贫困，进入缓解相对贫困、防范返贫风险的新阶段（左常升，2016）。2019年全国两会期间，国务院扶贫办刘永富主任表示，东部9省市中已经有8个省市没有国家标准的贫困人口①。面对东西部区域间的不同贫困特征，2013年国务院扶贫开发领导小组在浙江省丽水市、辽宁省阜新市、广东省清远市设立第一批扶贫改革试验区，又于2015年在福建省三明市、江苏省宿迁市、山东省淄博市设立第二批试验区。扶贫改革试验区的设立是为了突破传统扶贫开发体制机制障碍，形成区域发展与扶贫开发良性互动的新格局，力争构建一个规范、完整、激励相容的多层次扶贫体系，从而完成缓解相对贫困、缩小发展差距、实现共同富裕的新任务。

然而，扶贫改革试验区的增收效应、多维减贫效应以及贫困脆弱性减缓效果，缺乏实证上的准确测度与客观评判。辖区内农村居民收入的提高和跌入多维贫困陷阱概率的降低在多大程度上受扶贫改革试验区设立的影响，其减贫的内在机理和传导机制是什么？各个试验区相应的扶贫创新制

---

① 新浪新闻. 扶贫办主任刘永富：2019年再减少1 000万贫困人口［EB/OL］.（2019-03-07）［2024-04-20］. http://news.sina.com.cn/o/2019-03-07/doc-ihsxncvh0645992.shtml.

度有何不同，政策效果是否存在异质性？试验区的经验是否可以为 2020 年后长期减贫方案提供指导，进而形成可持续发展的扶贫模式？科学地评估这一系列问题不仅有益于分析不同地区在防范返贫风险和巩固脱贫成果时应该做什么以及采取什么方式更为有效，还能为新时代完善相对贫困治理提供可靠方案。

因此，本章以扶贫改革试验区的设立作为准自然实验，旨在分析"扶贫改革试验区是否产生了政策效果"和"不同的政策设计及其不同的实施条件对减贫的影响有何差异"这两个关键问题，全面评估试验区的收入效应、减贫效应、影响机制和作用渠道。相较于既有研究，本章可能的边际贡献在于：第一，对扶贫改革试验区的政策效果及传导机制进行了实证检验，弥补了现有文献多是研究中西部扶贫政策、而缺少东部减贫策略的不足，拓展了区域扶贫的研究领域；第二，在指标选择和估计方法上，构建了多维减贫、贫困脆弱性与慢性贫困等贫困动态识别指标，使用合成控制法和双重差分法分别从城市和家户两个层面识别出政策效应，为扶贫改革试验区的政策完善与实践推广提供了实证证据和理论指导；第三，探讨各扶贫改革试验区的减贫效果差异及其背后存在的影响机制，深入分析扶贫创新政策的作用渠道，进而为 2020 年以后的中国扶贫策略提供新思路。

11.2　文献回顾

反贫困是一个全球性挑战，完全依靠经济增长并不能自发地解决贫困问题，穷人可能无法分享到高增长的收益（Ravallion & Jalan，1999）。为了缓解和消除贫困，世界各国政府在政策设计和工具运用上进行了多种尝试，其减贫方略有何特征？实施效果如何？国内外学者围绕相关主题进行了多层次、多角度的深入研究，以寻找摆脱贫困的方法。

11.2.1　扶贫工具的实施效果

根据靶向区域的经济地理特征，各国政府通常选择运用教育扶持、信贷优惠、就业帮扶和基础设施建设等多种政策工具组合推动地区反贫困事业（Ferraz et al.，2012；Khandker & Koolwal，2016）。在越南和印度，非农就业补助提升了弱势群体的人力资本，在带动贫困人口脱贫和减少贫困脆弱性方面效果显著（Imai et al.，2015）。在美国集中连片特困地区阿巴拉契亚，教育和社会保障的扶贫效果不佳，减贫主要依赖于产业多样性和知识多样性（丁建军 等，2016）。

由于农村贫困在沿海与内陆之间具有巨大差异，加快内陆地区减贫是国际组织帮助中国扶贫的主攻方向。比如，联合国国际农业发展基金（IFAD）从1981年开始积极参与中国农村减贫事业，将资金补助瞄准西北、西南和中部20多个省份的贫困地区，在增加农户收入、保障粮食安全和提高抵御自然灾害能力等方面做出重要贡献（帅传敏 等，2016）。世界银行1995年在广西、贵州和云南开展了西南项目（SWP），覆盖3省1 800多个贫困村，主要为当地家庭提供贷款和有条件的现金转移支付（Chen et al.，2009）。

中国政府采用的扶贫工具以财政手段为主，包括转移支付、税收优惠、产业发展以及基础设施建设等方式。卢盛峰等（2018）基于中国健康与营养调查的数据研究发现，政府转移支付具有较好的"精准扶贫"效果，能够促进居民收入再分配公平。在税收政策方面，大规模的减税降费能让穷人获益更多（张楠 等，2019）。黄志平（2018）发现国家级贫困县可以通过产业结构优化持续带动经济发展，政府建设投入需向产业扶贫开发倾斜。谢申祥等（2018）更是指出，农村基础设施的可获得性对减贫具有正向影响。

11.2.2 区域瞄准计划的减贫效应评估

在扶贫实践中，中国政府主要通过区域瞄准的方式开展扶贫工作。1986年国务院贫困地区经济开发领导小组成立，确定了一批国定和省定贫困县以安排专项扶贫资金（Chen & Ravallion，2010）[①]。1994—2010年《国家八七扶贫攻坚计划》将592个国家级贫困县作为主要扶持对象，扶贫投资以贫困县为基本瞄准单位（汪三贵 等，2007）。2011年《中国农村扶贫开发纲要（2011—2020年）》确定了14个连片特困地区，瞄准策略从贫困村过渡到贫困家庭与贫困人口。

关于区域瞄准计划的实际减贫效果，相关研究结论并不一致。Park等（2002）运用双重差分法评估"八七扶贫攻坚计划"，发现农民人均收入在

---

① 到1992年年底确定的国家级贫困县有331个，省级贫困县有368个。

1992—1995 年增长了 0.91%。毛捷等（2012）也认为该计划有效缓解了农村贫困，温饱问题基本得到解决。李绍平等（2018）基于 2 079 个区县的面板数据，证实设立集中连片特困地区能够促进经济发展。部分研究发现区域扶贫政策的长期效果不确定。Meng（2013）利用断点回归方法（regression dircontinuity design，RDD）方法再次检验了"八七扶贫攻坚计划"，发现长期减贫效应并不显著。王艺明和刘志红（2016）基于贵州、甘肃、内蒙古及河北 4 省县级数据，研究认为"八七扶贫攻坚计划"对贫困县农民增收的长期影响不稳定。

相较于中西部区域扶贫研究，关注东部地区扶贫改革试验区的文献十分有限。左停等（2017）对比了 6 个扶贫改革试验区精准扶贫创新措施，认为只有多样化的扶贫措施供给才能保障扶贫的精准性和长期性。李卓和左停（2018）基于扶贫改革试验区 Z 市典型案例，分析了资产收益扶贫的减贫机理与实践困境。张国建等（2019）评估了辽宁扶贫改革试验区的经济增长效应，对政策引致的溢出效应和传导机制进行了分析。

综上所述，已有部分研究对扶贫改革试验区的实施基础、运行机制和地方经验进行了阐述，但有关评估试验区对减贫影响的实证研究却是凤毛麟角，试验区的扶贫机制运行机理仍隐讳于理论阐述之中。尤其是在中国经济进入新常态、扶贫开发进入新时期的双重背景下，客观精准地评价扶贫改革试验区政策效果，对 2020 年脱贫攻坚任务完成后的减贫战略前瞻具有重要意义。

11.3　制度背景

在中西部地区，我国政府实施了西部大开发战略、振兴东北战略、东西部扶贫协作和对口支援，旨在缩小区域间发展不平等（刘瑞明和赵仁杰，2015）。在更为精准的区域扶贫策略上，中央政府确立了 592 个国家级扶贫工作重点县、11 个集中连片特困地区和"三区三州"深度贫困地区，作为扶贫攻坚冲刺期的主战场。与中西部地区扶贫主要依赖"输血式"中央财力支持不同，东部地区整体贫困主要通过"造血式"内生性发展来解决。2000 年中央调整扶贫开发的事权划分，中部和西部地区的减贫事宜明确由中央政府负责，东部 6 省减贫任务主要由地方政府自己负责。

至此，中国扶贫开发的区域瞄准策略实质上演化为两大类型：一类是由中央主导的中西部地区的扶贫开发；另一类是由东部地区自主主导的扶贫开发。

东部区域扶贫主要依托扶贫改革试验区。2013 年国务院扶贫开发领导小组印发《关于设立扶贫改革试验区的意见》，并于 2013 年和 2015 年分别确定在丽水市、阜新市、清远市以及宿迁市、三明市、淄博市设立扶贫改革试验区。试验区建设突出"扶贫""创新""发展"主题，包含扶贫资金管理、产业扶贫、金融扶贫、社会参与扶贫等多方面探索，强调政府、企业和社会三个治理主体共同参与、协调合作监督。试验区坚持开发式扶贫方针，通过推进扶贫方式的创新，提升扶贫对象自主发展能力，努力构建成果共享的发展新模式。

由于各地的扶贫具有特殊性和复杂性，各个扶贫改革试验区还创建了具有自身特色的扶贫开发新模式。比如，丽水市强调金融互助扶贫和低收入人群均等发展机会公平，实施建立"政银保""爱心卡"扶贫信贷和村级互助基金，辅以"户籍改革居民证+社员证双证保权益"和"宅基地村级流转保收益"的配套措施。阜新市以"三保险"扶贫和社区村民合作扶贫为特色，构建了"政银保+医疗保+人身保"的风险防范体系，推动"企业+基地+农户"的帮扶模式。清远市在整合涉农资金和提升贫困社区自我服务方面做出更多努力，推进建立"一池一库六类别"涉农资金管理模式，设立"三年扶贫开发资金"用于产业、就业、金融和资产收益扶贫，推动农村集体产权制度和村民参与式管理自治改革。第二批扶贫改革试验区中，宿迁市的特色扶贫模式是多层次就业扶贫与社会政策领域组合扶贫，淄博市推动了参与式资产扶贫与"精准扶贫+养老"模式扶贫，三明市建立了沙县小吃产业扶贫和多方式生态扶贫。

11.4　研究方法、变量说明与数据说明

11.4.1　研究方法

本章利用 Abadie 和 Gardeazabal（2003）提出的合成控制法（synthetic control methods，SCM）展开研究，将对照组进行加权组合构造出与处理组极其相近的"反事实"合成组，通过对比政策实施后处理组与合成组的差

异来模拟政策影响。假定观察到 $J+1$ 个地区 T 期的贫困状况 Y_{it}，其中，第一个地区是处理组，在 T_0 获批为扶贫改革试验区并持续受到政策影响，剩余的 J 个地区为不受试验区影响的对照组。将 $Y_{it}^N (i=1, \cdots, J+1, t=1, \cdots, T)$ 定义为第 i 个地区在第 t 年未成立试验区时的贫困状态，$Y_{it}^I (i=1, \cdots, J+1, t \in \{T_0+1, \cdots, T\})$ 是成立试验区后第 i 个地区在第 t 年的贫困状态，当 $t \in \{1, \cdots, T_0\}$ 时满足 $Y_{it}^I = Y_{it}^N$。引入虚拟变量 D_{it}，当地区 i 在时刻 t 受到政策干预时，$D_{it}=1$，否则 $D_{it}=0$，故地区 i 在时刻 t 的结果变量可以表示为：$Y_{it} = Y_{it}^N + \alpha_{it} D_{it}$，其中 α_{it} 代表第 i 个地区在 t 时刻受试验区影响的政策效应。对于 $t > T_0$，政策效应可以表示为 $\alpha_{it} = Y_{it}^I - Y_{it}^N = Y_{1t} - Y_{it}^N$，由于 Y_{it}^I 可以被观测到，要估计 α_{it} 仅需估计出 Y_{it}^N 即可：

$$Y_{it}^N = \delta_t + \theta Z_i + \lambda_t \mu_i + \varepsilon_{it} \tag{11-1}$$

其中，δ_t 是时间固定效应，Z_i 表示可观测的不受政策影响的 $(r \times 1)$ 维向量，θ 是未知系数向量。$\lambda_t \mu_i$ 为不可观测的互动固定效应。λ_t 为 $(1 \times F)$ 维不可观测的"共同因子"向量，代表时间固定效应，μ_i 为 $(F \times 1)$ 维因子载荷，代表地区固定效应。ε_{it} 是独立于个体与时间的随机扰动项，反映在地区层面上未观测到的短暂冲击。

为估计 Y_{it}^N，合成控制法设立 $J+1$ 权重向量 $W = (w_2, \cdots, w_{J+1})'$，其中 $w_i \geq 0 (j=2, \ldots, J+1)$ 且 $w_2 + \ldots + w_{J+1} = 1$。权重向量 W 为对照组的加权平均，每一个特定的取值代表一种潜在的合成控制，从而得出：

$$\sum_{j=2}^{J+1} w_j Y_{it} = \delta_t + \theta_t \sum_{j=2}^{J+1} w_j Z_i + \lambda_t \sum_{j=2}^{J+1} w_j \mu_i + \sum_{j=2}^{J+1} w_j \varepsilon_{it} \tag{11-2}$$

假定存在一组权重向量 $W^* = (w_2^*, \cdots, w_{J+1}^*)'$，满足：

$$\sum_{j=2}^{J+1} w_j^* Y_{jt} = Y_{11}, \quad \sum_{j=2}^{J+1} w_j^* Y_{j1} = Y_{11}, \quad \cdots,$$

$$\sum_{j=2}^{J+1} w_j^* Y_{jT_0} = Y_{1T_0}, \quad \sum_{j=2}^{J+1} w_j^* Z_j = Z_1 \tag{11-3}$$

若 $\sum_{t=1}^{T_0} \lambda_t' \lambda_t$ 是非奇异的，Abadie 等（2010）证明了如下等式：

$$Y_{it}^N - \sum_{j=2}^{J+1} w_j^* Y_{it} = \sum_{j=2}^{J+1} w_j^* \sum_{s=1}^{T_0} \lambda_t$$

$$\left(\sum_{n=1}^{T_0} \lambda_n' \lambda_n \right)^{-1} \lambda_s' (\varepsilon_{js} - \varepsilon_{1s}) - \sum_{j=2}^{J+1} w_j^* (\varepsilon_{jt} - \varepsilon_{1t}) \tag{11-4}$$

在此假定下，公式（11-4）趋近于 0。因而，对于 $t \in \{T_0 + 1, \ldots, T\}$，可以使用 $\sum_{j=2}^{J+1} w_j^* \, Y_{jt}$ 作为 Y_{it}^N 的无偏估计来近似 Y_{it}^N，则政策效应为：

$$\hat{\alpha}_{1t} = Y_{1t} - \sum_{j=2}^{J+1} w_j^* \, Y_{jt} \tag{11-5}$$

在实践中很难找到权重使得上述等式拟合数据完全与实际数据相等，因而求解最佳的权重向量 W^* 是关键。令 $Y_j = (\overset{\frown}{Y_j} \backslash \overset{\rightarrow}{Y_j})$ 为第 j 个地区的 $(T \times 1)$ 维产出向量，$Y_0 = (\overset{\frown}{Y_0} \backslash \overset{\rightarrow}{Y_0})$ 为所有潜在控制组地区 $(T \times J)$ 维产出矩阵，其中 $\overset{\frown}{Y_j}$ 与 $\overset{\frown}{Y_0}$ 分别代表干预前的变量，同理 $\overset{\rightarrow}{Y_j}$ 与 $\overset{\rightarrow}{Y_0}$ 代表干预后变量。i 地区获批为扶贫改革试验区前的结果变量线性组合为：$\overline{Y}_i^K = \sum_{s=1}^{T_0} k_s \, Y_{is}$，其中 $K_M = (k_1, \cdots, k_{T_0})$ 为 $(T_0 \times 1)$ 维行向量。界定 $X_1 = (Z_1'; \, \overline{Y}_1^{K_1}, \cdots \overline{Y}_1^{K_M})'$ 为 $(k \times 1)$ 维列向量，反映处理组的事前特征，其中 $k = r + M$。类似地，定义 X_0 为 $(k \times J)$ 维矩阵，反映潜在对照组的事前特征，则 X_1 和 X_0W 的距离表示为：

$$\|X_1 - X_0W\|_V = \sqrt{(X_1 - X_0W)' V (X_1 - X_0W)} \tag{11-6}$$

其中，V 为 $(k \times k)$ 的对称半正定矩阵，表示事前特征变量的相对重要性。合成控制法的估计旨在寻求最佳的 W^* 和 V^*，使得 X_1 和 X_0W 的距离 $\|X_1 - X_0W\|_V$ 最小化。虽然对于任意 V 的选择估计都是有效的，但 V 的选择会影响估计的均方根误差。因此，在 MSEP 最小化下，确定最优 V^*，得到最优控制组权重组合 W^*，从而使合成路径尽可能接近实际路径。

11.4.2　变量说明

农民收入持续增加和可行能力提高是巩固脱贫成果、解决相对贫困的保证。Sen（1976）认为，可行能力不仅包括收入增长，还包括教育、健康和生活质量等权利获得。相较于收入贫困，多维贫困能够更好地反映贫困群体的内生发展动力，有利于提高脱贫质量和降低返贫风险。借鉴其思路，本章将收入贫困的简单测度扩展到基于公理方法、福利方法的多维贫困测度标准，以收入减贫和多维减贫衡量扶贫改革试验区政策的有效性。

具体而言，利用农村居民人均收入作为收入减贫指标，宋扬和赵君（2015）印证了劳动收入对一个家庭脱贫的重要性，农民收入越高表明试验区的收入减贫效果越好。利用地级市数据构建地区多维减贫指数，反映地区内农民摆脱多维贫困的可能性。中国家庭多维贫困状况的衡量通常选取教育、健康、医疗、生活质量等指标（郭熙保和周强，2016）。郑长德和单德鹏（2016）从致贫原因入手，从机会和风险视角选择地区层面各贫困维度替代个体多维贫困。延续其思路，结合数据可得性，本章选择农业发展机会、信息获取机会、产业关联机会、教育发展机会、金融发展机会、医疗卫生服务共 6 个维度 9 个指标，构建地区多维减贫指数。传统多维贫困指数在分项贫困指标加总之前，多是通过门槛值设定的哑变量将人群划分为"贫困"和"非贫困"两种状态，忽略了现实中多维剥夺并非严格的非此即彼，可能存在"接近于贫困""容易变为贫困""远离贫困"等多种状态。为此，本章采用潜类别模型中的因子分析法构建综合性的多维减贫指数，指数越大表明经济机会、风险管理以及教育医疗服务越好，辖区内农村居民摆脱多维贫困的概率越大。

为了得到最优的合成控制对象，本章还加入经济因素、社会因素、人口特征、地理条件等外生环境作为预测控制变量，包括财政支出、固定资产投资、商品销售、外商投资、工业产值、邮政规模、人口密度、城市温度、降水量以及坡度等。金额类指标采用 GDP 平减指数进行物价消胀处理，确保价格上的可比性。

11.4.3　样本选择与数据说明

为了避免国家级贫困县、集中连片特困地区和"三区三州"等中西部区域扶贫政策的干扰，本章选择 2003—2016 年中国东部地区 80 个地级市的平衡面板数据为初始样本。在 6 个扶贫改革试验区中，2015 年设立的扶贫改革试验区在样本中时间较短，难以评估政策效果，本章主要分析丽水市、阜新市和清远市试验区的减贫效应。选择东部地区未设立扶贫改革试验区的 77 个地级市作为对照组，处理组为丽水市、阜新市和清远市。农村居民人均收入数据来自各省统计年鉴，城市平均温度、降水量和坡度数据来自寒区旱区科学数据和 CRU TS 数据集，其余数据来自《中国城市统计年鉴》和《中国统计年鉴》。

11.5 实证结果分析

11.5.1 基本估计结果

图 11-1 至图 11-3 分别汇报了三个城市实际与合成的减贫指数，其中实线代表实际减贫指数，虚线代表合成减贫指数，垂直虚线代表扶贫改革试验区设立的起始年份。结果显示，在垂直虚线左侧，不管是使用收入减贫指数还是多维减贫指数作为评估变量，各试验区与其合成组路径高度重合，差异极小，表明"反事实"合成对象很好地拟合了政策实施前的收入贫困与多维贫困状况。在垂直虚线的右侧，实际路径与合成路径出现偏离，二者的差值即为扶贫改革试验区的减贫效果。

丽水试验区成立后，实际减贫指数与合成拟合值大幅偏离（见图 11-1），二者呈现喇叭状分布，这意味着与没有设立扶贫改革试验区相比，丽水试验区显著提高了农民收入和摆脱多维贫困的可能性。在时间趋势上，丽水试验区起到了立竿见影的扶贫作用，试验区设立的第一年效果最为明显，随后减贫效应逐渐放缓，政策实施效果演化为稳定减贫状态。

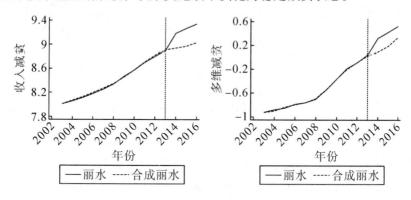

图 11-1 丽水扶贫改革试验区的政策效果

如图 11-2 所示，阜新试验区政策实施后，农民收入实际值略高于合成拟合值，短期减贫效应较为稳定，长期政策效果具有减小趋势。阜新多维减贫指数的实际值也高于合成拟合值，并且该差异在长期内更为明显，表明穷人脱离贫困陷阱的可能性不断增大。如图 11-3 所示，清远试验区设立一年后，清远农民实际收入与合成收入非常接近，从 2015 年开始二者才出现偏离，说明试验区的增收效应存在滞后性。清远试验区的多维减贫效应呈现先增大后减小的趋势，表明试验区在短期内具备多维减贫效应，而多维减贫的长期效应有所减弱。

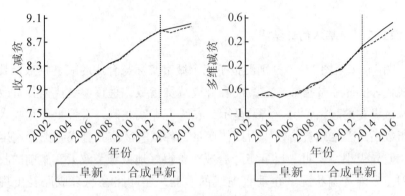

图 11-2 阜新扶贫改革试验区的政策效果

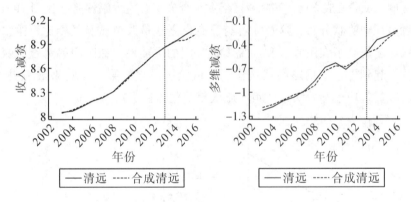

图 11-3 清远扶贫改革试验区的政策效果

由以上结果可知，扶贫改革试验区对农民收入增加和多维减贫产生了明显的促进作用。不同试验区的政策效果显现出区域差别，不管是收入减贫还是多维减贫，丽水试验区的政策效果最为明显，阜新试验区和清远试验区的短期减贫效应相对平稳、长期效应逐渐减弱。表 11-1 汇报了这三个试验区设立的收入减贫效应与多维减贫效应，丽水试验区的农民人均收入增长率与多维减贫指数增长率最高，收入与多维的减贫效应下限分别达到了 2.74% 和 54.48%。

比较各扶贫改革试验区政策，丽水市设计了更多扶贫开发的激励机制，把明晰产权作为基础工作，促使扶贫对象提升自我发展能力，有利于长期减贫。比如，丽水试验区通过探索土地承包经营权、宅基地使用权和山林承包权的"三权"抵押模式，赋予农民更加完整的财产权利，提高了农户的融资能力和生产积极性。推进集体经济组织资产折股到户的集体产权改革，建立农村产权流转网上交易平台和地理信息系统，从而强化了丽水市合作经济的性质。

表 11-1 扶贫改革试验区的减贫效应

类别	指标	丽水	阜新	清远
收入减贫	年均农民人均收入增长率/%	3.14	0.66	0.50
	中位减贫效应/%	3.29	0.59	0.78
	减贫效应下限/%	2.74	0.55	0.75
多维减贫	年均多维减贫指数增长率/%	138.71	39.12	14.09
	中位减贫效应/%	124.51	39.08	11.64
	减贫效应下限/%	54.48	27.19	5.44

注：增长率＝（城市实际值−合成控制对象值）/合成控制对象值，年均增长率＝政策实施后各年减贫指数增长率的平均值；中位减贫效应为减贫指数增长率的中位数；减贫下限效应为最低减贫指数增长率。

11.5.2 有效性检验

11.5.2.1 安慰剂检验法

构造合成控制组，得到处理组城市的最优权重组合。当评估变量为收入减贫指标时，丽水市和清远市的最相似城市为汕尾市，阜新市的最相似城市为朝阳市；当评估变量为多维减贫指标时，丽水市的最相似城市为潮州市，阜新市和清远市的最相似城市仍分别为朝阳市和汕尾市。图 11-4、图 11-5、图 11-6 汇报了虚假实验结果。各虚假城市收入减贫指数的实际路径与合成路径高度重合，说明极为相似的城市，如果未设立扶贫改革试验区，就不存在相应的收入减贫效应。各虚假城市的多维减贫指数在政策实施前的拟合效果不理想，可以认为虚假城市没有多维减贫效应。

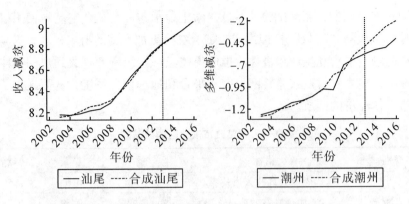

图 11-4 汕尾市与潮州市虚假实验（丽水市最相似城市）

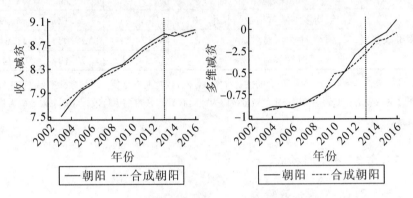

图 11-5 朝阳市虚假实验（阜新市最相似城市）

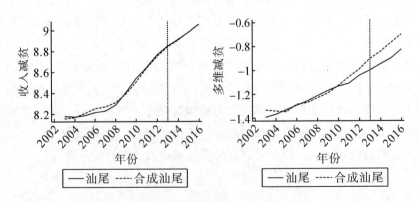

图 11-6 汕尾市虚假实验（清远市最相似城市）

11.5.2.2 排列序检验法

该方法假设所有控制组城市在 2013 年均设立了扶贫改革试验区，比较丽水、阜新、清远实际产生的政策效果和控制组城市假设情况下产生的政策效果。采用 Abadie 等（2010）提出的均方根百分比误差（root mean square percentage error，RMSPE）衡量一个城市与其合成控制对象之间的拟合程度，RMSPE 值越大，表明实际值与合成值的差距越大。如果政策效果是显著的，最理想情况是政策实施前处理组的 RMSPE 尽可能小，而政策实施后的 RMSPE 尽可能大。

图 11-7 显示了丽水试验区与其控制组的收入减贫与多维减贫指数的差值分布，黑色实线表示丽水市，灰色虚线表示控制组城市。2013 年之前，丽水与其他城市的减贫指数变动的差距并不大，但扶贫改革试验区设立后，丽水与其他城市的差距开始拉大，图 11-7 中实线分布于大多数城市的外部。计算 2013 年前后的 RMSPE 比值，无论是收入减贫还是多维减贫，都只有一个城市的 RMSPE 比值大于丽水市，即丽水试验区的收入减贫效应和多维减贫效应分别在 2.57% 和 2.74% 的统计水平上显著为正[①]。阜新与清远的排列序检验结果相对一般，这与前文结论一致，即阜新市和和清远市和试验区的减贫效果小于丽水试验区。

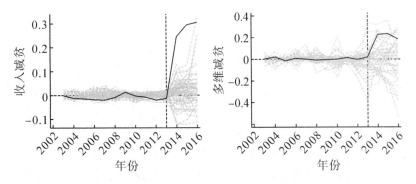

图 11-7　汕尾市与潮州市虚假实验（丽水市最相似城市）

11.5.3　稳健性检验

11.5.3.1　PSM-DID 估计方法
与工具变量法等方法相比，倾向值得分匹配的双重差分法（PSM-

---

① 收入减贫指数作为评估变量时，样本城市 78 个，只有一个城市政策前后 RMSPE 比值大于丽水，显著性水平可以认为是 2.57%（2/78＝0.025 7）；多维减贫指数作为评估变量时，样本城市 73 个，也只有一个城市政策前后 RMSPE 比值大于丽水，显著性水平可以认为是 2.74%（2/73＝0.027 4）。

DID）可以更好地控制观测和非观测因素的影响，进而能更有效地校正选择性偏差（Caliendo & Kopeinig，2008）。其中，PSM 用于处理样本偏差问题，DID 通过差分解决内生性问题分离出"政策处理效应"。检验发现 PSM 匹配后的样本满足条件独立分布假设和平行趋势假设检验，说明该方法运用合适。表 11-2 汇报了估计结果，无论采用何种匹配法考察收入或多维减贫效应，试验区虚拟变量与政策实施前后时间虚拟变量的交叉项均显著为正。

表 11-2　PSM-DID 稳健性检验

类型	最近邻匹配法		半径匹配法		核匹配法	
	（1）	（2）	（3）	（4）	（5）	（6）
	收入减贫	多维减贫	收入减贫	多维减贫	收入减贫	多维减贫
DID	0.144*** (0.02)	0.146*** (0.05)	0.138*** (0.03)	0.127** (0.06)	0.152*** (0.03)	0.119** (0.06)
控制变量	是	是	是	是	是	是
地区固定效应	控制	控制	控制	控制	控制	控制
年份固定效应	控制	控制	控制	控制	控制	控制
Within R^2	0.976	0.952	0.982	0.956	0.976	0.955
观察值	154	154	112	112	140	140

注：***、**、*分别表示在 1%、5% 和 10% 水平下显著，括号内为稳健标准误。

11.5.3.2　利用家户调查数据检验

本章使用的数据来自西南财经大学中国金融调查与研究中心 2013 年和 2017 年的中国家庭金融调查（CHFS）数据。该调查分别于 2013 年和 2017 年的 7 月至 8 月完成，为本章研究 2013 年扶贫改革试验区的设立提供了绝佳的时间窗口。为了排除中西部扶贫政策干扰，本章仍然选择东部六省的家户样本，考虑到前后两次调查的不平衡可能导致估计结果偏误，将原样本处理为平衡面板数据。在识别策略上，我们采用倍差法来开展检验分析。构造时间虚拟变量，2013 年和 2017 年的家户样本分别表示扶贫改革试验区设立前、后的时期，构造地区虚拟变量，在试验区内的家户视为处理组，否则为控制组，通过时间和地区两种虚拟变量的交互项识别家庭收入与贫困是否受到试验区设立的影响。

选择家户的市场性收入、劳动性收入、政府性转移收入，以及贫困脆弱性、慢性贫困作为被解释变量。市场性收入包括财产性收入和投资性收入，劳动性收入包括工资薪金收入、农业净收入和工商业净收入，政府性转移收入是家庭获得的政府各种补贴。贫困脆弱性表示为家庭未来发生贫困的概率，借鉴 Chaudhuri 等（2002）的方法，采用三阶段可行广义最小二乘法估计，并进一步计算慢性贫困。控制变量包括净资产、人口规模等家庭特征变量和户主年龄、性别、受教育程度、健康状况等个体特征变量，金额类指标全部取对数。

表 11-3　扶贫改革试验区对家户收入和贫困的影响

类型	家户收入指标			家户贫困指标	
	（1）	（2）	（3）	（4）	（5）
	市场性 收入	劳动性 收入	政府性 转移收入	贫困 脆弱性	慢性 贫困
DID	0.660 *** （0.078）	1.768 *** （0.097）	1.330 *** （0.126）	-0.026 *** （0.005）	-0.031 * （0.017）
控制变量	是	是	是	是	是
地区固定效应	控制	控制	控制	控制	控制
Within R^2	0.449	0.446	0.227	0.932	0.899
观测值	6 944	5 332	1 794	7 308	7 308

注：***、**、* 分别表示在1%、5%和10%水平下显著，括号内标准误（cluster）在城市层面。

从表 11-3 模型（1）至（3）的回归结果看，试验区政策实现了家庭收入的开源，能够显著提高市场性收入、劳动性收入和政府性转移收入。试验区的增收效应并不单单只是因为政府对辖区内居民提供更多补助，还在于提升了开发脱贫能力，使得家庭的市场性收入和劳动性收入增加，说明试验区创新式扶贫手段带来了劳动激励效应和"扶智扶志"效果，而这恰恰是长期减贫的力量源泉。模型（4）、模型（5）中试验区设立对贫困脆弱性和慢性贫困的影响分别为-0.026 和-0.031，家庭未来发生贫困的可能性降低，表明东部地区的扶贫改革能够有效防范已经脱贫的家庭返贫，有利于巩固脱贫成果，保证脱贫机制的长效性。

处理组和对照组间的事前平行趋势，是运用双重差分法的前提假设。然而城市设立扶贫改革试验区的选择并非随机，我们用三种办法缓解可能存在的内生性问题。方法一，根据合成控制法找到与试验区相似的其他地级市，将 CHFS 数据中属于这些相似地级市（葫芦岛市、抚顺市和宁德市）的家户当作处理组进行安慰剂检验。方法二，选择改革前后受试验区扶贫政策影响程度相同的组别，随机定义其中一半样本为"伪处理组"，另一半样本为"伪对照组"，如果交互项系数不显著，说明受影响相同的组不存在显著不同的时间趋势，就可以作为事前平行趋势的一个证据。扶贫开发的目标是提高自我发展能力，个人健康状况会影响其是否受到开放式扶贫政策的激励。因此，在不受试验区影响的样本中，按照户主的健康状况良好和一般，把这部分群体划分为两组，随机选取一组作为"伪处理组"，另一组为"伪对照组"，如果交互项不显著，说明了不同健康状况组的家户收入与贫困的时间趋势可能非常相近，从而表明结果具有稳健性。方法三，运用 PSM-DID 方法对基准结果进行稳健性检验。结果表明，这三种方法的回归结果均与预期一致，极大增强了本章基本结论的可信性。

11.6　进一步拓展

11.6.1　减贫差异的宏观影响机制

在目标瞄准型开发扶贫战略的支撑下，经济增长一直是减贫的重要基础。随着绝对贫困逐步缓解，经济增长的"涓滴效应"减弱，包容性增长作为经济发展的目标越来越被各国接受。与单纯依靠经济增长和收入分配"从上而下"的传统减贫思路相比，包容性增长重视并强调发展成果共享和经济机会均等，"自下而上"地缓解制度性贫困。由于试验区城市在包容性增长阶段存在水平差异，因此可能会产生不同的减贫效果。

从三个维度衡量城市包容性增长：一是增长前提条件的包容，采用城市人均 GDP（Pgdp）进行度量；二是对增长过程要素的包容，采用城市创新力（Creative）进行衡量，数据来自复旦大学发布的《中国城市和产业创新力报告》；三是对增长结果的包容，通过技术进步的偏向性衡量。利用技术偏向性的主流框架，通过劳动增强型技术（AL）表示劳动的生产效率，设定相应的计算模型：

$$AL_t = \frac{Y_t}{L_t} \left(\frac{w_t L_t}{(1-\pi)(r_t K_t + w_t L_t)} \right)^{\varepsilon/(\varepsilon-1)} \tag{11-7}$$

其中，AL_t 表示劳动增强型技术，数值越大代表城市技术进步方向越偏向劳动；产出 Y_t 用 GDP 度量；劳动 L_t 用就业人员年末人数度量；资本 K_t 采用资本存量测度，数据通过永续盘存法按不变价格计算得到；r_t 和 w_t 分别为资本租金率和工资率，资本分配份额 $r_t K_t / L_t$ 以及劳动分配份额 $w_t L_t / K_t$ 按照吕冰洋和郭庆旺（2012）的方法进行估计。要素替代弹性 ε 和资本要素份额 π 采用潘文卿等（2017）提供的非线性联立方程组计算得到。

为了检验包容性增长对试验区减贫效果的影响，在倍差法的基础上分别引入政策变量（DID）与三个影响机制变量的交叉项。从表 11-4 中我们可以看出，试验区设立与城市经济增长的交互项（DID×Pgdp）以及与城市创新力的交互项（DID×Creative）均与收入减贫和多维减贫之间具有显著的正相关关系，说明城市经济增长与创新不仅有利于直接增加农民收入，更能在一定程度上有效降低返贫风险、摆脱多维贫困。劳动增强型技术提高了收入减贫有效性，但对多维减贫的影响不明显，可能原因在于多维减贫是一个长期过程，劳动型技术进步的作用有所滞后。

表 11-4　扶贫改革试验区减贫差异的影响机制

类型	经济发展		劳动增强型技术		城市创新力	
	（1）	（2）	（3）	（4）	（5）	（6）
	收入减贫	多维减贫	收入减贫	多维减贫	收入减贫	多维减贫
DID	−4.723 ***	−6.594 **	0.115 ***	0.081 9	0.055 2	−0.031 8
	（1.73）	（2.66）	（0.04）	（0.08）	（0.04）	（0.11）
DID×Pgdp	0.481 ***	0.668 **	—	—	—	—
	（0.17）	（0.26）	—	—	—	—
Pgdp	0.291 ***	0.132 ***	—	—	—	—
	（0.04）	（0.04）	—	—	—	—
DID×AL	—	—	0.000 436 *	0.000 466	—	—
	—	—	（0.00）	（0.00）	—	—
AL	—	—	−0.000 308 *	−0.000 105	—	—
	—	—	（0.00）	（0.00）	—	—
DID×Creative	—	—	—	—	0.054 5 **	0.185 **
	—	—	—	—	（0.02）	（0.08）
Creative	—	—	—	—	−0.044 0	−0.050 6
	—	—	—	—	（0.03）	（0.09）
控制变量	是	是	是	是	是	是
地区固定效应	控制	控制	控制	控制	控制	控制

表11-4(续)

类型	经济发展		劳动增强型技术		城市创新力	
	（1）	（2）	（3）	（4）	（5）	（6）
	收入减贫	多维减贫	收入减贫	多维减贫	收入减贫	多维减贫
年份固定效应	控制	控制	控制	控制	控制	控制
Within R^2	0.987	0.959	0.983	0.957	0.977	0.956
观察值	112	112	112	112	154	154

注：***、**、*分别表示在1%、5%和10%水平下显著，括号内为稳健标准误。

统计发现，丽水市的经济发展、创新力及劳动增强型技术水平均高于阜新市和清远市，可以认为丽水市实现了更好的包容性增长。对于摆脱了绝对贫困的东部沿海地区而言，扶贫改革创新机制若想促进居民收入增加和多维贫困持续下降，离不开包容性增长的基础作用。通过促进经济包容性发展，多层次的创新扶贫体系将会产生更显著的减贫效果，有助于中西部地区解决绝对贫困问题之后巩固脱贫成果。

11.6.2 多样化扶贫措施的微观作用渠道

扶贫改革试验区在脱贫攻坚责任体系、精准扶贫机制创新、特色产业扶贫、金融扶贫创新、解决集体经济空壳村、统筹解决城乡贫困、资产收益扶贫等方面进行了深入探索。那么试验区的扶贫开发策略会通过哪些作用渠道促进脱贫能力的提高？本章认为，试验区的多样化扶贫措施会使得当地家庭扩大保险覆盖、提高金融参与程度以及扩宽社会网络，最终促进收入增加，多维减贫和贫困脆弱性降低。

扶贫改革试验区为提升扶贫对象风险防范水平，引入保险机制，扩大社会保险和商业保险覆盖，在不伤害扶贫对象自我发展的主观能动性的同时，避免因意外、因病致贫和返贫。试验区通过资产收益扶贫破解农村发展从"输血"到"造血"的困局，提高金融普惠程度，促进家庭对金融服务的获得和使用。依靠产业扶贫和企业帮扶，构建多层次多支柱的就业体系，无形中丰富了个人社会关系网络。中国作为一个"人情"社会，社会网络不但可以帮助个人就业，还可以让个人通过劳动与就业实现长期增收、稳定脱贫。

本章采用双重差分法和 CHFS 数据验证作用渠道。对于保险覆盖，采用家庭医疗保险余额和商业保险收入指标进行衡量。家庭金融参与程度采用风险金融资产和证券投资资产两类指标衡量，风险金融资产是除现金、银行存款之外的其他金融资产，证券投资资产分为基金、股票及衍生品、非人民币资产等。选用家庭的交通费用和通信费用作为社会网络的代理变量（蔡栋梁 等，2018）。表 11-5 的回归结果显示，各指标的系数均在 1% 水平显著为正，验证了扶贫改革试验区的设立有利于家庭的保险覆盖扩大、金融参与提高以及社会网络扩大。

表 11-5　扶贫改革试验区减贫效应的作用渠道

类型	保险覆盖		金融参与		社会网络	
	（1）	（2）	（3）	（4）	（5）	（6）
	医疗保险	商业保险	风险金融资产	证券投资资产	交通费用	通信费用
DID	0.983 ***	0.525 ***	0.889 ***	0.549 ***	0.225 ***	0.224 ***
	（0.158）	（0.105）	（0.155）	（0.154）	（0.052）	（0.033）
控制变量	是	是	是	是	是	是
地区固定效应	控制	控制	控制	控制	控制	控制
Within R^2	0.256	0.249	0.373	0.383	0.241	0.315
观测值	3 142	1 098	876	834	5 024	6 828

注：***、**、* 分别表示在 1%、5% 和 10% 水平下显著，括号内标准误（cluster）在城市层面。

11.7　本章小结

随着中国经济进入新常态和绝对贫困逐步缓解，依靠大规模财政支出进行"输血式"扶贫将不再是缓解相对贫困政策设计的主要手段。东部地区率先在扶贫体制机制上进行创新实验，通过设立扶贫改革试验区搭建起政府、企业和社会三方协同贫困治理体系，探索 2020 年后扶贫战略推进的可行路径。研究发现，扶贫改革试验区产生了显著的减贫效果，其中丽水市试验区效果最明显。本章采用安慰剂检验法和排列序检验法、运用 PSM-DID 方法以及利用 CHFS 家户数据检验，都证实了上述结论的稳健性。进一步拓展发现，减贫差异的宏观影响机制在于包容性增长的基础作用，而扶贫政策主要通过保险覆盖、金融参与和社会网络等渠道对家户增收和减贫产生间接影响。

本章研究对于定量理解扶贫改革试验区设立的有效性及长期减贫的战略重点具有实践意义。同时本章的政策含义在于以下几个方面：①以精准扶贫理念，因时因地创新扶贫体制机制。扶贫改革试验区政策效果的差异，说明扶贫策略需要综合考虑地区经济发展、人口分布、地理环境以及历史基础的不同，精准施策才能实现"脱真贫、真脱贫"。在中西部地区，扶贫攻坚政策应精准地靶向贫困户，加强"定点治疗"；在东部地区，更需要以区域发展带动扶贫开发，促进包容性经济增长，增强试验区的资源集聚和空间优势。②创新贫困监测机制，构建减贫测算新标准。现行贫困指标体系多关注绝对贫困指标的监测，忽视了中低收入群体的生活幸福和社会融入状况。具体而言，需要制定相对贫困与多维贫困动态识别标准，构建分配差距与机会不平等指标，从收入、消费、资产、健康、医疗、教育以及住房等多层次评价体系对贫困潜在群体进行精准分类并识别致贫原因。③完善大扶贫格局，创新多元主体协同机制。在政府、市场以及社会协同推进扶贫开发的新格局中，强调三个治理主体共同参与、协调合作监督。将产业发展扶贫作为脱贫主要渠道与动力，打造"产业+农户"的链条以增强造血能力。持续推进农村地区普惠金融发展，建立金融扶贫长效体系。创新社会扶贫模式，通过服务购买与机构合作等方式实现社会帮扶与专项扶贫的相互补充。④将教育扶贫与人才引进计划相融合。通过"雨露计划""定向招生工程"等政策提升贫困地区教育水平，鼓励农村大学生返乡回流。继续坚持对口人才帮扶计划，引进高层次人才，为扶贫队伍注入新鲜血液。⑤拓展减贫群体新范围，建立城乡统筹的贫困治理体系。打破城乡扶贫分治的局面，使"公共服务跟人走"，建立城乡一体的公共服务和社会保障体系。不断完善农民工市民化配套措施，通过改革农村集体产权制度、宅基地流转制度以及农村土地有偿退出机制，减少农村居民进入城市的制度性障碍。同时，还要避免农村"空心化"问题加剧，推进新型城镇化和乡村振兴双向互动。

12　相对贫困与不平等的财政治理政策建议

12.1　完善相对贫困识别与监测机制

12.1.1　设立多维度的相对贫困识别标准

2020 年年末，随着中国现行标准下农村贫困人口实现脱贫，贫困县全部摘帽，中国基本消除了绝对贫困问题，这意味中国的反贫困事业步入一个新的阶段——相对贫困的治理。随之而来，需要考虑的首要问题是新贫困标准的设立，这是对相对贫困人口进行精准检测与识别的前提和基础。在理论上，人类社会对贫困的认识经历了从福利经济学的基本需要理论到阿玛蒂亚·森的能力贫困理论的发展演变；在实践上，广大发展中国家逐渐实现由单一收入贫困识别标准向多维相对贫困监测标准的转变。墨西哥、哥伦比亚、南非等发展中国家设计多维贫困指数作为收入标准识别贫困的补充。中国的贫困标准也从维持基本生存需要的"吃、穿、住"到《中国农村扶贫开发纲要（2011—2020 年）》的"不愁吃、不愁穿，义务教育、基本医疗、住房安全有保障"。相较于绝对贫困定义中的单纯物质贫困，相对贫困是经济维度（收入维度）和社会福利维度（非收入维度）的多重相对剥夺，因此需要从不同角度构建包含经济维度（收入维度）与社会福利维度（非收入维度）的多维相对贫困标准。

在经济维度方面，增加收入和促进消费是缓解相对贫困的两个重要维度。就收入而言，相对贫困具有不平等性、相对性、主观性的特点，难以客观确定测度标准，因此借鉴欧盟和 OECD 等发达国家和地区经验，采用收入比例法，以平均收入或中位收入的一定比例作为相对贫困的收入标准，该比例通常的区间为 40%～60%。由于中位数能够消除过高极值引起的多数人"被增长"的效应，更具代表性，因此中国目前可以以城乡居民收入中位数的 40% 作为相对贫困线。该比例确定后，还需要根据中国实际的经济发展水平进行周期性调整。另外，构建相对贫困收入线应考虑与低保线相协调。城乡居民最低生活保障是判断贫困状况的重要依据，是中国重要的减贫工具，但是低保线不能完全等同于 2020 年以后的相对贫困收入线。低保主要是靠政府强力干预，更多是起到兜底保障作用，仅把享受低保的人口作为相对贫困群体，在全面建成小康社会后是不合适的。相对贫困人口规模大于低保人口，因此实际相对贫困收入线也要高于低保线，但可以借鉴国际经验，把低保线作为判断是否应该给予政府现金转移支付的标准，而不完全等同于相对贫困线。就消费而言，可以将家庭恩格尔系数作为相对贫困的消费标准。联合国对恩格尔系数和居民生活划分出的标准为：恩格尔系数在 20% 以下为极其富裕，20%～30% 为富足，30%～40% 为相对富裕，50%～60% 为温饱，大于 60% 则为贫困。由于中国已实现全面小康，绝对贫困已经消除，故相对贫困的消费标准应将 50% 作为分隔值。同时，消费标准通常包含居民基本消费及重点民生领域的消费。居民的基本消费是满足生存性需要的衣食住行消费，重点民生领域的消费包括教育、医疗方面的消费。由于食品和居住支出占总消费支出的份额较大，可以对居民基本消费支出赋予较大权重。

在社会福利维度方面，社会福利可以细分为客观福利与主观福利。客观福利涵盖了医疗、就业、教育、技能提升、社会保障等物质因素，可以根据现有纲要的"两不愁、三保障"拓展到具体的指标并适度提高标准，形成包括教育、医疗、就业、社会保障等在内的综合指标。这里的教育是指提高落后地区教育质量、提升经济困难家庭人力资本的重要方面，2020年以后教育领域的重要标准应关注低收入家庭的教育支出、政府教育补贴、子女的入学率、是否参加就业技能培训、受教育年限等。医疗方面关注的重点应该是家中有无慢性病人员、家庭成员的医疗保险缴纳情况、医疗保险报销比例、医疗保险报销范围等。就业方面应关注家庭的从业人口数量、个人工作时间等。社会保障方面应重点关注欠发达地区新型农村合作医疗和新型农村社会养老保险的参保人数和比例。主观福利指的是影响人们主观福利感知的非物质因素，体现为个体对其收入、社会福利和社会融入等维度的主观感受。由于个人可以对自身是否处于经济困难状态做出直接回答，因此可以通过幸福感或生活满意度等指标衡量受访者的主观福利。

12. 1. 2 健全识别和监测的动态调整机制

为持续巩固脱贫攻坚成果，防止新的贫困人口出现，国家需依据相对贫困识别标准对扶贫对象进行更加精准的动态识别和监测。国内外贫困治理实践通常以收入为核心设定贫困标准，为了有效衔接前期绝对贫困治理工作，可以实行相对贫困收入标准的动态调整，构建多维度多层次的相对贫困动态识别指标体系。

实行相对贫困收入标准的动态调整。动态调整具体体现在纵向差异和横向差异两个方面。在纵向上，国家收入标准需要依据国家不同时期经济实力、物价增长水平和通货膨胀速度等因素进行动态调整，调整的方向与数值应当参考 OECD 国家社会中位数比例、人类发展指数等国际指标，并结合中国东西部、城乡间、城乡内部发展现状，以便更好适应中国阶段性的贫困发展变化，强化相对贫困识别的瞄准性与治理的有效性。2021—2026 年，相对贫困的收入标准确定为城乡居民收入中位数的 40%，其间相对贫困线绝对值仅随物价和农村居民收入分配格局变动；随着国家总体实力的进一步提高，我们再循序渐进地将 2026—2030 年相对贫困线设置为城乡居民收入中位数的 45%，2031—2035 年确定为 50%。第二个百年奋斗目标实现之际，中国已建成社会主义现代化强国，收入相对贫困线可与欧盟国家 60% 的收入比例持平，实现与高收入国家接轨。在横向上，一个地区的收入水平与生活成本具有高度相关性，因此收入相对标准的设定需要因地制宜。省际、市际差异化贫困线是相对贫困收入标准"本地化"理念的最好体现，也符合相对贫困的"比较"内涵。因此，各省（自治区、直辖市）应当在国家统一的标准范围之内，依据本地区各自经济发展水平和物价消费水平灵活地调整地区的贫困识别线，以确保可以科学合理地识别和监测收入较低人群。

建立多层次与多维度的相对贫困动态识别机制。近年来，随着网络与信息技术的发展，越来越多的夜光遥感数据、百度地图 POI、陆路交通路网数据等大数据被用于贫困研究，这些数据能够为后扶贫时代构建相对贫困的动态监测机制提供动态、全面、高效和及时的信息。因此可以基于大数据系统从宏观、中观、微观三个层次分别测度城市、社区及家户的相对贫困整体状态、动态趋势及空间分布，建立一整套符合中国中长期减贫需要的相对贫困识别与监测体系。在宏观层面，基于夜光遥感数据（DMSP）构建面向城市的相对贫困识别框架。夜光遥感数据（DMSP）可以在一定程度上反映人类社会经济发展程度，包含人口、经济等多维度信息，一个地区社会经济发展越繁荣，其夜间的灯光越明亮。从城市区域内像元灯光分布的集中趋势、离散程度、分布特征和空间特征（市域局部莫兰指数 Moran's I）四个角度构造城市相对贫困特征体系，在此基础上通过多种机器学习算法搭建城市相对贫困估算模型，对全国进行城市层面的贫困地理识别，包括相对贫困程度与变化趋势。在中观层面，基于健康食品可获得性构建面向社区的相对贫困识别框架。在食品荒漠理论的基础上，将城市内部的社区与健康食品店（包括大型连锁超市、蔬果店、菜场、街市、海鲜市场）的可达性作为相对贫困界定依据。可达性主要利用时间成本法来测算，时间成本能够真实地反映不同交通服务质量和特征下社区与健康食品店之间出行的便利程度，耗费的时间越长，说明健康食品可获得性越差。在微观层面，基于中国家庭追踪调查数据构建面向家户的相对贫困识别框架。微观层面测量方法一般采用 Alkire-Foster（A-F）模型进行多维贫困的测度、多维贫困的加总，以及依据不同的维度、地区进行多维贫困分解。具体而言，借鉴联合国开发计划署（UNDP）和牛津大学牛津贫困与人类发展计划（OPHI）的多维贫困指数（MPI），从健康、教育和生活水平三个维度，选择包括营养状况、儿童死亡率、儿童入学率、受教育程度等 10 个指标作为衡量相对贫困的依据，并确定各项指标的临界值，进而进行多维贫困的测度，测算出加权贫困剥夺矩阵，通过对多维贫困的加总计算出多维贫困指数。

12.1.3 加快标准与识别的城乡一体化进程

2020 年以后，随着贫困问题由绝对贫困转向相对贫困，贫困人口的城乡分布结构会发生明显变化，城市贫困群体的占比将大幅上升。总体来看，相对贫困人口可以分为农村贫困人口、城镇贫困人口以及城乡之间流动性贫困人口三大类。其中，流动性相对贫困群体面临收入和福利的困境，在城镇生活中处于边缘化位置，是治理的重点与难点。在城乡人均收入水平提升、城乡人口加速流动以及城乡一体化发展趋势加快的背景下，应当实行城乡并重的减贫战略，构建城乡一体化相对贫困标准、优化城乡流动人口的相对贫困识别与救助、开展城乡一体化的相对贫困监测。

循序推进城乡相对贫困标准的并轨与统一。构建相对贫困的城乡统一标准是后扶贫时代相对贫困治理、巩固拓展脱贫攻坚成果的基本趋势。城乡相对贫困标准的统一是一种相对意义上的统一，其实质是在制定贫困标准时采用基本统一的衡量方法与测算方式。鉴于中国城乡居民生活成本与收入还有较大差异，城乡相对贫困的表现形式也不同，强求城乡标准完全相同反而是不科学、不合理的，以全国统一的相对贫困标准为依据，该标准对于城镇居民而言偏低，对于农村居民而言偏高；同时，该标准也会使得发达省份识别出较少的经济比较贫困的群体。因此 2020 年后相对贫困标准应该分为三个阶段，2021—2025 年：城乡分别设置相对贫困线，城镇采用城镇居民可支配收入中位数的 40% 作为相对贫困线；农村采用农村居民可支配收入中位数的 40% 作为相对贫困线，其间根据价格指数进行调整。沿海地区发达省份可根据本省经济发展水平，制定高于国家标准的相对贫困标准。2026—2035 年：根据经济发展状况上调比例，将城乡低收入户及稍高水平的收入户全部纳入扶贫对象范围，城镇采用城镇居民可支配收入中位数的 45%~50% 作为相对贫困线；农村采用农村居民人均可支配收入中位数的 45%~50% 作为相对贫困线，其间根据价格指数进行调整。在此期间，沿海发达省份可逐步探索相对贫困标准，将城市收入相对比较低的群体纳入扶贫体系。2035 年之后，国家开始逐步探索全国统一的城乡相对贫困标准。将国家对城乡贫困线的统一认定设立为基本范畴，赋予各省（区、市）政府相应的自由裁量权，由各省（区、市）政府自主选择是否在国家认定的统一的城乡贫困线标准上往上浮动，即国家对于城乡贫困线的统一认定标准为最低要求。

优化城乡流动人口的相对贫困识别与救助。第一，应加快制定城市贫困流动人口精准识别标准。城镇相对贫困线在设置时应当考虑到城镇化过程中具有农村户籍的外来务工人员、具有外地非农村户籍的流动人员的收入与支出水平。如果流动人口人均家庭收入或支出低于相应的贫困线标准，则认定其为相对贫困帮扶对象。流动人口相对贫困中消费贫困发生率远高于收入贫困，且家庭消费主要以食品和房租为主，极大抑制了其家庭储蓄以及其他方面支出的可能。因此，我们不但要关注提高流动人口的绝对经济地位，而且要尽量缩小流动人口与本地人口之间的收入差距，尽量消除针对外来劳动力的就业歧视，使其获得在城市的融入度和幸福感，提高其相对生活质量，缓解城市相对贫困。第二，持续深化户籍制度改革。户籍制度带来的资源错配，导致本地户籍人口重复获得经济保障，使得扶贫资金无法涵盖非本地户籍的流动人口。因此作为主要流入地的城市，应该积极推进落户积分制及城市群相互间的积分互认等户籍制度改革，逐步取消户籍限制，推动外来劳动力的"市民化"，发挥劳动力流动在本地市场的效应，进一步挖掘其对缩小城市收入差距的正向效应。改革同时需要整合和共享与户籍制度相匹配的教育、医疗、就业和社保等公共服务。第三，应当建立健全流动人口政府救助信息系统，并且依靠大数据建立流动人口政府救助享有状况的反馈系统，建立长效监控跟踪机制。对经批准享受政府救助的流动人口，应当由管理审批机关采取适当的形式对流动人口生活状况进行调查，并且予以公布，接受群众监督。

开展城乡一体化的相对贫困监测机制。识别相对贫困人口之后，在现有的建档立卡数据库和民政低保数据库的基础上，建立城乡统一的相对贫困识别监测体系和数据信息平台，以打破当前城乡贫困人口信息的二元割裂局面，做到城乡资源共享、统一协调管理。为避免出现对城乡流动人口的监测遗漏现象，应当促进城乡间贫困监测信息的共享，使相对贫困监测覆盖城乡全体居民。针对目前城市相对贫困监测薄弱的现状，要将农村贫困监测系统延伸到城市、将农村贫困监测经验做法推广至城市，加强城市相对贫困监测工作。另外，随着国家贫困形态与贫困标准的变革，城乡相对贫困监测的内容与范围也应做出适应性调整，并加强对多维相对贫困的监测和分析。城乡一体化的相对贫困监测应以追求更高质量的监测数据为目标，能及时全面反映城乡收入相对较低人口的规模、结构与分布状况，敏锐捕捉城乡相对贫困形势的动态变化。

12.2 调整并优化财政相对扶贫支出

12.2.1 推进基本公共服务均等化

公共服务与社会保障是反贫困的重要手段，提供完善的公共服务与社会保障有助于缓解多维相对贫困。随着相对贫困标准制定的多维化，其财政援助也应涵盖义务教育、医疗卫生、养老服务、住房保障、文化体育等公共服务。由于目前中国基本公共服务不均等程度较高，因此必须优化基本公共服务均等化的制度设计，确保不同社会成员更公平地获得基本公共服务，使广大人民群众的各种发展性需求得到更好的满足。现阶段中国公共服务非均等化主要表现在区域、城乡、群体三个层面。在区域层面，欠发达地区的公共服务质量远远落后于发达地区。在城乡层面，城乡间公共资源配置不均衡，农村地区的公共服务水平显著低于城镇地区。在群体层面，同一地区的城市（或农村）内部的不同人群享有公共服务的水平依然存在差距，特别是流动人口往往难以平等享受常住地的公共服务。因此，应当提高公共服务均等化水平，建立保障经济弱势群体享有平等权利和机会的基本公共服务体系。

健全并完善基本公共服务标准体系。随着新阶段、新形式相对贫困内涵的不断丰富和完善，公共服务供给的范围、内容和标准也应随之变化。第一，完善国家基本公共服务标准，明确基本公共服务设施的服务对象、服务内容、服务标准、负责单位及支出责任等。各地区的基本公共服务应当在国家统一标准的基础上，细化地方具体实施的配套标准。已有国家统一标准的基本公共服务项目，各地区要按照不低于国家标准的标准来执行，对于暂无国家统一标准的服务项目，各地要按照国家有关要求和本地区实际情况明确相关标准，并将其纳入本地区具体实施标准。第二，开展重点领域基本公共服务标准化项目。加快制定和修订公共教育、社会福利、公共文化体育、残疾人服务等重点领域公共服务的国家标准和行业标准。第三，推动基本公共服务标准动态调整常态化、制度化。按照审慎、公平的原则，在保持国家基本公共服务范围和标准总体稳定的前提下，结合经济社会发展情况、兼顾财政承受能力，适时对国家基本公共服务标准进行动态调整，调整后的基本公共服务范围应更加充分地倾斜和照顾不同类别的贫困人群，提高公共服务的利用率和受益程度。具体而言，在横向上应当调整供给服务宽度，如为了完善制度建设，考虑将政府专项规划中的公共交通、基础设施和环境治理等纳入公共服务规划范围；在纵向上应当调整供给服务深度，如增加对因严重疾病导致贫困的低收入家庭的社会救助，对生活困难的残疾士兵的医疗救助等。

完善基本公共服务均等化的财政支持机制。按照权责清晰、财力协调、区域均衡的基本要求，建立健全促进实现基本公共服务均等化目标的财政体制。第一，考虑到基本公共服务清单的变化及实践中出现的新问题，对原先基本公共服务领域的政府间事权、财权和支出责任划分方式做进一步改革。其中，在事权方面，合理划分地市级政府的公共服务事权与支出责任；在财权方面，适度下放省级政府的税收权限，逐步提高地市级政府对共享税的分享比例，切实增强地方政府的财政独立性，从而防止对上级政府转移支付的过度依赖；在共同事权与支出责任的划分方面，充分体现差别化分担原则，减轻经济落后地区与财力困难地区的分担压力。第二，优化财政支出结构，加大中央和地方财政对基层提供基本公共服务的财力支持力度。将更多公共服务项目纳入政府购买服务指导性目录，完善财政、资金和土地等配套优惠政策。规范采购程序，按照政府采购法律制度规定确定承接主体，实行竞争择优、费随事转，并改善政府采购公共服务的绩效管理。第三，构建合理的收入分配制度，解决收入分配不公问题。通过加大政府税收的调节力度，提高直接税比重，形成更为合理的收入分配秩序。提高低收入人群收入，推动财力向困难地区和基层倾斜，着力增加农村低收入群体收入，加大对农村地区的人力资本投入，提升农民受教育水平，消除不合理的收入和财富差距。通过一系列合理的制度设计实现"先富带动后富"和"机会公平"，促进基本公共服务发展成果更多更公平地惠及区域内全体人民。

促进基本公共服务在地区、城乡、群体间的普惠共享。第一，完善财政转移支付制度设计，缩小地区因财力差距而产生的基本公共服务供给数量和质量差距。发挥专项转移支付和一般转移支付的作用，加大一般转移支付中均衡性转移支付的投入，增强对欠发达地区的民生保障。鼓励地方政府将一般性转移支付资金投入基本公共服务领域，完善地方基本公共服务支出保障机制，不断提高特殊类型地区基本公共服务供给水平。在东、中、西部和东北地区开展县乡村公共服务一体化试点示范，并在边境地区加强公共服务设施建设，优化推进优质服务资源配置。第二，加强城乡公共服务制度一体化设计，使城乡基本公共服务逐步做到标准上的统一、制度上的并轨。促进城市各种公共服务资源辐射和延伸到农村，深化农村改革和数字乡村建设，补齐农村基础设施和服务设施短板，挖掘各生产要素的生产潜力。有效借助互联网与大数据等现代信息技术手段，加快教育、医疗、卫生、养老、文化等公共服务资源的城乡间共享。另外，在城乡同一区域内要健全公共服务便利共享制度安排和成本共担、利益共享机制，逐步实现区域内群体的服务标准相互衔接、服务信息互联互通、服务事项异地享有。针对流动人口，结合户籍管理制度改革，健全以居民身份证号为标识、与居住年限相挂钩的非户籍人口基本公共服务提供机制，稳步实现基本公共服务由常住地供给并覆盖全部常住人口。同时落实农村流动性人口市民化的财政支持政策，完善异地结算、钱随人走等相关制度安排，保障符合条件的外来人口与本地居民平等享有基本公共服务。

12.2.2　持续加大转移性支出力度

财政对低收入群体的转移性支出不足制约着中国共同富裕目标的实现。长期以来，政府对个人的公共转移支付在消除绝对贫困方面发挥了重要作用。政府公共转移支付可以通过直接提高低收入和经济困难群体的收入水平实现减贫目标，也可以通过提高消费水平、改善卫生保健条件、增进个体主观福利、提升生产水平等间接实现减贫。然而与绝对贫困相比，相对贫困的治理更加复杂，对国民收入分配平等的要求也更高。中国政府对居民的转移性支出占 GDP 的比例仅为 9.3%，远远低于 OECD 国家的比例。因此，在完善传统的扶贫开发、教育、健康等扶贫政策的同时，必须加大对低收入群体的转移支付力度、完善收入再分配制度，以提高低收入群体的收入水平、改善收入分配格局。

就转移性支出的规模和结构而言，一方面，进一步扩大公共转移性支出规模，增加转移性支出额度。公共转移支付规模应根据经济发展和居民生活水平调整，在保证低收入群体基本物质生活水平的基础上，进一步放宽其经济约束，释放消费需求，增强其风险应对能力，为其进一步追求更高的生活水平和目标提供可能性。此外，适度提高转移性支出额度，转移性费用的额度可以根据各个家庭的困难程度进行分级，增加对粮食的补贴和医疗保险费用，切实保障低收入人口的基本需求。另一方面，不断调整地方政府财政支出结构。第一，加强财政转移支出与工业生产的联系。实物或现金转移支付的功能是保障弱势群体的生活权利，这更像是"输血"，而不是"造血"。因此，要通过"三变"（资源变资产、资产变资本、农民变股东）、"四化"（产权化、规模化、组织化和市场化）等方式，加强财政转移性支出与工业生产的联系，提高生产性转移支出在公共转移支出总额中的比重，充分发挥其扶志作用，尽可能将财政转移性支出纳入低收入家庭生产经营活动，进一步提高生产经营效益。第二，持续加大地方政府财政支出向民生领域倾斜的力度。近年来，中国在规章制度以及政策方面将地方的支出结构尽可能地导向民生性支出。从现有的数据来看，民生支出占比仍有较大的提升空间。随着社会经济的进一步发展，居民对医疗、就业、教育等生活领域的需求日益提高，因此想要实现共同富裕目标，必须使政府在民生相关领域的投入达到更高水平。

就转移性支出的执行和实施而言，政府需要对财政转移性支出进行规范管理，完善转移性支出的发放、领取和使用程序。一是要加大转移性支出资金的瞄准力度，建立考虑到经济拮据和低收入人群不同特征的转移支付，例如，可以通过针对女性群体的专项转移支付，或者根据困难群体的不同年龄段设计不同的转移支付等，进一步增强公共转移支付对不同特征群体志向的提升作用。二是提高低收入居民信息识别和政策应用的准确性，进一步健全保障性救助制度的动态调整机制，避免出现"漏保""错保"现象。可以实施有条件的转移支付，对政府公共转移支付的获得者是否能继续享有该资格进行评估，将政策福利与个体行为挂钩，具体与提高他们的教育、健康等人力资本积累的目标相结合，从而促进困难群体增加人力资本投资积累，阻断贫困代际传递。这样有利于充分调动其主观能动性，构建完善的激励体系，从而避免对福利的过度依赖。三是要做好政府扶贫政策的宣传推广与信息传播工作，增强政府各项转移性支出资金的透明度，严格执行公共转移支付政策监管制度，以实现资金的公平合理分配。

12.2.3　完善和健全中央转移支付制度

政府财政的再分配是对相对贫困问题进行校正的关键手段。在各种财政再分配手段中，财政转移支付以实现地区间财力均衡和基本公共服务均等化为目标导向，是一种强化财政再分配职能、扭转居民间财富分配失衡的重要制度安排。在中国式财政分权体制下，财政转移支付既对相对贫困治理产生直接影响，又能通过地方财政收支决策对地区性公共品供给、政府税收努力的激励传导对其产生间接影响。另外，从中央转移支付资金的主要流向来看，教育、卫生、医疗等公共服务是其重点领域，而这些领域的发展水平很大程度上决定了相对贫困水平。因此，政府应该着力改善和健全与扶贫工作相匹配的中央转移支付制度。

改善和健全中央转移支付制度应当改革转移支付体系，各级政府都必须建立高效、公平、科学的财税转移支付体制。就横向转移而言，我们可以将横向转移支付分为帮扶类、应急类和补偿类三种类别，依据各类别的特征，在相关制度中分别确定运作方式。横向转移支付本质上是地区间的利益再分配问题，因此，在制定其具体运作程序时应考虑地方自主合作意愿，中央政府应适当减少对细节的干涉，更多进行宏观调控和协调监督。因此横向转移支付资金标准应先由中央政府进行科学化、规范化、公式化的测算，然后与转移支付各政府主体协商、共同决定，中央政府基于测算结果下发指导性文件，各地方政府结合实际财政需求和真实财政能力确定最终项目与资金规模，强化资金管理，充分发挥中央转移支付减贫效果。就纵向转移而言，政府应调整省级以下转移支付结构，改善横向、纵向财力格局，提升转移支付资金渗透性，将更适合由上级政府提供的公共服务事项的支出责任上移，在减轻基层政府负担的同时提高转移支付资金的使用效率。对于相对贫困程度较为严重的欠发达地区、边疆地区、民族地区，中央转移支付力度应有所倾斜，以此强化基层公共服务保障。

构建财政转移支付减贫长效机制。首先，在充分赋予地方转移支付资金统筹使用权的前提下，规范财政转移支付扶贫资金使用方向。实时监测经济落后地区居民收入状况，做好定期帮扶资金的调度并及时通报居民情况，按照实际情况加大财政转移支付倾斜力度，健全低收入人口的监测帮扶机制。其次，规范财政转移支付与地方财政收支决策的激励相容机制。在财政转移支付规模不断扩大的背景下引导受援地区合理安排资金用途，特别要提高特殊困难群体民生性财政支出比重。通过基本公共服务政府间事权与支出责任上收及划分的不断完善，增强财政转移支付与地方税收努力的互补性，从而确保民生性财政支出和地方税收努力对减贫工作的正向激励。最后，提升专项财政转移支付比重。一般转移支付是上级政府对地方政府进行无条件的转移支付，容易让地方政府产生依赖心理，进而间接降低地方政府的努力程度。而专项转移支付是上级政府通过锁定地方政府优先发展目标，给予资金用以专项扶贫，有利于调动地方政府的积极性。因此地方政府应通过"专款专用"的形式锁定减贫目标，真正达到利用财政资金减贫的目的。

建立完善转移支付监管评估制度。具体而言，第一，健全顶层法律体系，加快推进转移支付专项立法及配套法律建设。各地方政府应明确转移支付资金的使用原则、用途、各主体权利等事项，消除转移支付执行中的模糊性及随意性，做到转移支付过程有法可依。第二，搭建转移支付绩效评价体系。将基本公共服务相关指标全面纳入绩效评价体系中，并把本年度基本公共服务均等化的完成程度与下一年度一般性转移支付资金的规模相挂钩，进而约束和引导地方政府将转移支付资金更多投入公共服务领域，提升资金使用效率和公共服务转化率。第三，实行全过程追踪问效的制度。各地区政府财政部门要优化转移支付监管方式，推进现代电子信息技术与转移支付监管渠道相结合，将转移支付资金的使用效率和支出轨迹作为监管重点。加强对资金链的全覆盖监督，认真履行好对转移支付中相对治理方面资金管理的监督主体责任，并通过完善监督问责制度，对弄虚作假绩效成果或计划实施情况与绩效目标严重不达标的部门负责人进行追责。

12.3　优化财政收入体系

税收作为国家财政收入的主要来源，一方面可以为政府扶贫提供重要的资金保障，如用于促进公共服务均等化和保障低收入群体的转移支付；另一方面可以通过不同税种的调节效应，缩小居民收入差距，推进共同富裕。同时，特定的税收优惠政策可以直接减轻相对贫困群体的税负，也可以引导资源流动，促进就业增收。因此，对焦相对贫困治理，财政收入体系仍有进一步完善的空间。提高中国税制的累进性，可以从直接税、间接税的收入分配效应出发，强化其收入分配功能，同时关注非税负担冲击，防止此消彼长的跷跷板效应，从而实现财政收入端的相对贫困治理。

12.3.1　优化间接税结构

间接税往往通过提高商品或服务的价格进行转嫁，最终由居民在消费过程中承担，而高收入者的边际消费倾向低于低收入者，因此低收入者的负担更重，间接税对收入差距往往起逆向调节作用。优化间接税结构，使之满足税收制度设计的量能纳税原则，让收入高或负担能力强的群体多缴税，让收入低或负担能力弱的群体少缴税或不交税，有助于缩小贫富差距、缓解相对贫困。

深化增值税改革，推进结构性减税。增值税具有"益富"的特征，大规模的减税降费能让低收入者获益更多，从而弱化增值税对城乡居民收入分配的逆向调节作用。第一，扩大基本生活品低税率或免税范围。在降低增值税税负时，应重点选择需求弹性小、低收入者消费占比较高的生活必需品进行减税，如通过探索将适用9%、13%税率的民生类商品和服务降至6%，尤其是部分农产品、生产资料、居民生活用品、图书报纸等。此部分商品税率的降低可以带动基本消费品价格下降，减轻广大中低收入家庭尤其是贫困家庭的税收负担，缓解增值税对城乡居民收入分配的逆向调节；同时，降低增值税在总体税收中的比重，有助于弱化增值税对整体税制的累退性影响。第二，打通增值税抵扣链条。例如，低收入群体增值税负担相对较重的表现之一是农村居民资本税收负担高于城镇居民。目前中国虽然对初级农产品免征增值税，但农业生产者免征增值税不等于增值税零税率，农村居民因部分增值税进项税额无法抵扣而仍然负担增值税。可以考虑将农业一般纳税人纳入增值税征收链条，并通过即征即退、留抵退税等政策，切实降低农业资本的增值税负担，促进农业高质量发展，缩小城乡收入差距。第三，完善增值税留抵退税的分担机制。针对经济落后地区的留抵退税压力，探索建立上级财政的留抵退税补偿机制，以缓解区域间相对贫困。

调整消费税征收范围和税率结构，推进纵向公平。消费税是一种针对特定商品和服务的税收，尽管并不直接调节居民收入，但对征收范围和税率进行合理设定也可以使其具有较强的累进性，从而达到减轻低收入者税负、增加高收入者税负的目的。一是动态调整税目。根据居民收入和消费水平的变化，对消费税征收范围进行有增有减的调整，取消随着经济增长已成为相对贫困群体日常和发展型支出的消费品税目，扩大高档、奢侈类消费品和服务的征收范围。随着经济社会的发展，奢侈性消费品和服务的征税范围在不断扩大，消费税调节收入分配的空间也随之扩大，可逐步将私人飞机、高档皮草制品、高档酒店、高档餐厅酒吧等奢侈商品和服务纳入征收范围，增强消费税对高收入群体的调节效应。二是提高部分消费税税率。例如将珠宝玉石、游艇、高尔夫球及球具等奢侈类消费品的现行税率由10%提高到15%，使高收入群体的享受型支出承担更重的税负，增强中国间接税的累进性和收入分配效应。

完善间接税征管体制，促进税收区域协调。在间接税的征管体制上，税收与税源背离造成欠发达地区税收流失，可以尝试建立跨区域税收协调机制，协调和处理区域之间的税收分歧，确保经济薄弱地区的税收筹集。

以增值税为例，既可以通过跨区域税收协调机制来优化税收在地区间的横向分享，也可以尝试将增值税分享由生产地原则转换为消费地原则，即参考人口和消费等指标在地区之间再次进行税收分配。通过加强税源一体化建设，确保税收归属地与税源产生地一致，这有助于弥补欠发达地区财力的不足，激励地方政府为低收入群体提供更完善的公共服务，缓解权利、资源的相对贫困，同时也有利于引导资源流动，吸引企业在落后地区投资，创造更多就业岗位。

12.3.2 提高直接税比重

虽然直接税不易转嫁，具有较强的再分配功能，但由于中国所得税和房产税收入占比较低，直接税的再分配效应偏弱。因此，提高直接税比重，进一步完善各税种制度并使之相互配合，充分发挥直接税优化居民收入分配的作用，最终推进共同富裕。

优化个人所得税制，促进税收人际公平。目前中国个人所得税制度存在"劳动性收入边际税率较高、财产性收入边际税率较低"的特点，与目前高收入者劳动收入占比较低、财产性收入占比较高的收入结构不相适应，弱化了个人所得税对收入分配的调节作用。因此，我们需要从累进性和覆盖面两个方面强化个税的再分配效应，促进税收人际公平，从而达到缓解相对贫困的目的。一是动态调整个税累进级次、税率以及免征额度。由于相对贫困具有动态性，需要探索建立个人所得税减除费用标准与通货膨胀挂钩的机制，增强个税累进性和综合度以降低中低税级的"相对"税负，使最高边际税率适用于最高收入人群，进而改善个税的收入再分配效果。二是减少核定征收范围。核定征收方式虽然提高了税收征管效率，但是弱化了个人所得税的税基，经营收入与财产转让收入的大量所得"脱离"了累进课税的调节，导致个税的再分配效应降低。三是应减少资本所得的税收优惠并严格开展税收筹划。中国个人所得税对财产性收入的调节作用较小，通过减少资本所得的税收优惠与严格监管高收入者通过资本运作滥用的税收筹划，可以使个人的纳税义务与收入水平相匹配，实现资本所得与劳动所得的税负协调，维护税收纵向公平。四是进一步完善个人所得税减半征收、延缓缴纳等优惠政策。新冠疫情期间，个人所得税减免曾帮助受新冠疫情冲击最直接且量大面广的个体工商户复工复产、缓解现金流紧张的状况，避免了部分个体工商户因倒闭而返贫。后疫情时代，需要结合经济发展现状，进一步完善相关税收优惠政策，充分发挥个人所得税减免的帮扶作用，避免部分群体在外部冲击下返贫。

完善企业所得税制度，推动教育公平和低收入者就业。区域之间的相对贫困，尤其是权利贫困、能力贫困，一定程度上是由于欠发达地区教育资源和发展机会的缺失导致的。引导企业支持教育，有利于优化区域间教育资源配置，加快义务教育优质、均衡发展和城乡一体化，从而切实保障低收入群体子女的受教育权，培养发展能力，获取发展机会。值得注意的是，教育可以通过影响心理、思想、态度和行为，抵御贫困文化对低收入群体内生动力和发展潜力的不良影响，从而避免贫穷的代际遗传。一是完善教育捐赠相关的税收优惠政策体系。可以探索将实物捐赠列入企业所得税税前扣除范围，同时提高教育捐赠的税前扣除限额，以引导更多教育资源流入落后地区，增进教育公平。二是通过财税激励助力产教融合。一方面，对于企业和高校在欠发达地区联合开展科技创新活动的相关费用，设置更大力度的加计扣除优惠，以充分发挥两者的优势，提高受助地区的创新生产力；另一方面，进一步发挥企业所得税减免对小型微利企业的就业效应。对于小微企业在相对贫困地区接纳学生实习、毕业设计发生的相关费用，探索给予更多的加计扣除等优惠待遇，以鼓励企业为学生提供更多实操机会和技能培训，培养发展能力，促进其就业增收。

健全财产税体系，控制财富的相对集中。一方面，财产税可以为地方政府扶贫筹集财政资金；另一方面，通过控制财富的相对集中，财产税能够弥补个人所得税对高收入人群的财产性收入调节作用较小的缺陷，改善收入分配状况。首先，需要加快房地产税立法和实施，完善地方税体系。要结合土地制度和房地产制度稳妥推进房产税改革，从沪渝两地的试点经验来看，主要是扩大征税范围、提高税率、调整纳税依据，从而增强财产税的财富调节功能。将房地产税培育成地方主体税种，也有利于提升地方政府治理和调控相对贫困的财力。其次，探索设立遗产税和赠与税，逐步建立有利于调节存量财富的财产税分配体系，从而促进税收代际公平，缩小贫富差距，推进共同富裕。最后，建立个人收入和财产信息管理系统，提高税收征管的信息化水平，为房产税、遗产税、赠与税的试点、设立与改革提供技术支撑。

12.3.3　避免非税负担过重

税收在政府财政收入中占主导地位，非税收入则起着辅助性、补充性作用，大规模的结构性减税可能导致地方财力暂时缩减，地方政府会通过加大各种规费的征收力度来缓解支出压力，体现了"按下葫芦浮起瓢"的"跷跷板"效应。中国的非税收入管理仍面临诸如收费不够科学、征收规模大、结构不合理、征收体制尚未理顺、资金统筹不到位、支出管理相对薄弱等问题。因此，需要有效约束地方政府收费行为，降低财政对非税收入的依存度。这样不仅可以弱化非税负担对企业的不利影响，避免企业通过减少雇员数量、降低工资收入将非税负担转嫁给员工，或通过提高产品价格将非税负担转嫁给消费者，还可以防止部分规费直接增加低收入群体负担，以免进一步拉大个人收入差距，恶化相对贫困现状。

推进地方税收体系建设，建立财权与事权相匹配的财政收入制度。中国数次税制改革的趋势是不断加强中央对税收的征管，弱化地方的税收征管。对地方政府来说，通过税收途径稳定财政收入愈加困难。因此我们需要推进房地产税、遗产税和赠与税的试点和改革，扩大地方税源，培育主体税种，从而降低地方财政对非税收入的依赖，提升地方政府提供公共服务、加强宏观调控的支出增长需求；还需要硬化地方政府预算约束，提高财政透明度，抑制非税收入增长。例如对特定人群服务而收取的护照签证费、停车费等，要严格纳入预算管理。

健全省级以下的收费管理制度，厘清非税收入的征收范围。目前非税收入的征收管理仍然集中在省级层面，导致地区间非税科目征收的种类、机构、标准及总额差异较大。针对各地政府非税收入名目偏多的问题，首先，需要科学合理界定非税费用，坚决取缔制度外收费，即通常所说的"乱收费、乱罚款、乱摊派"。其次，进一步调整和完善行政事业性收费和政府性基金的目录清单并及时公布，建立全省非税收入项目库的动态调整机制。项目库及时调整、自动更新，以此来严格约束地方政府的收费行为与"自由裁量"空间，减小其非税收入征管力度，实现收费项目清单化、收费行为规范化，进一步完善非税收入管理机制。最后，需要严格控制收费项目的定价，降低制度性交易成本。政府对非税收入的定价存在信息不对称、垄断定价等问题。我们可以借鉴美国的经验，在坚持非营利原则的基础上，非税收入项目以产品或服务的成本为标准进行定价，并且尽量为其设置费率而非固定成本，以便在成本改变时进行动态调整。

"清费立税"，优化财政收入结构。目前中国的财政收支结构中，地方财政收入占比较低而支出占比较高，这使地方政府一方面依靠中央财政的转移支付，另一方面则依靠各种非税收入，将精力集中在能带来非税收入的领域会影响地方政府承担公共职能。由《中华人民共和国税收征收管理法》统领，税收征收管理更规范、透明度更高；而《政府非税收入管理办法》作为财政部发布的部门规章，立法层级相对较低，非税收入征管过程中大部分依据的是地方性规章，政策刚性偏弱，操作性不强，缺乏一部由全国人大立法的权威性法律来规范非税收入管理。因此，政府在清理行政事业性收费与政府性基金的基础上，一是可以进一步将具有税收特征的政府性基金和收费项目改为税收，比如矿产资源补偿费、农网还贷基金、文化建设费等；二是合理确定权责边界，要做好税收部门与职能部门之间的衔接和协同，建立新税种预算收入的调整和审核机制，避免相应税收收入因职能部门的原因出现剧烈波动。通过税收途径稳定地方政府的收入，可以降低非税收入比重，增强收入来源的法定性、稳定性和可靠性，从而优化以税收为主、非税收入为辅的财政收入体系，促进财政收入良性增长，提升地方政府履行公共职能的能力。

深化非税收入管理法治化与电子化，强化监督约束力。首先，要加快推进非税收入的立法进程。需要健全和细化非税收入的征缴法治与相关制度办法，包括缴款渠道统一管理制度、代收机构管理制度与非税收入类财政电子票据管理规程，确保非税收入的征管"有法可依、有法必依、执法必严、违法必究"。目前非税收入的收费依据和标准不够细致，导致执法过程中相关人员的行权空间较大，执法存在弹性，因此需要加快推进非税收入征管的法治进程。其次，全面实施非税收入票据的电子化管理改革。通过"互联网+政务服务"不断完善"以票控收、以票促缴"的管理机制，推动数据互通共享，创新服务方式，拓展收缴渠道，从而最大程度便企利民。最后，加强财政、人大、审计、物价、纪委等多个监督主体的沟通合作与协调，实现信息共享。利用信息技术构建多主体参与的非税信息共享平台，加大收缴信息与标准的披露力度，既能提高公众对收费项目的理解与认可，又能充分利用公众监督的力量，最终形成高效的非税收入内外监督体系。

12.4　构建相对贫困治理的多元体系

相对贫困的治理应基于公平理论，重视并发挥政府、企业、社会"三位一体"的协同治理作用，以能力提升为重点，构建社会保障、教育、就业等多维保障体系，充分激发低收入群体的内生动力，将发展成果更多更公平地惠及全体人民，实现共同富裕。

12.4.1　政府主导巩固治理成果

早期的涓滴效应理论主张经济增长会自动消除贫困，无需政府干预，但事实上，由于资本的天然垄断性和资本与劳动要素的异质性，增长红利及其涓滴效应难以填补财富差距，也难以弥补劳动能力差异导致的收入差距，因而相对贫困问题无法通过涓滴效应得到缓解。中国的经验也表明收入不平等状况会与经济增长长期共存，经济增长并未如期使收入分配状况得到有效缓解。因此，缩小收入差距，实现共同富裕，离不开政府的有效干预。

健全社会保障制度，夯实兜底保障机制。底线公平能够保证低收入群体享有基本的物质生活，维护其基本权利与生活尊严，底线公平的实现依赖于社会保障体系的不断完善。首先，进一步健全扶贫信息的检测预警机制，精准识别需要扶助的对象。该机制需要充分掌握相对贫困群体的就业、收入与财产等信息，依据经济发展情况，动态调整识别标准，从而精准识别需要扶助的对象。检测预警机制的完善可以充分发挥社会保障制度的柔性调节机制，当低收入群体的收入上升，超过最低收入标准时，则无法享受社会保障给予的福利，从而可以优先满足最困难群体的基本需求。其次，根据经济发展状况和财政的承受能力，有必要将财政资金进一步向农村地区倾斜。通过扩大农村地区社会保障的覆盖范围，逐步减轻缴费负担，适时提高保障水平，以降低农村居民的相对剥夺感。最后，强化社会保险的预防功能，推广新型保险模式。例如，一些地方政府曾在脱贫攻坚中探索出"模块组合"型保险模式——旨在通过政府与商业性保险公司合作，帮助参保对象多角度应对生产生活中的风险，防止其返贫。河北省张北县扶贫办与商业保险公司的防贫保险鼓励非贫低收入户、非高标准脱贫户两类易贫人群购买防贫保险，每人每年定额缴纳少额保费来建立防贫保险基金，当上述两类目标人群中凡有因病、因残、因学、因灾导致返贫或有重大支出的情况出现时，由防贫保险基金予以报销。该类保险可提供包容性、综合性的保障方案，有效缓解突发意外导致低收入群体产生的支出压力。

加大教育服务供给，完善能力提升机制。机会公平一定程度上可以减少家庭出身等因素对低收入群体发展造成的阻碍，为他们提供向上发展的机会。教育服务的完善可以构建实现机会公平的能力提升机制，使相对贫困群体及其子女拥有机会提升才能，缩小个体间的人力资本差距，从而改善收入分配状况，缩小贫富差距。首先，加大财政转移支付力度，增加对农村和中西部落后地区的教育投入，推进现代化教育基础设施建设。其次，通过师资培训和交流、职业技术教育指导、慕课等线上线下并行的方式促进教育资源流动与共享，提高欠发达地区的教育质量，使受教育者的整体素质和综合能力得到提升，形成"授人以渔"的减贫模式。再次，坚持公益性原则，继续通过各类免息贷款、奖助学金、鼓励其他社会群体参与教育公益等方式，解决贫困家庭教育资金缺乏的问题，为其提供物质保障。最后，应加大文化宣传与精神引领，努力提高贫困儿童接受高等教育的比例。通过各种形式的文化宣传活动，加强低收入群体对教育的重视程度，使其从内源上认识到后代接受教育的必要性，从而培育内生发展潜力，获得向上流动的机会，最终阻断贫困的代际遗传。

以土地资源盘活农村资本，增强可持续发展能力。相对贫困群体的收入来源较为单一，一般为工资性收入和农村居民的农业经营收入。推进共同富裕不能仅仅依靠动员外部地区向欠发达地区投入资本，还可以推动农村土地实现资本化。首先，在产权方面，需要明确产权并完善登记制度，平衡国家、集体和个体农民的利益。其次，在市场方面，进一步试点探索农村集体经营性建设用地出让、租赁、股权改革等方案，尽快完善转让、抵押二级市场建设，形成合理的定价机制，对接资本下乡，形成资本、资源的良性互动循环。推动农村土地资本化，不仅能够使农民获得资本得利，而且能够将作为生产要素的农地与资本、技术相结合，以农地经营权为手段进行融资。

12.4.2　企业协同创新产业协助

激励企业通过产业协助参与扶贫，构建相对贫困治理的增长发展机制。产业协助通过对农业升级改造与融合，引导人才、技术、资金流向经济薄弱地区，为从事农业的低收入群体创造新的经济机会。同时，通过技能培训与学习提升劳动力素质与收入水平，进一步缩小个体间收入差距。企业参与政府主导的项目，有利于积累政治资本，强化政企纽带关系，树立良好的企业形象，在扶贫中寻找发展新机遇，实现企业经济效益和社会效益共赢。

优化企业营商环境，夯实发展基础。当地政府要整合好欠发达地区的各类资源，借助相对贫困治理的契机，补齐农业、农村、农民的发展短板。首先，推进交通基础设施建设，全面完善物流体系和网点服务建设。其次，推动信息网络数字化建设，构建市场信息共享平台。依托社保、民政等数据资源，构建大数据信息共享平台，发布招商引资、就业、培训、兼职、创业等信息，搭建政府、企业、社会组织、低收入群体之间的沟通桥梁，以减少信息不对称导致的机会流失。最后，简化政务手续并进行合理的政府引导，减少企业可能面临的市场壁垒。政府有必要为生产要素和产品的流通提供更优质的政务服务，便利、快捷地服务于企业、人才、技术的引入，进一步增强企业参与扶贫的积极性。

动员发达地区的各类企业向欠发达地区辐射，巧借外部力量。根据市场需求、现代农业发展趋势与财税政策，鼓励发达地区的各类企业增强治理相对贫困的参与意识和责任意识，发挥资金、信息、技术与人才等优势，带动欠发达地区的资源开发和人口就业，增强其"造血"能力。金融企业可以为低收入群体提供综合性金融服务。例如在明确小额信贷风险补偿的比例和操作方法的基础上，通过提高贷款额度和延长借款年限，重点扶持涉农经营主体，来改善农村金融服务的可获得性，帮助低收入群体实现自我发展、创业致富的目标。保险类企业可以与政策性保险结合，有针对性地开发一些缴费低、运作成本低、因地制宜、与扶贫需求相匹配的保险产品，分担帮扶企业与低收入者在生产生活中可能面临的各种风险，充分发挥保险在扶贫中的保障作用。新兴技术企业应利用农业科技，创新产业发展方式，推动农村产业开发和结构优化，结合欠发达地区的资源禀赋开发新产品、拓展新业务，从而延长价值链，增加产品附加值，协同推进城乡要素流动与产业融合，最终实现共同富裕。电子商务类企业可以借助已有渠道或利用市场营销手段为落后地区的产品打开销路，推动实现农产品的精准采购和销售。此外，支持各类型企业结合自身发展需要建立劳务培训基地，依据业务需求对相对贫困群体开展定向培训。同时，还可以设置清洁、安全维护等公益性岗位，在人员聘用上加大对残疾人和低收入女性的倾斜，促进农村劳动力转移和就业增收。

培育本地新型农业经营主体，增强自身发展能力。集体经济"空白"是许多经济薄弱地区的普遍现象，可以通过"公司+专业合作社+基地农户"的利益联结机制培养当地的新型农业经营主体，为居民就地就业和增收创造机会。首先，开发地方特色农业项目并推行规模化经营。新兴农业经营主体需要充分挖掘欠发达地区的自然资源和文化旅游资源，找准产业项目与低收入农户的有效结合点，开发展现地方特色的农业项目。在发展模式上，新型农业经营主体可以尝试将单一种养业向"农业生产+产品加工+农家乐旅游+特色产品销售"的完整产业链转变，并在有条件的地区创建有利于第一、二、三产业融合的产业园区，从而提升农业组织化和规模化经营程度。其次，推行"股权到户"。将政府补助的财政资金量化为基地农户的股份，增加农户收入来源的同时实现了扶贫资金的良性循环，从而壮大集体经济，盘活集体资源，变"输血"为"造血"式扶贫。该类企业需要统筹做好产、供、销各个环节，实现产业化经营，以降低"小农户""贫农户"可能面临的市场风险。最后，合理制定收益分配方案。在项目分红时，根据各方要素投入合理制定收入方案，保障农民的项目收益。

强化对帮扶企业的监督，培养企业的责任感，发挥企业的益贫性。企业追求市场利益最大化，因而进驻欠发达地区市场的动力不足，部分企业存在套取政策红利的心理，导致其短期逐利行为明显，在参与扶贫时表面化、形式化。为防范此种风险，首先，引入信用优良的企业。当地政府通过制定准入标准，引入有一定资源和实力的市场主体，如一些劳动力需求量大、环境污染少、市场前景广阔的企业。其次，加强巡视监督。通过弱化高管权力和政治关联，一定程度上可以抑制非理性行为的发生，促使被巡视企业更积极有效地服务于国家战略，承担相对贫困治理的社会责任。最后，建立信用管理体系。通过定期考核，对失信企业进行黑名单管理与适当处罚。

12.4.3　社会补充健全帮扶格局

培育引入社会力量，促进扶贫主体多元化。社会团体、基金会、民办非企业单位等各类社会组织凭借自身优势，在瞄准识别、公众参与度、社会敏感度、帮扶方式灵活度、动态防贫等方面拥有独特优势，能够有效弥补政府在相对贫困治理中的不足。政府应适当让渡更多空间并赋权于社会组织，鼓励社会组织协同参与制定政策，加大购买反贫服务的力度，从而营造良好的政社合作关系，促进社会资源向弱势群体流动，形成全社会共同参与的帮扶格局。

精准识别帮扶对象，实现帮扶措施个性化。一是应精准识别帮扶对象并制定有针对性的帮扶方案。社会组织有必要提高对落后地区的前期调研能力，找准帮扶的切入点，特别需要关注对已脱贫人口中易返贫的农民群体及边缘群体的识别，并进一步制定有针对性的帮扶方案。二是可以探索开发瞄准式服务产品。在推进共同富裕的进程中，社会组织应结合自身业务内容，凭借优势，在基础设施、金融、电商、教育、医疗卫生、生态旅游等帮扶项目中，积极探索和创新供给机制，提供个性化的产品或服务，缓解公共服务不均等和权利不平等的问题，满足被帮扶群体的个性化需求。三是可以探索实施"结对子"计划。社会组织通过广泛的社会资本建设，增加低收入家庭的社会资本，拓展社会支持网络，促使他们更好地融入社会和参与市场活动，增强其脱离相对贫困的信心和发展动能。在完成某项特定服务的基础上，社会组织需要针对其他将会或者已经出现的问题展开连续性帮扶，有利于产生项目的集群效应与可持续性效果。

大力发展慈善事业，营造反贫困氛围。首先，需要健全更加快捷、有效的社会捐赠税收减免制度。通过加大对个人、企业、公益慈善组织扶贫捐赠的税收优惠与政策支持力度，激励社会各界参与捐赠扶贫，来帮助低收入群体增加收入来源，调节收入分配差距，改善财富分配格局。其次，公益慈善组织等第三方要有组织、有效率地开展专业化的服务。通过强化自身能力，增强社会责任意识，主动发挥社会组织在扶贫中的补位功能，积极关注弱势群体和低收入群体的生存现状与发展问题，并在服务中努力营造反贫困氛围，帮助改变大众对相对贫困群体可能存在的"愚、贫、弱、私"的污名化和标签化理解。

发挥社区信息优势，推进基层扶贫网格化。社区和相对贫困群体的联系更加紧密，对其具体情况更为熟悉，因此需要增加涉贫社区投入，推行网格化管理。首先，设置专人、专岗社区工作制度。通过核定城镇搬迁社区中的管理岗位人数与职责，承接搬迁群众的党务、公共服务、社会保障等各项工作，织密社区保障网络，推动社区形成更有效的基层治理体系，实现社区善治。其次，社区要发挥精神服务功能。重点关注农村易地移民搬迁户、城市农民工群体中的"社会排斥"现象，做好低收入群体的社会化融入工作。最后，鼓励创立"邻里互助"模式。支持居家不能外出务工的部分低收入群体为生活不能自理的老弱病残贫困户提供洗衣服、打扫卫生等形式的居家服务，利用扶贫项目的收益，每月给予帮助方一定的补贴，既实现了互利互惠，又提高了扶贫效益。

参考文献

［1］蔡栋梁，邱黎源，孟晓雨，等. 流动性约束、社会资本与家庭创业选择：基于 CHFS 数据的实证研究［J］. 管理世界，2018（9）：79-94.

［2］陈梦根，胡雪梅. 一种改进的地区购买力平价指数［J］. 数量经济技术经济研究，2019（8）：147-164.

［3］陈宗胜，沈扬扬，周云波. 中国农村贫困状况的绝对与相对变动：兼论相对贫困线的设定［J］. 管理世界，2013（1）：67-77.

［4］储德银，赵飞. 财政分权、政府转移支付与农村贫困：基于预算内外和收支双重维度的门槛效应分析［J］. 财经研究，2013（9）：4-18.

［5］丁建军，冷志明，于正东，等. 经济多样性的减贫效应：基于美国阿巴拉契亚地区的经验［J］. 中国工业经济，2016（6）：39-56.

［6］董志强，魏下海，汤灿晴. 人口老龄化是否加剧收入不平等：基于中国（1996—2009）的实证研究［J］. 人口研究，2012（5）：94-103.

［7］都阳，ALBERT PARK. 中国的城市贫困：社会救助及其效应［J］. 经济研究，2007（12）：24-33.

［8］龚锋，李智，雷欣. 努力对机会不平等的影响：测度与比较［J］. 经济研究，2017（3）：76-90.

［9］郭继强，陆利丽，姜俪. 老龄化对城镇居民收入不平等的影响［J］. 世界经济，2014（3）：129-144.

［10］郭熙保，周强. 长期多维贫困、不平等与致贫因素［J］. 经济研究，2016（6）：143-156.

［11］韩华为，徐月宾. 中国农村低保制度的反贫困效应研究：来自中西部五省的经验证据［J］. 经济评论，2014（6）：63-77.

［12］何欣，朱可涵. 农户信息水平、精英俘获与农村低保瞄准［J］. 经济研究，2019（12）：150-164.

［13］洪兴建. 基尼系数理论研究［M］. 北京：经济科学出版社，2008.

［14］黄薇. 保险政策与中国式减贫：经验、困局与路径优化［J］. 管理世界，2019（1）：135-150.

［15］黄志平. 国家级贫困县的设立推动了当地经济发展吗：基于PSM-DID方法的实证研究［J］. 中国农村经济，2018（5）：98-111.

［16］贾晗睿，詹鹏，李实. "多轨制"养老金体系的收入差距：基于中国家庭收入调查数据的发现［J］. 财政研究，2021（3）：101-114.

［17］贾俊雪，秦聪，孙传辉，等. 中央地方利益协调下减税政策的增收效应［J］. 中国工业经济，2019（6）：79-97.

［18］江克忠，刘生龙. 收入结构、收入不平等与农村家庭贫困［J］. 中国农村经济，2017（8）：75-90.

［19］焦娜，郭其友. 多维剥夺视角下中国农村老年贫困的识别与治理［J］. 中国人口科学，2021（3）：82-97，128.

［20］解垩. 公共转移支付对再分配及贫困的影响研究［J］. 经济研究，2017（9）：103-116.

［21］解垩. 税收和转移支付对收入再分配的贡献［J］. 经济研究，2018（8）：116-131.

［22］李绍平，李帆，董永庆. 集中连片特困地区减贫政策效应评估：基于PSM-DID方法的检验［J］. 改革，2018（12）：142-155.

［23］李永友，郑春荣. 我国公共医疗服务受益归宿及其收入分配效应：基于入户调查数据的微观分析［J］. 经济研究，2016（7）：132-146.

［24］李永友. 公共卫生支出增长的收入再分配效应［J］. 中国社会科学，2017（5）：63-82，206-207.

［25］李卓，左停. 资产收益扶贫有助于"减贫"吗：基于东部扶贫改革试验区Z市的实践探索［J］. 农业经济问题，2018（10）：69-77.

［26］刘华. 农村人口老龄化对收入不平等影响的实证研究［J］. 数量经济技术经济研究，2014（4）：99-112，144.

［27］刘明慧，侯雅楠. 财政精准减贫：内在逻辑与保障架构［J］. 财政研究，2017（7）：9-22.

［28］刘瑞明，赵仁杰. 西部大开发：增长驱动还是政策陷阱：基于PSM-DID方法的研究［J］. 中国工业经济，2015（6）：32-43.

［29］刘维彬，黄凤羽. 我国个人所得税的税收负担及其优化［J］. 税务研究，2020（9）：32-40.

[30] 刘怡, 聂海峰. 间接税负担对收入分配的影响分析 [J]. 经济研究, 2004 (5): 22-30.

[31] 刘轶芳, 罗文博. 1989-2009年我国农村贫困演变及指数分解研究 [J]. 农业技术经济, 2013 (10): 4-15.

[32] 卢洪友, 杜亦譞. 中国财政再分配与减贫效应的数量测度 [J]. 经济研究, 2019 (2): 4-20.

[33] 卢盛峰, 陈思霞, 时良彦. 走向收入平衡增长: 中国转移支付系统 "精准扶贫" 了吗? [J]. 经济研究, 2018 (11): 49-64.

[34] 罗良清, 平卫英. 中国贫困动态变化分解: 1991—2015年 [J]. 管理世界, 2020 (2): 27-40.

[35] 吕冰洋, 郭庆旺. 中国要素收入分配的测算 [J]. 经济研究, 2012 (10): 27-40.

[36] 毛捷, 汪德华, 白重恩. 扶贫与地方政府公共支出: 基于 "八七扶贫攻坚计划" 的经验研究 [J]. 经济学 (季刊), 2012 (4): 1365-1388.

[37] 聂海峰, 刘怡. 城镇居民的间接税负担: 基于投入产出表的估算 [J]. 经济研究, 2010 (7): 31-42.

[38] 聂海峰, 岳希明. 间接税归宿对城乡居民收入分配影响研究 [J]. 经济学 (季刊), 2013 (1): 287-312.

[39] 潘文卿, 吴天颖, 胡晓. 中国技术进步方向的空间扩散效应 [J]. 中国工业经济, 2017 (4): 17-33.

[40] 齐良书, 李子奈. 与收入相关的健康和医疗服务利用流动性 [J]. 经济研究, 2011 (9): 83-95.

[41] 曲兆鹏, 赵忠. 老龄化对我国农村消费和收入不平等的影响 [J]. 经济研究, 2008 (12): 85-99, 149.

[42] 帅传敏, 李文静, 程欣, 等. 联合国IFAD中国项目减贫效率测度: 基于7省份1356农户的面板数据 [J]. 管理世界, 2016 (3): 73-86.

[43] 宋扬, 赵君. 中国的贫困现状与特征: 基于等值规模调整后的再分析 [J]. 管理世界, 2015 (10): 65-77.

[44] 苏春红, 解垩. 财政流动、转移支付及其减贫效率: 基于中国农村微观数据的分析 [J]. 金融研究, 2015 (4): 34-49.

[45] 孙久文，夏添. 中国扶贫战略与 2020 年后相对贫困线划定：基于理论、政策和数据的分析 [J]. 中国农村经济，2019（10）：98-113.

[46] 孙鹃娟. 中国城乡老年人的经济收入及代际经济支持 [J]. 人口研究，2017（1）：34-45.

[47] 张烨霞，李树苗，靳小怡. 农村三代家庭中子女外出务工对老年人经济支持的影响研究 [J]. 当代经济科学，2008（1）：8-15，124.

[48] 汪晨，万广华，吴万宗. 中国减贫战略转型及其面临的挑战 [J]. 中国工业经济，2020（1）：5-23.

[49] 汪德华，邹杰，毛中根. "扶教育之贫" 的增智和增收效应：对 20 世纪 90 年代 "国家贫困地区义务教育工程" 的评估 [J]. 经济研究，2019（9）：155-171.

[50] 汪昊，娄峰. 中国间接税归宿：作用机制与税负测算 [J]. 世界经济，2017（9）：123-146.

[51] 汪三贵，Albert，Park，等. 中国新时期农村扶贫与村级贫困瞄准 [J]. 管理世界，2007（1）：56-64.

[52] 汪三贵. 中国 40 年大规模减贫：推动力量与制度基础 [J]. 中国人民大学学报，2018（6）：1-11.

[53] 王芳，陈硕，王瑾. 农业税减免、农业发展与地方政府行为：县级证据 [J]. 金融研究，2018（4）：104-120.

[54] 王笳旭，王淑娟，冯波. 人口老龄化对城乡收入不平等的影响效应研究：基于中国二元经济结构演变的视角 [J]. 南方经济，2017（9）：118-134.

[55] 王艺明，刘志红. 大型公共支出项目的政策效果评估：以 "八七扶贫攻坚计划" 为例 [J]. 财贸经济，2016（1）：33-47.

[56] 谢申祥，刘生龙，李强. 基础设施的可获得性与农村减贫：来自中国微观数据的经验分析 [J]. 中国农村经济，2018（5）：112-131.

[57] 谢勇才. 中国社会救助 70 年：从数量扩张走向质量提升 [J]. 社会保障研究，2019（6）：44-54.

[58] 邢成举，李小云. 精英俘获与财政扶贫项目目标偏离的研究 [J]. 中国行政管理，2013（9）：109-113.

[59] 徐静，蔡萌，岳希明. 政府补贴的收入再分配效应 [J]. 中国社会科学，2018（10）：39-58，205.

[60] 徐月宾, 刘凤芹, 张秀兰. 中国农村反贫困政策的反思: 从社会救助向社会保护转变 [J]. 中国社会科学, 2007 (3): 40-53, 203-204.

[61] 燕继荣. 反贫困与国家治理: 中国 "脱贫攻坚" 的创新意义 [J]. 管理世界, 2020 (4): 209-220.

[62] 叶兴庆, 殷浩栋. 从消除绝对贫困到缓解相对贫困: 中国减贫历程与 2020 年后的减贫战略 [J]. 改革, 2019 (12): 5-15.

[63] 岳希明, 张斌, 徐静. 中国税制的收入分配效应测度 [J]. 中国社会科学, 2014 (6): 96-117.

[64] 张斌. 经济转型背景下提高直接税比重的必然性与策略 [J]. 河北大学学报 (哲学社会科学版), 2019 (1): 16-25.

[65] 张川川, John Giles, 赵耀辉. 新型农村社会养老保险政策效果评估: 收入、贫困、消费、主观福利和劳动供给 [J]. 经济学 (季刊), 2015 (1): 203-230.

[66] 张川川, 陈斌开. "社会养老" 能否替代 "家庭养老": 来自中国新型农村社会养老保险的证据 [J]. 经济研究, 2014 (11): 102-115.

[67] 张国建, 佟孟华, 李慧, 等. 扶贫改革试验区的经济增长效应及政策有效性评估 [J]. 中国工业经济, 2019 (8): 136-154.

[68] 张楠, 刘蓉, 卢盛峰. 间接税亲贫性与代内归宿: 穷人从减税中获益了吗? [J]. 金融研究, 2019 (6): 76-93.

[69] 赵子乐, 黄少安. 二元社会养老保障体系下的转移支付 [J]. 金融研究, 2013 (2): 33-45.

[70] 郑晓冬, 上官霜月, 陈典, 等. 有条件现金转移支付与农村长期减贫: 国际经验与中国实践 [J]. 中国农村经济, 2020 (9): 124-144.

[71] 郑长德, 单德朋. 集中连片特困地区多维贫困测度与时空演进 [J]. 南开学报 (哲学社会科学版), 2016 (3): 135-146.

[72] 周延, 谭凯. 城乡居民基本养老保险制度改革的收入再分配效应研究: 基于老年群体收入差距变动视角 [J]. 人口与发展, 2021 (1): 86-95, 116.

[73] 解垩. 公共转移支付对再分配及贫困的影响研究 [J]. 经济研究, 2017 (9): 103-116.

[74] 左常升. 中国扶贫开发政策演变 2001-2015 年 [M]. 北京: 社会科学文献出版社, 2016.

［75］左停，金菁，赵梦媛. 扶贫措施供给的多样化与精准性：基于国家扶贫改革试验区精准扶贫措施创新的比较与分析 ［J］. 贵州社会科学，2017（9）：117-124.

［76］AABERGE R, BHULLER M, LANGORGEN A, et al. The distributional impact of public services when needs differ ［J］. Journal of Public Economics, 2010, 94（9-10）：549-562.

［77］ABADIE A, GARDEAZABAL J. The economic costs of conflict：a case study of the basque country ［J］. American Economic Review. 2003, 93（1）：113-132.

［78］ABADIE A, DIAMOND A, HAINMUELLER J. Synthetic control methods for comparative case studies：estimating the effect of California's tobacco control program ［J］. Journal of the American Statistical Association, 2010, 105（490）：493-505.

［79］ALLEN R C. Absolute poverty：when necessity displaces desire ［J］. American Economic Review, 2017, 107（12）：3690-3721.

［80］ALMAS I, HAVNES T, MOGSTAD M. Baby booming inequality? Demographic change and earnings inequality in norway, 1967-2000 ［J］. Journal of Economic Inequality, 2011, 9（4）：629-650.

［81］ALMAS I, MOGSTAD M. Older or wealthier? The impact of age adjustment on wealth equity ［J］. Scandinavian Journal of Economics, 2012, 114（1）：24-54.

［82］ALMAS I, HAVNES T, MOGSTAD M. Adjusting for age effects in cross-sectional distributions ［J］. The Stata Journal, 2012, 12（3）：393-405.

［83］ANGRIST J D, PISCHKE J. Mostly harmless econometrics：an empiricist's companion ［M］. Princeton：Princeton University Press, 2009.

［84］ATKINSON A B. The atkinson review：final report. Measurement of government output and productivity for the national accounts ［M］. London：Palgrave Macmillan, 2005.

［85］ATKINSON A B, BOURGUIGNON F. Poverty and inclusion from a world perspective ［M］. Oxford：Oxford University Press, 2001.

［86］ATKINSON A B. Horizontal equity and the distribution of the tax burden [M]. New York: Social Science Research Council, 1979.

[87] ATKINSO A B, STIGLITZ J E. The design of tax structure: direct versus indirect taxation [J]. Journal of Public Economics, 1976, 6 (1-2): 55-75.

[88] BECKERMAN W. The impact of income maintenance payments on poverty in Britain [J]. Economic Journal, 1979 (89): 261-279.

[89] BESLEY TJ, ROSEN H S. Sales taxes and prices: an empirical analysis [J]. National Tax Journal, 1999, 52 (2): 157-178.

[90] BOADWAY R, SONG Z. Indirect taxes for redistribution: should necessity goods be favored? [J]. Research in Economics, 2016, 70 (1): 64-88.

[91] BOSSERT W. Redistribution mechanisms based on individual characteristics [J]. Mathematical Social Sciences, 1995, 29 (1): 1-17.

[92] CALIENDO M, KOPEINIG S. Some practical guidance for the implementation of propensity score matching [J]. Journal of Economic Surveys, 2008, 22 (1): 31-72.

[93] CASALE D M. Indirect taxation and gender equity: evidence from south Africa [J]. Feminist Economics, 2012, 18 (3): 25-54.

[94] CHAKRAVARTY S R, CHATTOPADHYAY N, QINGBIN L. Vulnerability orderings for expected poverty Indices [J]. Japanese Economic Review, 2015, 66 (3): 300-310.

[95] CHAUDHURI S, JALAN J, SURYAHADI A. Assessing household vulnerability to poverty from cross-sectional data: a methodology and estimates from indonesia [J]. Working Paper, 2002.

[96] CHEN S, RAVALLION M. The developing world is poorer than we thought, but no less successful in the fight against poverty [J]. The Quarterly Journal of Economics, 2010, 125 (4): 1577-1625.

[97] CHEN S, MU R, RAVALLION M. Are there lasting impacts of aid to poor areas [J]. Journal of Public Economics, 2009, 93 (3-4): 512-528.

[98] DANG H H, LANJOUW P F. Welfare dynamics measurement: two definitions of a vulnerability line and their empirical application [M]. Washington, DC: World Bank Publications, 2014.

[99] DAVIES J B, SHORROCKS A F. The distribution of wealth (chapter

11) [J]. //ATKINSON A B AMSTERDAM F B (eds.). Handbook of income distribution. The Netherlands: Elsevier Science, 2000 (11): 605-675.

[100] DAVIS J A. A formal interpretation of the theory of relative deprivation [J]. Sociometry, 1959, 22 (4): 280-296.

[101] DEATON A, PAXSON C. Intertemporal choice and inequality [J]. Journal of Political Economy, 1994 (102): 437-467.

[102] DECERF B. Why not consider that being absolutely poor is worse than being only relatively poor [J]. Journal of Public Economics, 2017, 152 (8): 79-92.

[103] DREWNOWSKI J. Poverty: it's meaning and measurement [J]. Development and Change, 1977, 8 (2): 183-208.

[104] ENAMI A, HIGGINS S, YOUNGER S D. Fiscal impoverishment and gains effectiveness indicators [M] //LUSTIG N. commitment to equity handbook: estimating the impact of fiscal policy on inequality and poverty. Washington, DC: Brookings Institution Press, 2018.

[105] ENAMI A. An application of the CEQ effectiveness indicators: the case of iran [J]. Tulane Economics Working Paper Series, 2017.

[106] FELDSTEIN M. Imputing corporate tax liabilities to individual taxpayers [J]. National Tax Journal, 1988, 41 (1): 37-59.

[107] FELLMAN J, JÄNTTI M, LAMBERT P J. Optimal tax-transfer systems and redistributive policy [J]. Scandinavian Journal of Economics, 1999, 101 (1): 115-126.

[108] FERRAZ C, FINAN F, MOREIRA D B. Corrupting learning: evidence from missing federal education funds in Brazil [J]. Journal of Public Economics, 2012, 96 (9-10): 712-726.

[109] FIELDS G S, YOO G. Falling labor income inequality in Korea's economic growth: patterns and underlying Causes [J]. Review of Income and Wealth , 2000, 46 (2): 139-159.

[110] FIRPO S, FORTIN N M, LEMIEUX T. Decomposing wage distributions using recentered influence function regressions [J]. Econometrics, 2018, 6 (3): 1-40.

[111] FIRPO S, FORTIN N M, LEMIEUX T. Unconditional quantile re-

gressions [J]. Econometrica, 2009, 77 (3): 953-973.

[112] FOSTER J. Absolute versus relative poverty [J]. American Economic Review, 1998, 88 (2): 335-341.

[113] FOSTER J, GREER J, THORBECKE E. A class of decomposable poverty measures [J]. Econometrica: Journal of the Econometric Society, 1984, 52 (3): 761-766.

[114] FUCHS V R. Redefining poverty and redistributing income [J]. Public Interest, 1967, 14 (8): 88-95.

[115] FUEST C, NIEHUES J, PEICHL A. The redistributive effects of tax benefit systems in the enlarged EU [J]. Public Finance Review, 2010, 38 (4): 473-500.

[116] GÜNTHER I, HARTTGEN K. Estimating households vulnerability to idiosyncratic and covariate shocks: a novel method applied in madagascar [J]. World Development, 2009, 37 (7): 1222-1234.

[117] HEERINK N, KUIPER M, SHI X. China's new rural income support policy: impacts on grain production and rural income inequality [J]. China and World Economy, 2006, 14 (6): 58-69.

[118] HIGGINS S, LUSTIG N. Can a poverty-reducing and progressive tax and transfer system hurt the poor [J]. Journal of Development Economics, 2016, 122 (9): 63-75.

[119] HIGGINS S, PEREIRA C. The effects of Brazil's taxation and social spending on the distribution of household income [J]. Public Finance Review, 2014, 42 (3): 346-367.

[120] HIGGINS S, LUSTIG N, RUBLE W, et al. Comparing the incidence of taxes and social spending in Brazil and the United States [J]. Review of Income and Wealth, 2016 (62): 22-46.

[121] IMAI K S, GAIHA R, THAPA G. Does non-farm sector employment reduce rural poverty and vulnerability? Evidence from Vietnam and India [J]. Journal of Asian Economics, 2015, 36 (2) : 47-61.

[122] JOUMARD I, PISU M, BLOCH D. Income redistribution via taxes and transfers across OECD Countries [M]. Paris: OECD Publishing, 2012.

[123] KAKWANI N C. Analyzing redistribution policies: a study using

Australian data [M]. New York: Cambridge University Press, 1986.

[124] KAKWANI N C. On the measurement of tax progressivity and redistributive effect of taxes with applications to horizontal and vertical equity [J]. Advances in Econometrics, 1984, 3 (2): 149-168.

[125] KAKWANI N. On a class of poverty measures [J]. Econometrica, 1980, 148 (2): 437-446.

[126] KAKWANI N. On measuring growth and inequality components of poverty with application to Thailand [J]. Journal of Quantitative Economics, 2000, 16 (1): 67-80.

[127] KHANDKER S R, KOOLWAL G B. How has microcredit supported agriculture? Evidence using panel data from bangladesh [J]. Agricultural Economics, 2016, 47 (2): 157-168.

[128] KONOW J. A positive theory of economic fairness [J]. Journal of Economic Behavior Organization, 1996, 31 (1): 13-35.

[129] LERMAN R I, YITZHAKI S. Income inequality effects by income source: a new approach and Applications to the United States [J]. Review of Economics and Statistics, 1985, 67 (1): 405-410.

[130] LI W, LI X, WANG W, et al. Fiscal policy, regional disparity and poverty in China: a general equilibrium approach [J]. PEP Working Paper, 2010.

[131] LUSTIG N. Commitment to equity handbook: estimating the impact of fiscal policy on inequality and poverty [M]. Washington D C: Brookings Institution Press, 2018.

[132] LUSTIG N, HIGGINS S. Fiscal incidence, fiscal mobility and the poor: a new approach [J]. ECINEQ Working Paper Series, 2012.

[133] LUSTIG N. Equity and fiscal redistribution in middle income countries: Brazil, Chile, Colombia, Indonesia, Mexico, Peru and South Africa [J]. Journal of Globalization and Development, 2016, 7 (1): 17-60.

[134] LUSTIG N, LOPEZ-CALVA L F, ORTIZ-JUAREZ E. Declining inequality in latin America in the 2000s: the cases of Argentina, Brazil, and Mexico [J]. World Development, 2013 (44): 129-141.

[135] MAHADEVAN R, AMIR H, NUGROHO A. How pro-poor and in-

come equitable are tourism taxation policies in a developing country? Evidence from a computable general equilibrium model [J]. Journal of Travel Research, 2017, 56 (3): 334-346.

[136] MENG L. Evaluating China's poverty alleviation program: a regression discontinuity approach [J]. Journal of Public Economics, 2013, 101 (C): 1-11.

[137] MOOKHERJEE D, SHORROCKS A. A decomposition analysis of the trend in UK income equity [J]. The Economic Journal, 1982, 92 (368): 886-902.

[138] MUSGRAVE R A, MUSGRAVE P B. Public finance in theory and practice [M]. New York: McGraw-Hill, 1976.

[139] NARAYANA M R. Impact of population aging on sustainability of India's current fiscal policies: a generational accounting approach [J]. The Journal of the Economics of Ageing, 2014 (3): 71-83.

[140] NEWBERY D, STERN N. The theory of taxation for developing countries [J]. Economic Journal, 1987, 98 (393): 60-91.

[141] OAXACA R L. Male-female wage differentials in urban labor markets [J]. International Economic Review, 1973, 14 (3): 693-709.

[142] OHTAKE F, SAITO M. Population aging and consumption inequality in Japan [J]. Review of Income and Wealth, 1998 (44): 361-381.

[143] PAGLIN M. The measurement and trend of equity: a basic revision [J]. American Economic Review, 1975, 65 (4): 598-609.

[144] PARK A, WANG S, WU G. Regional poverty targeting in China [J]. Journal of Public Economics, 2002, 86 (1): 123-153.

[145] PIGOU A C. A study in public finance [M]. third ed. London: Macmillan publishers, 1947.

[146] PIKETTY T. Capital in the 21st century [M]. Cambridge: Harvard University Press, 2014.

[147] PIKETTY T, SAEZ E, ZUCMAN G. Distributional national accounts: methods and estimates for the United States [J]. The Quarterly Journal of Economics, 2018, 133 (2): 553-609.

[148] PINTO F P L, PINTO M C L, PINTO M A L. Social spending, ta-

xes and income redistribution in ecuador [J]. Commitment to Equity Working Paper Series, 2015.

[149] PLOTNICK R. A measure of horizontal inequity [J]. The Review of Economics and Statistics, 1981, 63 (2): 283-288.

[150] PUDNEY S. Income and wealth equity and the life cycle: a non-parametric analysis for China [J]. Journal of Applied Econometrics, 1993, 8 (3): 249-276.

[151] RAMÍREZ J M, DÍAZ Y, BEDOYA J G. Property tax revenues and multidimensional poverty reduction in colombia: a spatial approach [J]. World Development, 2017 (94): 406-421.

[152] RAMSEY F P. A contribution to the theory of taxation [J]. The Economic Journal, 1927, 37 (145): 47-61.

[153] RAVALLION M, CHEN S. Global poverty measurement when relative income matters [J]. Journal of Public Economics, 2019, 177 (9): 40-46.

[154] RAVALLION M, CHEN S. Weakly relative poverty [J]. Review of Economics and Statistics, 2011, 93 (4): 1251-1261.

[155] RAVALLION M, DATT G, WALLE D V D. Quantifying absolute poverty in the developing world [J]. Review of Income and Wealth, 1991, 37 (4): 345-361.

[156] RAVALLION M, CHEN S. Measuring pro-poor growth [J]. Economics Letters, 2003, 78 (1): 93-99.

[157] RAVALLION M, JALAN J. China's lagging poor areas [J]. American Economic Review, 1999, 89 (2): 301-305.

[158] ROWNTREE B S. Poverty: A study of town life [M]. London: Palgrave Macmillan, 1901.

[159] SEN A. Well-being, agency and freedom: the dewey lectures 1984 [J]. Journal of Philosophy, 1985, 82 (4): 169-221.

[160] SEN A. Poverty: an ordinal approach to measurement [J]. Econometrica, 1976, 44 (2): 219-231.

[161] SHORROCKS A F. Decomposition procedures for distributional analysis: a unified framework based on the shapley value [J]. Journal of Economic

Inequality, 2013, 11 (1): 99-126.

[162] SILBER J, WAN G. The Asian "poverty miracle": impressive accomplishments or incomplete achievements [M]. Northampton: Edward Elgar Publishing, 2016.

[163] STORESLETTEN K, TELMER C I, Y A. Consumption and risk sharing over the life cycle [J]. Social Ence Electronic Publishing, 2004, 51 (3): 609-633.

[164] URBAN I. Kakwani decomposition of redistributive effect: origins, critics and upgrades [J]. ECINEQ Working Paper Series, 2009.

[165] VAN KERM P. Income mobility profiles [J]. Economics Letters, 2009, 102 (2): 93-95.

[166] WERTZ K L. The measurement of equity: comment [J]. American Economic Review, 1979, 69 (4): 670-672.

[167] WESTMORE B. Do government transfers reduce poverty in China? Micro evidence from five regions [J]. China Economic Review, 2018, 51 (10): 59-69.

[168] WILLIAMSON A R, SMITH M T, STRAMBI-KRAMER M. Housing choice vouchers, the low-income housing tax credit, and the federal poverty deconcentration goal [J]. Urban Affairs Review, 2009, 45 (1): 119-132.

[169] WORLD BANK. Atlas of sustainable development goals 2018 from world development indicators [M]. Washington DC: World Bank Publications, 2018.

[170] WORLD BANK. Global monitoring report 2014/2015: ending poverty and sharing prosperity [M]. Washington DC: World Bank Publications, 2015.

[171] WORLD BANK. World development report: making services work for poor people [M]. Washington DC: World Bank Publication, 2004.

附　表

附表1　行业消费分类和实际间接税税率

附表1-1　行业与家庭消费支出归集

类别	行业	CHFS2017 家庭消费
食品	农林牧渔业；农副食品加工业；食品制造业；酒、饮料和精制茶制造业；烟草制品业；餐饮业；农林牧渔产品批发；食品、饮料及烟草制品批发；食品、饮料及烟草制品专门零售	伙食费和购买烟、酒、饮料支出
衣着	纺织服装、服饰业；皮革、毛皮、羽毛及其制品和制鞋业；服装批发；服装零售	购买衣物支出
居住	电力、热力、燃气及水生产和供应业；煤炭开采和洗选业；石油和天然气开采业；黑色金属选矿业；黑色金属冶炼和压延加工业；非金属矿采选业；其他采矿业；房屋建筑业；住宿业；房地产业；矿产品、建材及化工产品批发	水、电、燃料费、物业管理费、暖气费等支出
家庭设备用品及服务	居民服务、修理和其他服务业；纺织业；化学纤维制造业；木材加工和木、竹、藤、棕、草制品业；家具制造业；橡胶和塑料制品业；建筑安装业；建筑装饰和其他建筑业；电气机械和器材制造业；纺织及家庭用品批发；纺织及日用品专门零售；日用家电设备零售；五金、家具及室内装饰材料专门零售	购买日常用品、防霾物品、家政服务、美容、住房装修和维修花费等支出
医疗保健	医药制造业；医药及医疗器材批发；医药及医疗器材专门零售	医疗支出、保健及健身支出

类别	行业	CHFS2017 家庭消费
交通通信	汽车制造业；计算机、通信和其他电子设备制造业；交通运输、仓储和邮政业；铁路、船舶、航空航天和其他运输设备制造业；土木工程建筑业；信息传输、软件和信息技术服务业；汽车批发；计算机、软件及辅助设备批发；汽车、摩托车、燃料及零配件专门零售；计算机、软件及辅助设备零售；通信设备零售	交通费、通信费、购买摩托车等支出
文教娱乐	教育；文化、体育和娱乐业；造纸和纸制品业；印刷和记录媒介复制业；文教、工美、体育和娱乐用品制造业；文化、体育用品及器材批发；文化、体育用品及器材专门零售	用于文化娱乐、教育培训、旅游支出
其他类	金融业；贸易经纪与代理	法律服务

附表 1-2　各行业实际间接税税率　　　　　单位:%

类别	增值税税率	消费税税率	营业税税率	城建税税率	总税率
食品	2.42	3.92	0.15	0.42	6.90
衣着	9.36	0.38	0.08	0.56	10.38
居住	6.69	0.46	2.99	0.61	10.76
家庭设备用品及服务	8.30	0.15	4.00	0.78	13.23
医疗保健	7.77	0.50	0.05	0.47	8.79
交通通信	6.01	0.93	0.57	0.42	7.94
文教娱乐	2.16	0.09	0.15	0.15	2.54
其他	3.75	0.03	3.92	0.52	8.22

附表 2　Heckman 两步法实证结果

变量	（1）选择模型	（2）结果模型
收入	−0.002 453 8**	−0.103 456***
	(0.001 186 1)	(0.031 063 6)
健康	0.341 025 5***	5.724 723***
	(0.005 441 9)	(1.212 389)
年龄	−0.006 439 6***	0.094 541 1**
	(0.001 565 3)	(0.038 336 3)
年龄平方	0.000 118 17***	0.000 677 7
	(0.000 015 5)	(0.000 642 8)
医疗保险	0.168 989***	3.479 231***
	(0.020 777 3)	(0.803 137 7)
性别	−0.045 739 3***	1.471 156***
	(0.010 563 9)	(0.302 828 4)
婚姻状况	−0.191 568 2***	−2.666 668***
	(0.015 945 5)	(0.719 533 7)
受教育程度	0.000 004 68	0.960 905 8***
	(0.004 870 9)	(0.116 277 6)
务农	−0.188 154***	−6.736 168***
	(0.015 946)	(0.771 972 1)
临时打工	−0.210 165 9***	−4.316 895***
	(0.014 622 8)	(0.838 335 9)
家庭规模	−0.015 717***	—
	(0.003 476 5)	—
逆米尔斯比率	—	14.382 09***
	—	(4.519 59)

变量	(1) 选择模型	(2) 结果模型
常数项	−2.242 339***	−37.266 62***
	(0.049 409 7)	(11.993 16)
观测值	118 882	
Censored obs	104 945	
Uncensored obs	13 937	

注：***、**、*分别表示在1%、5%和10%水平下显著，括号内为稳健标准误。

附表3 敏感性分析结果

附表3-1 敏感性分析前提假设对比

类型		等值规模调整	企业所得税税负归属 (资本所有者，劳动供给者)	养老金归属
基准分析		EU 等值规模	(1/2, 1/2)	财政转移收入
敏感性分析	1	OECD 等值规模	(1/2, 1/2)	财政转移收入
	2	KL 等值规模	(1/2, 1/2)	财政转移收入
	3	EU 等值规模	(3/4, 1/4)	财政转移收入
	4	EU 等值规模	(1/4, 3/4)	财政转移收入
	5	EU 等值规模	(1/2, 1/2)	市场收入
	6	未经等值规模调整	(1/2, 1/2)	财政转移收入

附表3-2 不同相对贫困线下的财政减贫效应（敏感性分析1）

贫困线		综合贫困线			国际相对贫困线			脆弱性调整贫困线		
贫困测度	指标	贫困广度	贫困深度	贫困强度	贫困广度	贫困深度	贫困强度	贫困广度	贫困深度	贫困强度
	市场收入	22.89	10.79	6.70	27.66	13.48	8.56	28.97	14.35	9.17
	最终收入	11.65	3.11	1.12	16.98	5.21	2.15	18.53	5.94	2.54

减贫效应	财政总体	11.24	7.68	5.59	10.68	8.28	6.41	10.44	8.41	6.63
	支出端	16.64	12.96	11.16	15.68	13.57	11.89	15.21	13.68	12.09
	转移支付	3.59	2.21	1.48	3.74	2.49	1.78	3.72	2.57	1.87
	基本社会保险	11.82	8.20	6.71	11.27	8.83	7.33	11.13	8.97	7.51
	养老保险	7.31	5.21	4.34	7.13	5.60	4.71	7.05	5.68	4.81
	医疗保险	3.62	1.26	0.52	3.88	1.73	0.85	4.02	1.86	0.96
	基本公共服务	0.55	0.24	0.12	0.52	0.30	0.17	0.72	0.31	0.18
	教育服务	0.10	0.02	0.01	0.09	0.03	0.02	0.13	0.03	0.02
	医疗服务	0.45	0.22	0.11	0.44	0.26	0.15	0.61	0.28	0.16
	收入端	-3.36	-1.34	-0.58	-4.34	-1.81	-0.92	-4.35	-1.96	-1.03
	个人所得税	0.00	0.00	0.00	0.00	0.00	0.00	0.00	0.00	0.00
	社保缴费	-1.80	-0.77	-0.36	-2.14	-1.00	-0.54	-1.98	-1.06	-0.59
	企业所得税	-0.22	-0.08	-0.03	-0.47	-0.15	-0.06	-0.45	-0.16	-0.07
	增值税	-1.61	-0.64	-0.29	-2.03	-0.87	-0.45	-1.98	-0.93	-0.50

注：表中贫困测度和减贫效应数据均乘以100。

附表3-3 不同贫困标准下的财政致贫与财政增益（敏感性分析1）

贫困线		综合贫困线			国际相对贫困线			脆弱性调整贫困线		
财政工具		指标								
		FI/FGP 发生率 /%	公理化指标		FI/FGP 发生率 /%	公理化指标		FI/FGP 发生率 /%	公理化指标	
			人均额 /元	人均标准化额 /%		人均额 /元	人均标准化额 /%		人均额 /元	人均标准化额 /%
财政增益	支出端	28.05	409.59	13.19	32.37	527.01	13.57	33.45	564.19	13.68
	转移支付	11.27	69.85	2.25	15.18	96.81	2.49	16.25	105.82	2.57
	基本社会保险	20.33	259.22	8.35	24.02	342.89	8.83	25.08	369.93	8.97
	养老保险	14.45	164.78	5.31	17.59	217.31	5.60	18.54	234.43	5.68
	医疗保险	7.79	39.67	1.28	10.47	67.12	1.73	11.28	76.64	1.86
	基本公共服务	6.96	7.61	0.25	10.22	11.53	0.30	11.34	12.95	0.31
	教育服务	2.24	0.75	0.02	3.31	1.24	0.03	3.65	1.42	0.03
	医疗服务	6.71	6.81	0.22	9.90	10.22	0.26	10.94	11.42	0.28
财政致贫	收入端	11.65	42.20	1.36	16.98	70.33	1.81	18.53	80.77	1.96
	个人所得税	0.03	0.01	0.00	0.04	0.02	0.00	0.04	0.02	0.00
	社保缴费	10.70	24.48	0.79	15.59	38.88	1.00	17.07	43.80	1.06
	企业所得税	2.77	2.60	0.09	4.81	5.69	0.19	5.43	6.70	0.16
	增值税	11.65	20.30	0.65	16.98	33.70	0.87	18.53	38.48	0.93
总体财政增益		20.57	252.07	8.12	24.02	338.42	8.72	24.85	366.37	8.88
总体财政致贫		3.22	9.46	0.30	4.74	16.93	0.44	5.14	19.44	0.47

附表 3-4　基于 FGT 指标的配置效率（敏感性分析 1）

财政工具	指标								
	综合贫困线			国际相对贫困线			脆弱性调整贫困线		
	贫困广度	贫困深度	贫困强度	贫困广度	贫困深度	贫困强度	贫困广度	贫困深度	贫困强度
支出端	58.81	80.65	90.90	48.01	72.28	84.69	45.08	69.73	82.64
转移支付	23.53	41.55	57.04	18.05	32.38	45.31	16.72	30.17	42.37
基本社会保险	50.35	72.51	85.71	39.91	62.91	77.33	37.52	60.17	74.74
养老保险	38.53	62.64	79.50	29.59	51.81	68.64	27.55	48.91	65.46
医疗保险	23.72	28.76	31.65	18.61	24.93	28.40	17.81	23.84	27.43
基本公共服务	4.53	7.19	9.46	5.95	7.24	8.34	9.90	8.13	8.84
教育服务	3.85	1.95	1.43	5.29	3.21	2.53	9.15	3.68	2.90
医疗服务	3.70	6.48	8.70	7.38	8.47	9.15	11.79	9.46	9.86

附表 3-5　FI/FGP 减贫效率（敏感性分析 1）

财政工具	综合贫困线	国际相对贫困线	脆弱性调整贫困线
总体减贫效率	56.16	57.61	58.07
支出端	15.59	20.06	21.47
转移支付	14.18	19.65	21.48
基本养老保险	11.62	15.32	16.53
基本医疗保险	7.13	12.05	13.76
教育公共服务	1.95	3.21	3.68
医疗公共服务	5.64	8.47	9.46
收入端	98.50	97.50	97.13
个人所得税	99.99	99.99	99.99
社保缴费	97.91	96.69	96.27
企业所得税	99.62	99.17	99.03
增值税	97.26	95.46	94.81

附表 3-6　不同相对贫困线下的财政减贫效应（敏感性分析 2）

贫困线		综合贫困线			国际相对贫困线			脆弱性调整贫困线		
	指标	贫困广度	贫困深度	贫困强度	贫困广度	贫困深度	贫困强度	贫困广度	贫困深度	贫困强度
贫困测度	市场收入	27.57	13.43	8.48	32.03	16.50	10.70	33.37	17.45	11.41
	最终收入	17.00	5.21	2.15	22.78	7.96	3.66	24.53	8.87	4.20
减贫效应	财政总体	10.58	8.21	6.33	9.25	8.54	7.03	8.84	8.57	7.21
	支出端	15.59	13.57	11.91	14.51	13.85	12.53	14.23	13.88	12.68
	转移支付	3.73	2.50	1.77	3.19	2.68	2.05	3.10	2.70	2.12
	基本社会保险	11.27	8.81	7.34	10.87	9.24	7.92	10.81	9.33	8.07
	养老保险	7.07	5.59	4.71	6.94	5.87	5.06	6.80	5.93	5.16
	医疗保险	3.78	1.70	0.84	3.90	2.11	1.21	3.92	2.22	1.32
	基本公共服务	0.54	0.30	0.17	0.49	0.35	0.22	0.50	0.36	0.24
	教育服务	0.02	0.03	0.01	0.06	0.04	0.02	0.08	0.04	0.02
	医疗服务	0.47	0.27	0.15	0.40	0.31	0.20	0.41	0.32	0.21
	收入端	−4.18	−1.83	−0.93	−4.60	−2.32	−1.33	−4.61	−2.45	−1.45
	个人所得税	−0.01	0.00	0.00	0.00	0.00	0.00	−0.01	0.00	0.00
	社保缴费	−2.10	−1.01	−0.55	−1.96	−1.21	−0.74	−1.99	−1.25	−0.80
	企业所得税	−0.52	−0.15	−0.06	−0.61	−0.23	−0.11	−0.67	−0.25	−0.12
	增值税	−2.15	−0.87	−0.45	−2.14	−1.10	−0.63	−2.18	−1.16	−0.69

注：表中贫困测度和减贫效应数据均乘以 100。

附表 3-7　不同贫困标准下的财政致贫与财政增益（敏感性分析 2）

贫困线		综合贫困线			国际相对贫困线			脆弱性调整贫困线		
					指标					
财政工具		FI/FGP发生率/%	公理化指标		FI/FGP发生率/%	公理化指标		FI/FGP发生率/%	公理化指标	
			人均额/元	人均标准化额/%		人均额/元	人均标准化额/%		人均额/元	人均标准化额/%
财政增益	支出端	32.31	428.82	13.81	36.91	537.75	13.85	38.36	572.51	13.88
	转移支付	15.36	78.84	2.54	18.94	103.93	2.68	20.08	111.54	2.70
	基本社会保险	23.94	278.36	8.96	27.91	358.66	9.24	29.27	384.74	9.33
	养老保险	17.52	176.58	5.69	20.76	227.80	5.87	21.73	244.36	5.93
	医疗保险	10.33	53.72	1.73	13.22	81.97	2.11	14.15	91.43	2.22
	基本公共服务	10.55	9.48	0.31	14.12	13.62	0.35	15.26	14.88	0.36
	教育服务	3.18	0.93	0.03	4.50	1.55	0.04	4.89	1.72	0.04
	医疗服务	10.24	8.47	0.27	13.68	12.02	0.31	14.79	13.06	0.32

贫困线		综合贫困线			国际相对贫困线			脆弱性调整贫困线		
		指标								
财政工具		FI/FGP 发生率 /%	公理化指标		FI/FGP 发生率 /%	公理化指标		FI/FGP 发生率 /%	公理化指标	
			人均额 /元	人均标 准化额 /%		人均额 /元	人均标 准化额 /%		人均额 /元	人均标 准化额 /%
财政致贫	收入端	17.00	57.68	1.86	22.78	89.98	2.32	24.53	101.03	2.45
	个人所得税	0.04	0.01	0.00	0.04	0.02	0.00	0.05	0.03	0.00
	社保缴费	15.73	31.95	1.03	21.08	46.83	1.21	22.77	51.58	1.25
	企业所得税	5.00	4.84	0.17	7.49	8.81	0.29	8.30	10.33	0.25
	增值税	17.00	27.39	0.88	22.78	42.73	1.10	24.53	47.75	1.16
总体财政增益		23.88	273.65	8.81	26.72	354.60	9.13	27.48	379.79	9.21
总体财政致贫		4.82	14.10	0.45	6.69	22.98	0.59	7.27	26.23	0.64

附表 3-8 基于 FGT 指标的配置效率（敏感性分析 2）

财政工具	指标								
	综合贫困线			国际相对贫困线			脆弱性调整贫困线		
	贫困 广度	贫困 深度	贫困 强度	贫困 广度	贫困 深度	贫困 强度	贫困 广度	贫困 深度	贫困 强度
支出端	47.85	72.24	84.70	38.91	63.50	77.38	36.71	61.01	75.11
转移支付	17.99	32.36	45.18	14.71	26.01	36.14	18.23	27.92	36.08
基本社会保险	39.88	62.82	77.33	32.31	53.71	68.37	30.58	51.25	65.76
养老保险	29.37	51.73	68.66	23.36	42.43	58.01	21.70	40.04	55.09
医疗保险	18.18	24.59	28.18	14.62	20.96	24.81	14.89	20.12	23.88
基本公共服务	6.38	7.41	8.49	9.17	10.64	10.85	10.42	11.62	11.75
教育服务	1.15	2.90	2.19	4.84	4.82	3.65	7.02	5.38	4.17
医疗服务	8.09	8.82	9.52	10.47	12.52	12.55	11.88	13.60	13.62

附表 3-9 FI/FGP 减贫效率（敏感性分析 2）

财政工具	综合贫困线	国际相对贫困线	脆弱性调整贫困线
总体减贫效率	56.74	58.40	58.90
支出端	20.05	25.14	26.76
转移支付	19.74	26.01	27.92
基本养老保险	15.26	19.69	21.12
基本医疗保险	11.82	18.04	20.12

财政工具	综合贫困线	国际相对贫困线	脆弱性调整贫困线
教育公共服务	2.90	4.82	5.38
医疗公共服务	8.82	12.52	13.60
收入端	97.38	95.92	95.42
个人所得税	99.99	99.99	99.98
社保缴费	96.55	94.94	94.42
企业所得税	99.10	98.36	98.08
增值税	95.26	92.60	91.73

附表 3-10 不同相对贫困线下的财政减贫效应（敏感性分析3）

贫困测度	贫困线	综合贫困线			国际相对贫困线			脆弱性调整贫困线		
	指标	贫困广度	贫困深度	贫困强度	贫困广度	贫困深度	贫困强度	贫困广度	贫困深度	贫困强度
	市场收入	19.55	9.10	5.66	23.81	11.46	7.24	25.23	12.22	7.76
	最终收入	8.31	1.97	0.66	12.68	3.56	1.38	14.12	4.13	1.66
减贫效应	财政总体	11.24	7.13	5.00	11.14	7.90	5.86	11.10	8.09	6.11
	支出端	16.60	12.27	10.57	16.28	13.05	11.29	15.94	13.23	11.50
	转移支付	3.71	1.98	1.26	3.47	2.28	1.56	3.72	2.36	1.64
	基本社会保险	11.46	7.61	6.26	11.50	8.34	6.85	11.48	8.52	7.03
	养老保险	6.90	4.91	4.08	7.14	5.31	4.43	7.18	5.42	4.54
	医疗保险	3.22	0.88	0.32	3.63	1.36	0.59	3.78	1.50	0.69
	基本公共服务	0.47	0.17	0.07	0.52	0.24	0.12	0.55	0.25	0.13
	教育服务	0.03	0.01	0.00	0.07	0.02	0.01	0.08	0.02	0.01
	医疗服务	0.41	0.16	0.06	0.44	0.21	0.11	0.47	0.23	0.12
	收入端	-2.94	-0.93	-0.36	-3.55	-1.37	-0.63	-3.64	-1.50	-0.72
	个人所得税	0.00	0.00	0.00	0.00	0.00	0.00	0.00	0.00	0.00
	社保缴费	-1.74	-0.55	-0.22	-1.87	-0.79	-0.38	-1.91	-0.86	-0.43
	企业所得税	-0.10	-0.03	-0.01	-0.22	-0.05	-0.02	-0.23	-0.06	-0.02
	增值税	-1.55	-0.47	-0.19	-1.67	-0.68	-0.32	-1.82	-0.74	-0.37

注：表中贫困测度和减贫效应数据均乘以100。

附表 3-11　不同贫困标准下的财政致贫与财政增益（敏感性分析 3）

贫困线		综合贫困线			国际相对贫困线			脆弱性调整贫困线		
财政工具			指标							
		FI/FGP 发生率 /%	公理化指标		FI/FGP 发生率 /%	公理化指标		FI/FGP 发生率 /%	公理化指标	
			人均额 /元	人均标准化额 /%		人均额 /元	人均标准化额 /%		人均额 /元	人均标准化额 /%
财政增益	支出端	24.69	387.59	12.48	28.68	506.84	13.05	29.79	545.60	13.23
	转移支付	8.96	62.58	2.01	11.77	88.35	2.28	12.95	97.15	2.36
	基本社会保险	17.66	240.60	7.75	20.97	323.66	8.34	22.05	351.43	8.52
	养老保险	12.31	155.14	4.99	15.15	206.09	5.31	16.03	223.40	5.42
	医疗保险	5.75	27.72	0.89	8.21	52.80	1.36	8.98	61.68	1.50
	基本公共服务	4.50	5.47	0.18	6.99	9.21	0.24	7.91	10.49	0.25
	教育服务	1.01	0.33	0.01	1.95	0.78	0.02	2.29	0.98	0.02
	医疗服务	4.38	5.07	0.16	6.77	8.32	0.21	7.67	9.42	0.23
财政致贫	收入端	8.31	29.23	0.94	12.68	53.23	1.37	14.12	61.89	1.50
	个人所得税	0.01	0.00	0.00	0.03	0.01	0.00	0.03	0.01	0.00
	社保缴费	7.47	17.48	0.56	11.53	30.82	0.79	12.90	35.28	0.86
	企业所得税	1.51	0.87	0.03	2.85	1.94	0.06	3.45	2.48	0.06
	增值税	8.31	14.89	0.48	12.68	26.24	0.68	14.12	30.51	0.74
总体财政增益		18.23	231.23	7.44	21.49	318.01	8.19	22.54	346.88	8.41
总体财政致贫		2.00	5.92	0.19	3.16	11.25	0.29	3.58	13.26	0.32

附表 3-12　基于 FGT 指标的配置效率（敏感性分析 3）

财政工具	综合贫困线			国际相对贫困线			脆弱性调整贫困线		
	指标								
	贫困广度	贫困深度	贫困强度	贫困广度	贫困深度	贫困强度	贫困广度	贫困深度	贫困强度
支出端	66.64	86.16	94.09	56.23	78.58	89.14	53.01	76.20	87.42
转移支付	30.87	50.12	65.41	21.50	39.01	53.09	20.84	36.31	49.80
基本社会保险	57.98	79.44	90.41	47.57	70.09	83.28	44.84	67.34	80.94
养老保险	45.36	71.36	86.01	36.04	59.87	76.33	33.71	56.73	73.27
医疗保险	27.96	30.81	32.26	22.28	27.66	30.15	21.10	26.58	29.37
基本公共服务	5.33	8.08	9.19	3.90	6.25	7.72	3.77	5.80	7.28
教育服务	0.65	0.67	0.44	2.80	1.56	1.02	3.64	1.97	1.25
医疗服务	4.70	7.52	8.73	3.35	5.68	7.19	5.61	6.39	7.27

附表 3-13 FI/FGP 减贫效率（敏感性分析 3）

财政工具	综合贫困线	国际相对贫困线	脆弱性调整贫困线
总体减贫效率	52.90	54.24	54.68
支出端	12.52	16.37	17.62
转移支付	10.70	15.11	16.61
基本养老保险	9.37	12.44	13.49
基本医疗保险	4.21	8.02	9.37
教育公共服务	0.67	1.56	1.97
医疗公共服务	3.43	5.64	6.39
收入端	99.03	98.23	97.94
个人所得税	100.00	99.99	99.99
社保缴费	98.78	97.84	97.53
企业所得税	99.90	99.77	99.71
增值税	96.84	94.43	93.52

附表 3-14 不同相对贫困线下的财政减贫效应（敏感性分析 4）

贫困测度	贫困线／指标	综合贫困线			国际相对贫困线			脆弱性调整贫困线		
		贫困广度	贫困深度	贫困强度	贫困广度	贫困深度	贫困强度	贫困广度	贫困深度	贫困强度
贫困测度	市场收入	19.40	9.07	5.66	23.50	11.38	7.22	24.92	12.13	7.73
	最终收入	8.31	1.97	0.66	12.68	3.56	1.38	14.12	4.13	1.66
减贫效应	财政总体	11.09	7.09	4.99	10.82	7.83	5.84	10.80	8.00	6.08
	支出端	16.60	12.27	10.57	16.28	13.05	11.29	15.94	13.23	11.50
	转移支付	3.71	1.98	1.26	3.47	2.28	1.56	3.72	2.36	1.64
	基本社会保险	11.46	7.61	6.26	11.50	8.34	6.85	11.48	8.52	7.03
	养老保险	6.90	491	4.08	7.14	5.31	4.43	7.18	5.42	4.54
	医疗保险	3.22	0.88	0.32	3.63	1.36	0.59	3.78	1.50	0.69
	基本公共服务	0.47	0.17	0.07	0.52	0.24	0.12	0.55	0.25	0.13
	教育服务	0.03	0.01	0.00	0.07	0.02	0.01	0.08	0.02	0.01
	医疗服务	0.41	0.16	0.06	0.44	0.21	0.11	0.47	0.23	0.12
	收入端	-2.99	-0.93	-0.36	-3.72	-1.40	-0.64	-3.80	-1.53	-0.73
	个人所得税	0.00	0.00	0.00	0.00	0.00	0.00	0.00	0.00	0.00
	社保缴费	-1.74	-0.55	-0.22	-1.87	-0.79	-0.38	-1.91	-0.86	-0.43
	企业所得税	-0.26	-0.05	-0.02	-0.43	-0.10	-0.04	-0.54	-0.13	-0.05
	增值税	-1.55	-0.47	-0.19	-1.67	-0.68	-0.32	-1.82	-0.74	-0.37

注：表中贫困测度和减贫效应数据均乘以 100。

贫困线		综合贫困线			国际相对贫困线			脆弱性调整贫困线		
财政工具		指标								
		FI/FGP发生率/%	公理化指标		FI/FGP发生率/%	公理化指标		FI/FGP发生率/%	公理化指标	
			人均额/元	人均标准化额/%		人均额/元	人均标准化额/%		人均额/元	人均标准化额/%
财政增益	支出端	24.69	387.59	12.48	28.68	506.84	13.05	29.79	545.60	13.23
	转移支付	8.96	62.58	2.01	11.77	88.35	2.28	12.95	97.15	2.36
	基本社会保险	17.66	240.60	7.75	20.97	323.66	8.34	22.05	351.43	8.52
	养老保险	12.31	155.14	4.99	15.15	206.09	5.31	16.03	223.40	5.42
	医疗保险	5.75	27.72	0.89	8.21	52.80	1.36	8.98	61.68	1.50
	基本公共服务	4.50	5.47	0.18	6.99	9.21	0.24	7.91	10.49	0.25
	教育服务	1.01	0.33	0.01	1.95	0.78	0.02	2.29	0.98	0.02
	医疗服务	4.38	5.07	0.16	6.77	8.32	0.21	7.67	9.42	0.23
财政致贫	收入端	8.31	29.50	0.95	12.68	54.21	1.40	14.12	63.22	1.53
	个人所得税	0.01	0.00	0.00	0.03	0.01	0.00	0.03	0.01	0.00
	社保缴费	7.47	17.48	0.56	11.53	30.82	0.79	12.90	35.28	0.86
	企业所得税	1.51	1.63	0.06	2.85	4.05	0.13	3.44	5.23	0.13
	增值税	8.31	14.89	0.48	12.68	26.24	0.68	14.12	30.51	0.74
总体财政增益		18.07	230.50	7.42	21.20	316.28	8.15	22.23	344.82	8.36
总体财政致贫		2.07	6.30	0.20	3.29	12.40	0.32	3.74	14.85	0.36

附表 3-16　基于 FGT 指标的配置效率（敏感性分析 4）

财政工具	指标								
	综合贫困线			国际相对贫困线			脆弱性调整贫困线		
	贫困广度	贫困深度	贫困强度	贫困广度	贫困深度	贫困强度	贫困广度	贫困深度	贫困强度
支出端	66.64	86.16	94.09	56.23	78.58	89.14	53.01	76.20	87.42
转移支付	30.87	50.12	65.41	21.50	39.01	53.09	20.84	36.31	49.80
基本社会保险	57.98	79.44	90.41	47.57	70.09	83.28	44.84	67.34	80.94
养老保险	45.36	71.36	86.01	36.04	59.87	76.33	33.71	56.73	73.27
医疗保险	27.96	30.81	32.26	22.28	27.66	30.15	21.10	26.58	29.37
基本公共服务	5.33	8.08	9.19	3.90	6.25	7.72	3.77	5.80	7.28
教育服务	0.65	0.67	0.44	2.80	1.56	1.02	3.64	1.97	1.25
医疗服务	4.70	7.52	8.73	3.35	5.68	7.19	5.61	6.39	7.27

附表 3-17 FI/FGP 减贫效率（敏感性分析 4）

财政工具	综合贫困线	国际相对贫困线	脆弱性调整贫困线
总体减贫效率	58.92	60.06	60.43
支出端	12.52	16.37	17.62
转移支付	10.70	15.11	16.61
基本养老保险	9.37	12.44	13.49
基本医疗保险	4.21	8.02	9.37
教育公共服务	0.67	1.56	1.97
医疗公共服务	3.43	5.64	6.39
收入端	99.24	98.61	98.38
个人所得税	100.00	99.99	99.99
社保缴费	98.78	97.84	97.53
企业所得税	99.81	99.52	99.38
增值税	98.91	98.08	97.77

附表 3-18 不同相对贫困线下的财政减贫效应（敏感性分析 5）

贫困测度	贫困线 指标	综合贫困线			国际相对贫困线			脆弱性调整贫困线		
		贫困广度	贫困深度	贫困强度	贫困广度	贫困深度	贫困强度	贫困广度	贫困深度	贫困强度
贫困测度	市场收入	11.98	3.55	1.53	16.60	5.56	2.56	18.02	6.25	2.94
	最终收入	8.31	1.97	0.66	12.68	3.56	1.38	14.12	4.13	1.66
减贫效应	财政总体	3.67	1.58	0.86	3.92	2.00	1.18	3.89	2.12	1.28
	支出端	8.35	3.95	2.35	8.48	4.78	3.04	8.67	5.01	3.25
	转移支付	3.71	1.98	1.26	3.47	2.28	1.56	3.72	2.36	1.64
	基本社会保险	3.22	0.88	0.32	3.63	1.36	0.59	3.78	1.50	0.69
	基本公共服务	0.47	0.17	0.07	0.52	0.24	0.12	0.55	0.25	0.13
	教育服务	0.03	0.01	0.00	0.07	0.02	0.01	0.08	0.02	0.01
	医疗服务	0.41	0.16	0.06	0.44	0.21	0.11	0.47	0.23	0.12
	收入端	-2.96	-0.93	-0.36	-3.65	-1.38	-0.63	-3.72	-1.52	-0.73
	个人所得税	0.00	0.00	0.00	0.00	0.00	0.00	0.00	0.00	0.00
	社保缴费	-1.74	-0.55	-0.22	-1.87	-0.79	-0.38	-1.91	-0.86	-0.43
	企业所得税	-0.21	-0.04	-0.01	-0.31	-0.08	-0.03	-0.43	-010	-0.04
	增值税	-1.55	-0.47	-0.19	-1.67	-0.68	-0.32	-1.82	-0.74	-0.37

注：表中贫困测度和减贫效应数据均乘以 100。

附表 3-19 不同贫困标准下的财政致贫与财政增益（敏感性分析 5）

贫困线		综合贫困线			国际相对贫困线			脆弱性调整贫困线		
财政工具		指标								
		FI/FGP 发生率 /%	公理化指标		FI/FGP 发生率 /%	公理化指标		FI/FGP 发生率 /%	公理化指标	
			人均额 /元	人均标准化额 /%		人均额 /元	人均标准化额 /%		人均额 /元	人均标准化额 /%
财政增益	支出端	15.29	124.84	4.02	19.48	185.75	4.78	20.99	206.51	5.01
	转移支付	8.96	62.58	2.01	11.77	88.35	2.28	12.95	97.15	2.36
	基本医疗保险	5.75	27.72	0.89	8.21	52.80	1.36	8.98	61.68	1.50
	基本公共服务	4.50	5.47	0.18	6.99	9.21	0.24	7.91	10.49	0.25
	教育服务	1.01	0.33	0.01	1.95	0.78	0.02	2.29	0.98	0.02
	医疗服务	4.38	5.07	0.16	6.77	8.32	0.21	7.67	9.42	0.23
财政致贫	收入端	8.31	29.37	0.95	12.68	53.77	1.38	14.12	62.60	1.52
	个人所得税	0.01	0.00	0.00	0.03	0.01	0.00	0.03	0.01	0.00
	社保缴费	7.47	17.48	0.56	11.53	30.82	0.79	12.90	35.28	0.86
	企业所得税	1.51	1.28	0.05	2.85	3.08	0.10	3.45	3.95	0.10
	增值税	8.31	14.89	0.48	12.68	26.24	0.68	14.12	30.51	0.74
总体财政增益		8.00	64.82	2.09	10.51	102.71	2.65	11.19	115.91	2.81
总体财政致贫		5.26	14.84	0.48	7.62	24.87	0.64	8.45	28.67	0.70

附表 3-20 基于 FGT 指标的配置效率（敏感性分析 5）

财政工具	指标								
	综合贫困线			国际相对贫困线			脆弱性调整贫困线		
	贫困广度	贫困深度	贫困强度	贫困广度	贫困深度	贫困强度	贫困广度	贫困深度	贫困强度
支出端	50.11	66.72	77.95	40.08	57.35	68.87	38.03	54.79	66.27
转移支付	30.87	50.12	65.41	21.50	39.01	53.09	20.84	36.31	49.80
基本医疗保险	27.96	30.81	32.26	22.28	27.66	30.15	21.10	26.58	29.37
基本公共服务	5.33	8.08	9.19	3.90	6.25	7.72	3.77	5.80	7.28
教育服务	0.65	0.67	0.44	2.80	1.56	1.02	3.64	1.97	1.25
医疗服务	4.70	7.52	8.73	3.35	5.68	7.19	5.61	6.39	7.27

附表 3-21 FI/FGP 减贫效率（敏感性分析 5）

财政工具	综合贫困线	国际相对贫困线	脆弱性调整贫困线
总体减贫效率	71.56	72.13	72.32
支出端	8.67	12.90	14.34

财政工具	综合贫困线	国际相对贫困线	脆弱性调整贫困线
转移支付	10.70	15.11	16.61
基本医疗保险	4.21	8.02	9.37
教育公共服务	0.67	1.56	1.97
医疗公共服务	3.43	5.64	6.39
收入端	99.15	98.44	98.18
个人所得税	100.00	99.99	99.99
社保缴费	98.78	97.84	97.53
企业所得税	99.85	99.63	99.53
增值税	98.38	97.14	96.68

附表 3-22　不同相对贫困线下的财政减贫效应（敏感性分析 6）

<table>
<tr><td colspan="2" rowspan="2">贫困线
指标</td><td colspan="3">综合贫困线</td><td colspan="3">国际相对贫困线</td><td colspan="3">脆弱性调整贫困线</td></tr>
<tr><td>贫困
广度</td><td>贫困
深度</td><td>贫困
强度</td><td>贫困
广度</td><td>贫困
深度</td><td>贫困
强度</td><td>贫困
广度</td><td>贫困
深度</td><td>贫困
强度</td></tr>
<tr><td rowspan="2">贫困测度</td><td>市场收入</td><td>28.30</td><td>13.66</td><td>8.58</td><td>33.07</td><td>16.82</td><td>10.85</td><td>34.47</td><td>17.81</td><td>11.59</td></tr>
<tr><td>最终收入</td><td>17.52</td><td>5.47</td><td>2.26</td><td>23.60</td><td>8.31</td><td>3.84</td><td>25.57</td><td>9.26</td><td>4.40</td></tr>
<tr><td rowspan="12">减贫效应</td><td>财政总体</td><td>10.78</td><td>8.19</td><td>6.32</td><td>9.47</td><td>8.51</td><td>7.02</td><td>8.90</td><td>8.55</td><td>7.19</td></tr>
<tr><td>支出端</td><td>15.99</td><td>13.64</td><td>11.96</td><td>14.75</td><td>13.93</td><td>12.59</td><td>14.21</td><td>13.96</td><td>12.74</td></tr>
<tr><td>转移支付</td><td>3.85</td><td>2.49</td><td>1.78</td><td>3.22</td><td>2.67</td><td>2.06</td><td>3.04</td><td>2.70</td><td>2.13</td></tr>
<tr><td>基本社会保险</td><td>11.49</td><td>8.85</td><td>7.35</td><td>11.08</td><td>9.30</td><td>7.94</td><td>10.74</td><td>9.39</td><td>8.10</td></tr>
<tr><td>基本公共服务</td><td>7.24</td><td>5.59</td><td>4.70</td><td>7.11</td><td>5.88</td><td>5.06</td><td>6.91</td><td>5.95</td><td>5.15</td></tr>
<tr><td>教育服务</td><td>3.90</td><td>1.73</td><td>0.87</td><td>3.89</td><td>2.12</td><td>1.23</td><td>3.90</td><td>2.23</td><td>1.34</td></tr>
<tr><td>医疗服务</td><td>0.63</td><td>0.32</td><td>0.19</td><td>0.61</td><td>0.37</td><td>0.25</td><td>0.65</td><td>0.39</td><td>0.26</td></tr>
<tr><td>收入端</td><td>0.08</td><td>0.04</td><td>0.02</td><td>0.12</td><td>0.05</td><td>0.03</td><td>0.10</td><td>0.06</td><td>0.03</td></tr>
<tr><td>个人所得税</td><td>0.57</td><td>0.28</td><td>0.17</td><td>0.45</td><td>0.32</td><td>0.21</td><td>0.53</td><td>0.33</td><td>0.23</td></tr>
<tr><td>社保缴费</td><td>-4.16</td><td>-1.91</td><td>-0.99</td><td>-4.64</td><td>-2.42</td><td>-1.39</td><td>-4.62</td><td>-2.55</td><td>-1.51</td></tr>
<tr><td>企业所得税</td><td>0.00</td><td>0.00</td><td>0.00</td><td>0.00</td><td>0.00</td><td>0.00</td><td>0.00</td><td>0.00</td><td>0.00</td></tr>
<tr><td>增值税</td><td>-1.96</td><td>-1.05</td><td>-0.58</td><td>-1.88</td><td>-1.23</td><td>-0.77</td><td>-1.95</td><td>-1.28</td><td>-0.83</td></tr>
</table>

注：表中贫困测度和减贫效应数据均乘以100。

附表 3-23　不同贫困标准下的财政致贫与财政增益（敏感性分析6）

贫困线		综合贫困线			国际相对贫困线			脆弱性调整贫困线		
					指标					
		FI/FGP发生率/%	公理化指标		FI/FGP发生率/%	公理化指标		FI/FGP发生率/%	公理化指标	
财政工具			人均额/元	人均标准化额/%		人均额/元	人均标准化额/%		人均额/元	人均标准化额/%
财政增益	支出端	33.23	430.98	13.88	38.00	540.95	13.93	39.40	575.59	13.96
	转移支付	15.80	78.56	2.53	19.60	103.86	2.67	20.76	111.35	2.70
	基本社会保险	24.47	279.70	9.01	28.56	361.06	9.30	29.73	387.16	9.39
	养老保险	17.75	176.61	5.69	21.05	228.43	5.88	21.99	245.23	5.95
	医疗保险	10.76	54.79	1.76	13.63	82.48	2.12	14.62	91.77	2.23
	基本公共服务	11.46	10.10	0.33	15.39	14.51	0.37	16.66	15.99	0.39
	教育服务	4.23	1.26	0.04	5.72	2.07	0.05	6.23	2.38	0.06
	医疗服务	11.07	8.76	0.28	14.77	12.35	0.32	16.04	13.53	0.33
财政致贫	收入端	17.52	60.40	1.94	23.60	93.83	2.42	25.57	105.08	2.55
	个人所得税	0.04	0.02	0.00	0.06	0.04	0.00	0.07	0.05	0.00
	社保缴费	5.55	5.55	0.20	8.17	9.94	0.33	9.08	11.69	0.28
	企业所得税	17.52	28.13	0.91	23.60	43.97	1.13	25.57	49.47	1.20
	增值税	16.29	33.06	1.06	21.95	47.78	1.23	23.82	52.60	1.28
总体财政增益		24.15	273.96	8.82	27.09	355.02	9.14	27.96	380.32	9.22
总体财政致贫		5.29	15.07	0.49	7.21	24.50	0.63	7.98	27.83	0.67

附表 3-24　基于 FGT 指标的配置效率（敏感性分析6）

财政工具	指标								
	综合贫困线			国际相对贫困线			脆弱性调整贫困线		
	贫困广度	贫困深度	贫困强度	贫困广度	贫困深度	贫困强度	贫困广度	贫困深度	贫困强度
支出端	47.72	71.37	84.11	38.47	62.64	76.64	35.72	60.11	74.34
转移支付	18.03	31.25	44.14	12.02	24.35	34.95	10.63	22.57	32.65
基本社会保险	39.61	61.80	76.50	31.96	52.81	67.43	29.58	50.33	64.81
养老保险	29.24	50.54	67.53	23.14	41.45	56.85	21.29	39.09	53.95
医疗保险	18.21	24.07	27.77	14.16	20.36	24.31	16.61	20.32	23.61
基本公共服务	8.32	8.41	9.79	12.52	12.08	12.44	14.75	13.32	13.46
教育服务	5.48	4.70	4.15	12.50	7.73	6.26	11.46	8.86	7.10
医疗服务	10.42	9.39	10.46	12.14	13.24	13.59	16.00	14.51	14.70

附表 3-25 FI/FGP 减贫效率（敏感性分析 6）

财政工具	综合贫困线	国际相对贫困线	脆弱性调整贫困线
总体减贫效率	56.36	58.02	58.53
支出端	20.17	25.31	26.93
转移支付	19.83	26.21	28.11
基本养老保险	15.11	19.54	20.97
基本医疗保险	12.13	18.27	20.32
教育公共服务	4.70	7.73	8.86
医疗公共服务	9.39	13.24	14.51
收入端	97.21	95.67	95.15
个人所得税	99.99	99.97	99.97
社保缴费	98.96	98.14	97.81
企业所得税	95.01	92.20	91.22
增值税	96.38	94.76	94.24

附表 4　2016 年工资薪金所得个人所得税税率

级数	全月含税应纳税所得额	全月不含税应纳税所得额	税率	速算扣除数
1	不超过 1 500 元的部分	不超过 1 455 元的部分	3%	0
2	超过 1 500 元至 4 500 元的部分	超过 1 455 元至 4 155 元的部分	10%	105
3	超过 4 500 元至 9 000 元的部分	超过 4 155 元至 7 755 元的部分	20%	555
4	超过 9 000 元至 35 000 元的部分	超过 7 755 元至 27 255 元的部分	25%	1 005
5	超过 35 000 元至 55 000 元的部分	超过 27 255 元至 41 255 元的部分	30%	2 775
6	超过 55 000 元至 80 000 元的部分	超过 41 255 元至 57 505 元的部分	35%	5 505
7	超过 80 000 元部分	超过 57 505 元的部分	45%	13 505

注：本表所称全月含税应纳税所得额和全月不含税应纳税所得额，是指依照税法的规定，以每月收入额减除费用 3 500 元后的余额或者再减除附加减除费用后的余额。

附表5　2016年劳务报酬所得个人所得税税率

级数	每次含税应纳税所得额	每次不含税应纳税所得额	税率/%	速算扣除数
1	不超过 20 000 元的部分	不超过 16 000 元的部分	20	0
2	超过 20 000 元至 50 000 元的部分	超过 16 000 元至 37 000 元的部分	30	2 000
3	超过 50 000 元部分	超过 37 000 元的部分	40	7 000

注：本表所称每次应纳税所得额，是指每次收入额减除费用800元（每次收入额不超过4 000元时）或者减除20%的费用（每次收入额超过4 000元）后的余额。

附表6　2016年个体工商户生产经营所得税率

级数	全年含税应纳税所得额	全年不含税应纳税所得额	税率/%	速算扣除数
1	不超过 15 000 元的部分	不超过 14 250 元的部分	5	0
2	超过 15 000 元至 30 000 元的部分	超过 14 250 元至 27 750 元的部分	10	750
3	超过 30 000 元至 60 000 元的部分	超过 27 750 元至 51 750 元的部分	20	3 750
4	超过 60 000 元至 100 000 元的部分	超过 51 750 元至 79 750 元的部分	30	9 750
5	超过 100 000 元部分	超过 79 750 元的部分	35	14 750

注：本表所称全年含税应纳税所得额和全年不含税应纳税所得额，是指以每一纳税年度的收入总额，减除成本、费用、相关税费以及损失后的余额。

附表 7　AG 指数测度中的收入决定方程估计结果

	中国传统习惯的年龄分组					不平等文献的年龄分组			
变量	(1)	(2)	(3)	(4)	变量	(5)	(6)	(7)	(8)
30 岁以下	0.924***	0.444***	0.254***	0.477***	25 岁以下	0.738***	0.306***	0.057 6	0.321***
	(0.05)	(0.05)	(0.05)	(0.05)		(0.06)	(0.06)	(0.06)	(0.06)
30~39 岁	0.859***	0.528***	0.381***	0.490***	25~34 岁	0.916***	0.419***	0.194***	0.385***
	(0.04)	(0.04)	(0.05)	(0.05)		(0.04)	(0.04)	(0.04)	(0.04)
40~49 岁	0.379***	0.253***	0.210***	0.285***	35~44 岁	0.568***	0.368***	0.217***	0.316***
	(0.04)	(0.04)	(0.04)	(0.04)		(0.04)	(0.04)	(0.04)	(0.04)
50~59 岁	0.325***	0.168***	0.217***	0.259***	45~54 岁	0.265***	0.106***	0.066 4**	0.151***
	(0.04)	(0.04)	(0.04)	(0.04)		(0.03)	(0.03)	(0.03)	(0.03)
60~69 岁	0.159***	0.173***	0.270***	0.248***	55~64 岁	0.234***	0.120***	0.144***	0.160***
	(0.04)	(0.04)	(0.04)	(0.04)		(0.03)	(0.03)	(0.03)	(0.03)
受教育程度	—	0.022 2***	0.016 5***	0.011 1***	受教育程度	—	0.022 2***	0.016 5***	0.011 1***
		(0.00)	(0.00)	(0.00)			(0.00)	(0.00)	(0.00)
婚姻状况	—	-0.073 0**	-0.094***	-0.069 7***	婚姻状况	—	-0.073 1**	-0.097***	-0.070 5**
		(0.03)	(0.03)	(0.03)			(0.03)	(0.03)	(0.03)
小孩数量	—	-0.122***	-0.076***	-0.044***	小孩数量	—	-0.122***	-0.074***	-0.043***
		(0.01)	(0.01)	(0.01)			(0.01)	(0.01)	(0.01)
性别	—	—	0.051 8**	0.095 9***	性别	—	—	0.050 7**	0.095 5***
			(0.02)	(0.02)				(0.02)	(0.02)
健康状况	—	—	-0.053***	-0.052***	健康状况	—	—	-0.053***	-0.052***
			(0.01)	(0.01)				(0.01)	(0.01)
社会地位	—	—	0.028 6***	0.041 0***	社会地位	—	—	0.027 2***	0.040 2***
			(0.01)	(0.01)				(0.01)	(0.01)
非正式就业	—	—	0.081 7*	0.201***	非正式就业	—	—	0.099 6**	0.215***
			(0.04)	(0.04)				(0.04)	(0.04)
务农	—	—	-0.681***	-0.412***	务农	—	—	-0.656***	-0.392***
			(0.03)	(0.03)				(0.03)	(0.03)
全职就业	—	—	0.146***	0.218***	全职就业	—	—	0.169***	0.236***
			(0.04)	(0.03)				(0.04)	(0.03)
户籍	—			0.516***	户籍	—			0.515***
				(0.03)					(0.03)
中部	—			-0.163***	中部	—			-0.166***
				(0.02)					(0.02)
西部	—			-0.315***	西部	—			-0.321***
				(0.02)					(0.02)
常数项	8.962***	8.819***	9.162***	8.934***	常数项	9.003***	8.885***	9.262***	9.021***
	(0.03)	(0.03)	(0.06)	(0.06)		(0.02)	(0.03)	(0.06)	(0.06)
R^2	0.054 5	0.168	0.244	0.278	R^2	0.053 4	0.167	0.242	0.277
观测值	12 977	12 977	12 977	12 977	观测值	12 977	12 977	12 977	12 977

注：***、**、*分别表示在 1%、5% 和 10% 水平下显著，括号内为稳健标准误。

附表8 敏感性分析结果

（1）EU 等值规模下的实证结果，见附表 8-1、附表 8-2、附表 8-3。

附表 8-1 累进性与再分配效应（EU 等值规模）

财政工具	累进性			再分配效应				
	K 指数	DL	DD	G_x	G_y	RE	VE	RR
个人税费	0.296 5	-	-	0.499 5	0.482 1	3.50%	3.72%	0.22%
	(0.238 9)	(-)	(-)	(0.491 6)	(0.478 6)	(2.64%)	(2.80%)	(0.15%)
个税	0.357 2	-	-	0.496 5	0.482 1	2.92%	3.00%	0.08%
	(0.264 8)	(-)	(-)	(0.488 5)	(0.478 6)	(2.03%)	(2.05%)	(0.02%)
社保缴费	0.202 6	-	-	0.485 5	0.482 1	0.71%	0.87%	0.15%
	(0.206 0)	(-)	(-)	(0.482 0)	(0.478 6)	(0.70%)	(0.84%)	(0.14%)
转移支付	0.691 2	+	+	0.490 1	0.482 1	1.65%	1.78%	0.13%
	(0.683 8)	(+)	(+)	(0.486 2)	(0.478 6)	(1.56%)	(1.68%)	(0.12%)
总体净受益	0.584 0	+	+	0.573 9	0.482 1	4.99%	5.35%	0.36%
	(0.515 5)	(+)	(+)	(0.507 4)	(0.478 6)	(5.68%)	(6.23%)	(0.55%)

附表 8-2 根据年龄调整的基尼系数及再分配效应（EU 等值规模）

财政工具	Wertz-Gini（WG）			Age-adjusted Gini（AG1）			Age-adjusted Gini（AG2）		
	WG_x	WG_y	RE	$AG1_x$	$AG1_y$	RE	$AG2_x$	$AG2_y$	RE
个人税费	0.494 3	0.476 3	3.64%	0.494 7	0.478 1	3.36%	0.494 3	0.477 6	3.38%
	(0.486 4)	(0.473 3)	(2.69%)	(0.486 7)	(0.474 5)	(2.51%)	(0.486 4)	(0.474 2)	(2.52%)
个税	0.491 6	0.476 3	3.11%	0.492 2	0.478 1	2.87%	0.491 8	0.477 6	2.88%
	(0.483 5)	(0.473 3)	(2.12%)	(0.484 1)	(0.474 5)	(1.97%)	(0.483 7)	(0.474 2)	(1.98%)
社保缴费	0.479 5	0.476 3	0.66%	0.481 1	0.478 1	0.63%	0.480 7	0.477 6	0.63%
	(0.476 4)	(0.473 3)	(0.65%)	(0.477 5)	(0.474 5)	(0.62%)	(0.477 1)	(0.474 2)	(0.62%)
转移支付	0.483 9	0.476 3	1.56%	0.485 7	0.478 1	1.57%	0.485 2	0.477 6	1.57%
	(0.480 4)	(0.473 3)	(1.48%)	(0.481 7)	(0.474 5)	(1.50%)	(0.481 3)	(0.474 2)	(1.49%)
总体净受益	0.501 7	0.476 3	5.06%	0.502 2	0.478 1	4.80%	0.501 7	0.477 6	4.80%
	(0.501 7)	(0.473 3)	(5.66%)	(0.502 2)	(0.474 5)	(5.51%)	(0.501 7)	(0.474 2)	(5.49%)

附表 8-3　个税和转移支付的再分配效率（EU 等值规模）

财政工具		支出效率 （再分配资金最小化）/%	配置效率 （再分配效应最大化）/%
事实分析	个税	70.47	69.95
	转移支付	44.73	45.95
情景分析	个税	53.02	52.01
	转移支付	44.29	45.61

（2）OECD 等值规模下的实证结果，见附表 8-4、附表 8-5、附表 8-6。

附表 8-4　累进性与再分配效应（OECD 等值规模）

财政工具	累进性			再分配效应				
	K 指数	DL	DD	G_x	G_y	RE/%	VE/%	RR/%
个人税费	0.289 5 (0.234 2)	− (−)	− (−)	0.507 2 (0.499 3)	0.490 1 (0.486 5)	3.37 (2.56)	3.58 (2.71)	0.22 (0.15)
个税	0.348 1 (0.258 8)	− (−)	− (−)	0.504 2 (0.496 2)	0.490 1 (0.486 5)	2.79 (1.95)	2.87 (1.97)	0.08 (0.02)
社保缴费	0.200 3 (0.204 0)	− (−)	− (−)	0.493 6 (0.489 9)	0.490 1 (0.486 5)	0.70 (0.69)	0.85 (0.83)	0.15 (0.13)
转移支付	0.699 4 (0.691 4)	+ (+)	+ (+)	0.498 3 (0.494 1)	0.490 1 (0.486 5)	1.63 (1.55)	1.77 (1.67)	0.14 (0.12)
总体净受益	0.524 1 (0.523 1)	+ (+)	+ (+)	0.515 1 (0.515 1)	0.490 1 (0.486 5)	4.85 (5.56)	5.21 (6.10)	0.36 (0.55)

附表 8-5　根据年龄调整的基尼系数及再分配效应（OECD 等值规模）

财政工具	Wertz-Gini（WG）			Age-adjusted Gini（AG1）			Age-adjusted Gini（AG2）		
	WG_x	WG_y	RE/%	$AG1_x$	$AG1_y$	RE/%	$AG2_x$	$AG2_y$	RE/%
个人税费	0.502 1 (0.494 1)	0.484 3 (0.481 1)	3.54 (2.63)	0.501 6 (0.493 6)	0.485 3 (0.481 6)	3.23 (2.43)	0.501 2 (0.493 3)	0.484 9 (0.481 3)	3.25 (2.43)
个税	0.499 3 (0.491 3)	0.484 3 (0.481 1)	3.01 (2.06)	0.499 0 (0.490 9)	0.485 3 (0.481 6)	2.74 (1.90)	0.498 6 (0.490 6)	0.484 9 (0.481 3)	2.76 (1.91)
社保缴费	0.487 5 (0.484 3)	0.484 3 (0.481 1)	0.66 (0.65)	0.488 3 (0.484 6)	0.485 3 (0.481 6)	0.62 (0.61)	0.487 9 (0.484 2)	0.484 9 (0.481 3)	0.62 (0.61)
转移支付	0.491 9 (0.488 3)	0.484 3 (0.481 1)	1.55 (1.46)	0.493 0 (0.488 8)	0.485 3 (0.481 6)	1.56 (1.48)	0.492 5 (0.488 4)	0.484 9 (0.481 3)	1.54 (1.46)
总体净受益	0.509 5 (0.509 5)	0.484 3 (0.481 1)	4.94 (5.56)	0.509 0 (0.509 0)	0.485 3 (0.481 6)	4.65 (5.38)	0.508 5 (0.508 5)	0.484 9 (0.481 3)	4.65 (5.36)

附表 8-6 个税和转移支付的再分配效率（OECD 等值规模）

财政工具		支出效率 （再分配资金最小化）	配置效率 （再分配效应最大化）
事实分析	个税	70.58%	69.10%
	转移支付	44.78%	46.11%
情景分析	个税	52.07%	51.55%
	转移支付	44.42%	45.75%

（3）KL 等值规模下的实证结果，见附表 8-7、附表 8-8、附表 8-9。

附表 8-7 累进性与再分配效应（Kakwani & Lambert 等值规模）

财政工具	累进性			再分配效应				
	K 指数	DL	DD	G_x	G_y	RE/%	VE/%	RR/%
个人税费	0.283 3 (0.229 1)	− (−)	− (−)	0.515 0 (0.507 0)	0.498 2 (0.494 5)	3.25 (2.47)	3.46 (2.61)	0.21 (0.14)
个税	0.340 8 (0.253 3)	− (−)	− (−)	0.512 1 (0.504 0)	0.498 2 (0.494 5)	2.70 (1.88)	2.78 (1.90)	0.08 (0.01)
社保缴费	0.195 5 (0.199 3)	− (−)	− (−)	0.501 6 (0.497 8)	0.498 2 (0.494 5)	0.68 (0.67)	0.82 (0.80)	0.14 (0.13)
转移支付	0.713 2 (0.704 1)	+ (+)	+ (+)	0.506 5 (0.502 2)	0.498 2 (0.494 5)	1.63 (1.54)	1.77 (1.67)	0.14 (0.13)
总体净受益	0.531 1 (0.530 3)	+ (+)	+ (+)	0.523 0 (0.523 0)	0.498 2 (0.494 5)	4.74 (5.46)	5.10 (6.00)	0.36 (0.54)

附表 8-8 根据年龄调整的基尼系数及再分配效应（KL 等值规模）

财政工具	Wertz-Gini（WG）			Age-adjusted Gini（AG1）			Age-adjusted Gini（AG2）		
	WG_x	WG_y	RE/%	$AG1_x$	$AG1_y$	RE/%	$AG2_x$	$AG2_y$	RE/%
个人税费	0.508 7 (0.500 6)	0.491 0 (0.487 8)	3.48 (2.57)	0.507 1 (0.499 1)	0.491 2 (0.487 4)	3.13 (2.34)	0.506 6 (0.498 7)	0.490 7 (0.487 0)	3.14 (2.35)
个税	0.506 0 (0.497 8)	0.491 0 (0.487 8)	2.97 (2.02)	0.504 7 (0.496 5)	0.491 2 (0.487 4)	2.67 (1.84)	0.504 2 (0.496 2)	0.490 7 (0.487 0)	2.68 (1.85)
社保缴费	0.494 1 (0.490 8)	0.491 0 (0.487 8)	0.63 (0.62)	0.494 1 (0.490 2)	0.491 2 (0.487 4)	0.58 (0.58)	0.493 6 (0.489 8)	0.490 7 (0.487 0)	0.58 (0.58)
转移支付	0.498 7 (0.495 0)	0.491 0 (0.487 8)	1.54 (1.46)	0.498 9 (0.494 6)	0.491 2 (0.487 4)	1.55 (1.47)	0.498 3 (0.494 2)	0.490 7 (0.487 0)	1.53 (1.45)
总体净受益	0.516 1 (0.516 1)	0.491 0 (0.487 8)	4.87 (5.50)	0.514 6 (0.514 6)	0.491 2 (0.487 4)	4.54 (5.29)	0.514 0 (0.514 0)	0.490 7 (0.487 0)	4.54 (5.26)

附表 8-9　个税和转移支付的再分配效率（KL 等值规模）

财政工具		支出效率 （再分配资金最小化）/%	配置效率 （再分配效应最大化）/%
事实分析	个税	69.81	68.62
	转移支付	45.35	46.57
情景分析	个税	52.26	51.16
	转移支付	44.81	46.15

（4）养老金归入转移支付的实证结果，见附表 8-10、附表 8-11、附表 8-12。

附表 8-10　累进性与再分配效应（养老金调整）

财政工具	累进性			再分配效应				
	K 指数	DL	DD	G_x	G_y	RE/%	VE/%	RR/%
个人税费	0.292 6 (0.229 6)	− (−)	− (−)	0.511 3 (0.511 3)	0.493 6 (0.497 9)	3.46 (2.62)	3.67 (2.77)	0.21 (0.16)
个税	0.351 4 (0.257 3)	− (−)	− (−)	0.508 3 (0.508 3)	0.493 6 (0.497 9)	2.90 (2.04)	2.97 (2.06)	0.08 (0.01)
社保缴费	0.199 9 (0.193 0)	− (−)	− (−)	0.497 1 (0.501 2)	0.493 6 (0.497 9)	0.70 (0.66)	0.84 (0.81)	0.14 (0.14)
转移支付 （含养老金）	0.932 1 (0.936 6)	+ (+)	+ (+)	0.569 3 (0.573 9)	0.493 6 (0.497 9)	13.30 (13.23)	30.32 (30.16)	17.02 (16.93)
总体净受益	0.605 4 (0.611 9)	+ (+)	+ (+)	0.587 1 (0.587 1)	0.493 6 (0.497 9)	15.92 (15.18)	32.45 (31.67)	16.53 (16.49)

附表 8-11　根据年龄调整的基尼系数及再分配效应（养老金调整）

财政工具	Wertz-Gini（WG）			Age-adjusted Gini（AG1）			Age-adjusted Gini（AG2）		
	WG_x	WG_y	RE/%	$AG1_x$	$AG1_y$	RE/%	$AG2_x$	$AG2_y$	RE/%
个人税费	0.503 3 (0.503 3)	0.484 4 (0.489 3)	3.76 (2.77)	0.501 1 (0.501 1)	0.484 3 (0.488 6)	3.36 (2.49)	0.500 8 (0.500 8)	0.483 9 (0.488 3)	3.38 (2.50)
个税	0.500 5 (0.500 5)	0.484 4 (0.489 3)	3.23 (2.24)	0.498 7 (0.498 7)	0.484 3 (0.488 6)	2.89 (2.01)	0.498 3 (0.498 3)	0.483 9 (0.488 3)	2.90 (2.02)
社保缴费	0.487 6 (0.492 4)	0.484 4 (0.489 3)	0.66 (0.62)	0.487 2 (0.491 4)	0.484 3 (0.488 6)	0.60 (0.56)	0.486 8 (0.491 0)	0.483 9 (0.488 3)	0.60 (0.56)
转移支付 （含养老金）	0.532 6 (0.538 5)	0.484 4 (0.489 3)	9.05 (9.12)	0.543 1 (0.548 9)	0.484 3 (0.488 6)	10.83 (10.97)	0.544 4 (0.550 2)	0.483 9 (0.488 3)	11.11 (11.25)
总体净受益	0.554 4 (0.554 4)	0.484 4 (0.489 3)	12.63 (11.73)	0.564 2 (0.564 2)	0.484 3 (0.488 6)	14.17 (13.40)	0.565 8 (0.565 8)	0.483 9 (0.488 3)	14.48 (13.70)

附表 8-12　个税和转移支付的再分配效率（养老金调整）

财政工具		支出效率 （再分配资金最小化）/%	配置效率 （再分配效应最大化）/%
事实分析	个税	71. 27	70. 45
	转移支付 （含养老金）	26. 35	34. 26
情景分析	个税	53. 79	52. 49
	转移支付 （含养老金）	26. 41	34. 36

（5）AG 指数控制条件调整的实证结果，见附表 8-13、附表 8-14。

附表 8-13　根据年龄调整的基尼系数及再分配效应（改变年龄分组）

财政工具	Age-adjusted Gini（AG3）			Age-adjusted Gini（AG4）		
	$AG3_x$	$AG3_y$	RE/%	$AG4_x$	$AG4_y$	RE/%
个人税费	0.502 0 (0.502 0)	0.485 1 (0.489 5)	3. 37 (2. 49)	0.500 9 (0.500 9)	0.484 1 (0.488 4)	3. 37 (2. 49)
个税	0.499 5 (0.499 5)	0.485 1 (0.489 5)	2. 89 (2. 00)	0.498 5 (0.498 5)	0.484 1 (0.488 4)	2. 90 (2. 01)
社保缴费	0.488 1 (0.492 3)	0.485 1 (0.489 5)	0. 61 (0. 57)	0.487 0 (0.491 2)	0.484 1 (0.488 4)	0. 60 (0. 56)
转移支付	0.492 4 (0.496 9)	0.485 1 (0.489 5)	1. 49 (1. 49)	0.491 7 (0.496 1)	0.484 1 (0.488 4)	1. 55 (1. 55)
总体净受益	0.509 1 (0.509 1)	0.485 1 (0.489 5)	4. 73 (3. 86)	0.508 4 (0.508 4)	0.484 1 (0.488 4)	4. 78 (3. 92)

附表 8-14　根据年龄调整的基尼系数及再分配效应（改变控制变量）

财政工具	Age-adjusted Gini（AG5）			Age-adjusted Gini（AG6）		
	$AG5_x$	$AG5_y$	RE/%	$AG6_x$	$AG6_y$	RE/%
个人税费	0.502 4 (0.502 4)	0.485 7 (0.490 0)	3. 34 (2. 48)	0.504 9 (0.504 9)	0.486 4 (0.491 2)	3. 66 (2. 72)
个税	0.500 0 (0.500 0)	0.485 7 (0.490 0)	2. 86 (2. 00)	0.502 1 (0.502 1)	0.486 4 (0.491 2)	3. 12 (2. 17)
社保缴费	0.488 6 (0.492 8)	0.485 7 (0.490 0)	0. 61 (0. 57)	0.489 8 (0.494 4)	0.486 4 (0.491 2)	0. 68 (0. 64)

财政工具	Age-adjusted Gini（AG5)			Age-adjusted Gini（AG6)		
	$AG5_x$	$AG5_y$	RE/%	$AG6_x$	$AG6_y$	RE/%
转移支付	0.493 4	0.485 7	1.57	0.495 7	0.486 4	1.86
	(0.497 8)	(0.490 0)	(1.56)	(0.500 5)	(0.491 2)	(1.86)
总体净受益	0.510 0	0.485 7	4.76	0.514 1	0.486 4	5.39
	(0.510 0)	(0.490 0)	(3.91)	(0.514 1)	(0.491 2)	(4.46)